中国道路丛书

厉以宁 主编　程志强 副主编

# 中国道路与蓝领中产阶级成长

商务印书馆
创于1897 The Commercial Press

2015年·北京

# 序 论蓝领中产阶级的成长

厉以宁

中国经济发展到现阶段，劳动力成本的上升和熟练劳动力供给的不足，已经越来越明显。劳动力技术水平的提高和劳动力整体素质的升级，也已经成为经济进一步发展的迫切要求。如果不从劳动力供给的源头上想办法，让熟练劳动力能跟随经济的发展和产业升级而有稳定供给之路，势必关系到中国能否成为现代化国家，即能否引领国民经济和技术创新继续前进。因此，目前全国经济界对这些问题的密切关注，是有根据的。

从另一个角度分析，中国经济发展到现阶段，不仅出现了贫富收入差距的扩大和低收入家庭长期陷入困境的现象，而且出现了社会流动渠道的堵塞。与20世纪80年代甚至90年代相比，社会垂直流动的通道已越来越狭窄，职业也开始走向世袭化了。贫富收入差距扩大和社会垂直流动渠道狭窄这两个问题，实际上是联结在一起的。这是因为：一方面，体力劳动者从农村流入城市以后，只能够找到如在建筑工地当粗工、杂工等重体力劳动的工作，或充当采矿工、搬运工、清洁工等简单劳动性质的职务，很难有机会成为技术工人，收入当然处于较低水平；另一方面，城市的生活费用是上涨的，这些从农村来的体力劳动者除工资收入外，没有其他收入来源，也很难有机会接受专门的技术培训，所以随着年龄的增长，依然处于贫困状态，而他们的孩子却一年一年长大，这些孩子除了像父辈一样靠打零工、干粗活脏活谋生以外，又能从事什么工作呢？农民工的职业世袭现象也就很难改变了。

这就是我和我的同事、学生在一些城市和城乡接合部考察时所了解到的情况。

为此，我想就中国蓝领中产阶级的成长问题做一些理论上的探讨。

## 一、二元劳工市场理论及其在市场经济条件下的作用

二元劳工市场理论在西方发达国家大约是20世纪70年代才发展起来的。这是对西方发达国家社会经济状况的一种判断，被经济学界认为是符合实际的，但却是不公平的，因为体现社会公平的应当是社会垂直流动渠道的畅通，让每一个有志进取的人通过自身的努力能够实现自己的愿望。然而现实生活中二元劳工市场的存在却成为有志进取的人成长道路上的严重障碍。

20世纪70年代前期在西方发达国家就出现了最早剖析二元劳

工市场的论文。代表性的作品有：1973 年 5 月《美国经济评论》上发表的 M.雷克、D.M.高尔登和 R.C.爱德华兹合写的"劳工市场分解理论"一文；1973 年 6 月英国《经济学杂志》上发表的 N.波桑葵和 B.P.多林格合写的"英国有二元劳工市场吗？"一文；1974 年 2 月的《经济学季刊》上发表的 A.J.亚历山大的"收入、经验和国内劳工市场的结构"一文，等等。到了 20 世纪 70 年代后期，评论二元劳工市场的论文越来越多，乔治·萨恰罗波洛斯作为二元劳工市场的著名研究者发表了多篇有影响的评论二元劳工市场的论文，如"学校教育和收入分配"（与 A.马林合作，刊登于《经济统计评论》1976 年 8 月）、"家庭背景、教育和成就"（刊登于《英国社会学杂志》1977 年 9 月）、"劳工市场二元性与收入分配：英国的实例"（载 W.克雷尔与 A.索洛克斯编《个人收入分配文集》，阿姆斯特丹，1978 年版）、"人力资本与收入：英国的资料与评论"（与 R.莱雅德合作，刊登于《经济研究评论》1979 年）、"英国的社会经济背景、学校教育和货币报酬"（与丁帕·潘尼科拉奥合作，刊登于《经济学报》1979 年 11 月）等。

根据西方经济学家的论述，可以把二元劳工市场做如下的概述。二元劳工市场是指：劳工市场分为上等劳工市场和次等劳工市场。在上等劳工市场就业的，被看成是"好职业"；在次等劳工市场就业的，被看成是"坏职业"。"好职业"和"坏职业"的区别是：

1. 前者工资高，后者工资低；

2. 前者福利多，后者福利少；

3. 前者有较多学习培训的机会，后者基本上没有这种机会；

4. 前者有被逐步提升的机会，后者这种提升机会极少，甚至没有，经常是一辈子从事某种简单劳动和重复性劳动。

二元劳工市场形成后，一般说来，从事"坏职业"的劳动者很少有机会从"坏职业"转到"好职业"去，也就是说，两种职业之间跨劳工市场的流动机会基本是不存在的。于是，上等劳工市场的工作人员有较大可能升为中产阶级，而次等劳工市场的工作人员，由于主要从事重体力劳动、简单劳动、重复性劳动，待遇差、学历低、收入少，从而被挡在职务提升门槛之外，所以其中很少有人能上升为中产阶级。这就是人们常提到的"白领工作者可以成为中产阶级的一员，而蓝领工作者不包括在内"，"蓝领一辈子注定是蓝领，一直干到年老体衰，无法再干了为止，穷困终身"。

## 二、如何缩小二元劳工市场的差距以及如何改变劳工市场二元化的现状?

20世纪70年代以后，西方经济学家在对二元劳工市场的形成过程和弊病进行分析的同时，也积极出主意、想对策，以便缩小二元劳工市场的差距，改变劳工市场二元化的现状。他们大体上提出了如下措施:

第一，要认识到二元劳工市场的现状不是不可能改变的，而是可以通过政府和社会各界的努力，使上等劳工市场和次等劳工市场之间的差距缩小，使那些在次等劳工市场工作的人有机会、有条件转入上等劳工市场。在这方面起重要作用的，就是职业技术教育的推进，使准备就业的青年劳动力及早获得一技之长，从而有机会到上等劳工市场就业，或者即使仍在次等劳工市场上工作，但由于技术水平较高，基础知识较扎实，仍有机会被提拔或改换工作。这意味着，先让蓝领工作者成为技工、熟练技工或者有专长的工作者，他们就有可能跨过从次等劳工市场转到上等劳工市场的门槛，成为上等劳工市场中的一员。

第二，改善次等劳工市场的生产条件，不再单纯凭工作者的体力在艰苦、恶劣的环境中工作。要让体力劳动者有机会降低工作强度，也要让体力劳动者有机会改善自己的生活。要逐步减少"坏职业"，使一部分"坏职业"转变为"较好的职业"。比如说，搬运工不再像过去那样靠肩挑背负，而逐渐成为机器的操作者，大大减少体力的消耗。这是可以通过技术设施的应用而实现的。

第三，增加社会上“好职业”的工作岗位，尽可能减少“坏职业”的工作岗位。在西方一些发达国家，由于移民工人人数较多，某些粗活脏活逐渐由移民工人担任，本国的工人一般不到这些部门工作。当然，从广义的角度看，让移民工人代替本国工人从事这类工作并不是解决问题的真正办法，也不是真正解决劳工市场二元化的有效对策。这只是一种临时性的改善本国体力劳动者处境的办法，而置移民于不顾。

第四，一些西方经济学家根据西方发达国家近些年来现代服务业的扩张情况而得出如下看法，即劳动者从次等劳工市场转入上等劳工市场工作（由“坏职业”转为“好职业”），并不意味着一定要代替现有上等劳工市场中已经就业的人的位置，因为从上等劳工市场中的职业类别可以看出，对经理人员、管理人员、专业人员的需求并非固定不变，而是有可能增加的。这是大势所趋。也就是说，一个工人凭技术专长成为专业人员以后，并不意味着必须同时有一个专业人员失去职位，降为工人。以现代服务业的扩张过程为例子，可以清楚地认识到这一趋势。这就为次等劳工市场跨入上等劳工市场的现实性做了很好的说明。

第五，鼓励有技术、有专长的体力劳动者开设自己的小微企业，如制造零配件，为大企业配套生产，或开设修理业务，或从事服务业。这些小微企业是有前途的。小微企业的创业者，完全有可能闯出一条新路。在这里特别需要说明的就是，自行创业和“受雇于人”是两类截然不同的就业概念。当人们讨论上等劳工市场和次等劳工市场的区别时，或讨论所谓的“好职业”和“坏职业”的区别时，所注意的都是“受雇于人”的情况。既然都是“受雇于人”，那么人们关心的无非是工资收入的高和低，福利待遇的多和少，以及是否有学习和培训机会，是否有被提升的机会之类的问题，人们也是这样来区别所谓“好职业”和“坏职业”的。然而，一旦体力劳动者转入自行创业的领域时，他们的心理状态就改变了，他们作为小微企业的创业者，自己就是小老板，根本没有“受雇于人”的想法。他们肯吃苦，肯耐劳，只是为了把自己的小微企业办好。他们哪里还会斤斤计较什么活是轻松的，什么活是又累又苦的？他们既然是小老板，那就把累还是不累置于脑后，一心就想创业。这也是人之常情。所有成功的小微企业的创业者都是这样想的，因为只有这样，他们才能做出成绩，把自己的企业越办越兴旺。

以上从五个方面做了分析。得出的结论是：二元劳工市场的状况是可以改变的，事在人为。只要社会上有越来越多的人，不把次等劳工市场中的就业者看成是“没有前途的人”、“没有出息的人”，不把所谓的“坏职业”看成是“下贱的职业”，而是抱着同情的心态，帮助体力劳动者，通过职业技术教育提高他们的知识水平和技术水平，就可以使这些体力劳动者的工作条件改善，可以使他们的收入水平逐步提高，使生活条件改善，还可以使他们的子女受到良好的教育，在社会上受到尊重。何况，随着科学技术的进步，某些沉重的、艰苦的体力劳动也完全有条件改善甚至消失。

## 三、职业技术教育体系的形成

在缩小上等劳工市场和次等劳工市场的差距的过程中，如前所述，职业技术教育起着十分重要的作用。根据西方发达国家近年来的经验，职业技术教育应当形成一个完整的体系，这个体系包括职业技术学校（中职类）、职业技术学院（大学类和大专类）、职业技术教育研究院（培养研究生，包括职业技术教育体系对各级学校师资的培养）。此外还包括各种非学历性质的培训学校、培训班等。

根据西方国家工业化的经验，学徒制在工业化早期曾经起过一定的作用。有技术专长的师傅带徒弟的制度存在的时间相当久。

即使徒弟在进入工厂前已经有一定的学历，但是进厂以后，仍由某一个师傅带领，从学徒做起。在英国，还存在着两种体制的学徒，一是师傅带的徒弟，另一是企业招收的学徒工，两类学徒并存了一段时间，后来才合二为一。为什么会重视学徒制？因为这是培养技术工人、熟练技工的途径之一。师傅带领徒弟，可以学到课本上学不到的东西。如今，西方发达国家的工业企业一般不实行学徒制了，但仍有企业采取了类似的做法，只是把“学徒工”改称为“见习工”、“实习生”而已。实际上，“见习工”、“实习生”仍然属于职业技术教育体系的组成部分。

职业技术教育体系的教师、研究人员、实验员等人，都应当有一定的职称。这些工作人员可以通过各种进一步的培训和教学工作、实验工作经验的积累，而晋升职称。不要轻视这些工作人员，他们是一支庞大的师资队伍、研究队伍、实验队伍。职业技术教育体系的发展和完善，不能没有这样一支在教学实践中成长起来的师资队伍、研究队伍和实验队伍。

在中国，当前正在进行农村土地确权和发证工作。这是关系到全国农民权益保护的大事，也是调动数以亿计的全国农民积极性和创业精神的一项重大的改革措施。在已经完成农村土地确权工作的地区，农民们不仅欢庆自己的土地权益和个人房屋权益得到了法律的保障，而且学习知识技术和经营管理的热情空前高涨。他们有了充当家庭农场主，做一个懂得现代农业科学技术和农产品生产、经营、管理水平提升的家庭农场主的愿望。这就为农业现代化、产业化的实现增添了巨大动力。在许多地方，农民提出了要接受有关种植业、养殖业、畜牧业、农业机械化和现代农业管理、营销的职业技术教育的要求。这种现象是过去从未遇到的。应当认识到，这正是提高农民素质的绝好机会。现代化的农业必须同高素质的农民相适应，也必须同合格的、优秀的家庭农场主们相适应。为广大农民进行有针对性的职业技术教育，意义重大，而且是职业技术教育发展的大好机会。

职业技术教育体系不是封闭性的，而是开放性的。这种开放性主要反映于以下三个方面：

第一，正规的、有学历和学位的职业技术学院、职业技术学校、职业技术研究院所同非正规的、没有学历和学位的职业技术培训班并存，让求学者选择。甚至可以举办职业技术教育的公开资格考试，人人可以报名，参加考试。通过了若干必修课和选修课的考试，可以获得一定技术等级的技工、高级技工、技师等资格证书。这种考试，既包括基础知识、专业知识的内容，也包括对实际操作能力的考核。

第二，职业技术教育体系对任何一个受培训者的专业培训并不仅限于某一专业，而可以是多方面的。比如说，一个家庭农场主，他既想学习现代农业的育种技术，又想学习农业机械的操作技术和修理技术，还想学习家庭农场的管理和农产品的营销，那就应当满足他的愿望，可以多次接受培训，学习完这一课程，再学习另一类课程，然后再学习第三类课程，学无止境，只要学习者有时间有精力就行。如果学习完某一类课程，他想参加技术资格考试，也由他自己决定。他再想参加另一系列的技术资格考试，同样由他自己决定。学习是终身的，技术资格考试也是终身的。这体现了职业技术教育体系的开放性。

第三，职业技术教育体系的开放性还体现于学生在校学习期间可以选择自己未来的走向。比如说，一个职业技术学校（中职类）的学生如果毕业后个人的志向改变了，他有志转入非职业技术教育体系以外的普通高等学校深造，那么他只要符合普通高等学校的报考条件，就可以参加某个普通高等学校的入学考试，凭考试成绩或被录取，或未被录取。学生在这方面的选择不应受到歧视。这是因为，年轻人的兴趣和志向是会发生变化的。也许当初他选择职业技术学校（中职类），是家长或老师代他决定的，现在他自己拿主意了，他想改变自己原来的选择，也由他自己决定。这种情况是正常的，只要符合规定就行。

## 四、社会垂直流动渠道的通畅

如前面已经指出的，二元劳工市场的形成与社会垂直流动渠道的堵塞有密切关系，正因为社会垂直流动堵塞，次等劳工市场上的体力劳动者只能在“坏职业”中寻找工作，从而影响他们的后代也只能在父辈的“坏职业”环境中就业，进而形成职业世袭化现象。

社会水平流动在工业化过程中是比较通畅的，这主要表现于农村人口有可能到城市中来寻找工作。但大多数农村人口由于种种原因，只能在次等劳工市场上找到粗活、累活、脏活去做，原因在于社会垂直流动渠道被堵塞了。于是越来越多的农村人口即使进了城，也只能在次等劳工市场上徘徊，如果他们想找到一份工作的话，那也只能在“坏职业”中去寻找就业机会。这样一来，社会水平流动虽然开放了，但从农村涌入城市寻找工作的农村人口全部挤在次等劳工市场上，连“坏职业”都不容易成为就业的场所。于是就形成了这样一种恶性循环，即由于社会垂直流动渠道堵塞，由农村涌入城市的求职者越来越多地挤入次等劳工市场，求职者也越来越多，雇主给的待遇越来越少，劳动条件越来越差，职业世袭化现象也就越来越严重。

由此可见，让社会垂直流动渠道通畅起来，无疑是改善低收入家庭收入和生活状况的不可缺少的环节之一，也是调动在所谓“坏职业”工作的体力劳动者积极性的措施之一。无论从社会和谐还是从经济发展的角度来看，这都是一件大事。

让社会垂直流动渠道通畅的第一项措施，就是贯彻机会均等原则。机会均等原则是市场经济下必须遵守的原则。具体地说，一切职位都应通过一定的资格审查，有序进行，并建立竞争上岗机制。

凡符合条件的,在考核中合格的,就被录用。职务的提升也是如此,这体现了公平性。对求职者和晋职者来说,唯有公平竞争和机会均等,才能使大家心服口服,并能起到鼓励学习和努力工作的作用。职业世袭化,在这种条件下也就不可能存在了。

让社会垂直流动渠道通畅的第二项措施,是提供多种渠道供求职者选择。这里包括:大力发展职业技术教育,办各种各样的职业技术学校和培训班,让有志上进者接受培训,增加自己的知识和技能。在此基础上,求职者才有条件去参加各种考试,凭成绩被录取。从这个意义上说,参加职业技术教育的学习和培训是为有志者创造条件,以便逐步实现自己的求职或者改变职业的愿望。

让社会垂直流动渠道通畅的第三项措施,前面也曾提到,就是鼓励有能力的人自行创业。他们不妨从零开始,即从个体工商户开始,从小微企业开始。只要有能力,讲诚信,肯吃苦,有特长,未必不能成为中型企业的业主。如果在此基础上,继续努力,同样有可能成长为大型企业的业主或合伙人。小富靠勤奋,中富靠机遇,大富靠智慧,这三句话对每一个创业者都是适用的。而且,这种从零开始的创业活动会有示范效应,成功的例证可能鼓励更多的有志者加入创业者的行列。

让社会垂直流动渠道畅通的第四项措施是改变社会上对所谓"好职业"和"坏职业"的偏见,更不能听从社会上流行的瞧不起体力劳动者的各种评议。社会上应扭转多年存在的"职业偏见",即认为体力劳动者是"没出息的"、"没有前途的"、"低人一等的",等等。这种传统观念不破除,不摒弃,是不利于社会和谐和经济发展的。蓝领,即从事体力劳动的工人,同其他行业的职工一样,都应当受到社会的尊重。任何行业的职工,包括体力劳动者,在地位上是一律平等的,并无高低贵贱之分。蓝领工人自己也不应自卑。某些重体力劳动的职业,劳动条件随着技术的进步和推广而会逐步改善,这是大势所趋,无可置疑。因此,蓝领的一般工人要懂得,一方面劳动强度会更大,会留下一定空闲时间给自己学习知识和技能;另一方面完全有可能通过经验积累和技能提高而成为技工、熟练技工、技师和高级技师,也有可能成为创业者和企业家。

## 五、蓝领中产阶级成长的重要意义

西方发达国家的工业化、现代化过程已经清楚地告诉人们,当蓝领的体力劳动者通过自己的努力而成为技工、熟练技工之后,他们的收入状况和生活条件是会相应地发生变化的。他们面前的社会水平流动渠道本来已经通畅了,而社会垂直流动渠道也会逐渐通畅起来。由此可见,蓝领作为体力劳动者的代号不是不会改变的,更不能认为蓝领工作者会永远被定位于次等劳工市场,定位于“坏职业”。

蓝领技工和熟练技工在收入提高后,完全有可能成为中产阶级的一员。家庭农场主也是这样,他们也完全有可能不再以过去的农民的姿态出现于乡村。家庭农场主不仅会以农业、养殖业、畜牧业、林业中的新型市场主体代表者的身份出现,而且还可能以新型农业企业家的面貌出现于市场上。他们的收入增长后,同样会进入中产行列。完全有理由把这些务农者称为蓝领中产阶级的一员。

蓝领中产阶级的成长意味着“金字塔形”收入分配结构正在向“橄榄形”或“鸡蛋形”收入分配结构转变,这是符合经济发展的规律的。

蓝领中产阶级的成长还告诉人们,在一个既重公平、又重效率的社会里,这一事实本身表明了公平和效率是可以同时实现的,而且公平和效率可以处在相互促进的状态。社会水平流动渠道的畅通,已经在工业化、现代化的过程中反映在人们跨地区、跨城市、跨行业的流动中,既体现为公平选择住处、工作地点和所中意的职业,又体现在力所能及的条件下使夫妻团聚、父母与子女团聚的权利得以实现，也体现为将人们的积极性发挥出来。效率正是在这种动力下提升的。公平促进了效率的提高，效率同样反映了公平的实现。公平和效率之间并不存在此长彼消的关系。

此外，还应当指出，蓝领中产阶级的成长告诉人们，在依法治国的理念下，只要实现了机会均等，只要劳动者勤于工作，努力学习，不断增加知识和技能，无论受雇于人还是自行创业，都会有收获。社会垂直流动渠道的畅通，使每一个勤奋进取的工作者都会有前途。这将是社会风气的巨大转变，人们会记住，未来的前途主要来自个人的努力，而并非依赖于家庭出身、父辈的门第或者祖上留下的遗产。

一个社会最怕的是出现一批又一批的绝望者。在社会水平流动渠道和社会垂直流动渠道相继堵塞的环境中，绝望者增多了，他们认为自己注定就是失去前途的人，个人再怎么努力都是没有希望的。绝望的结果既可能是自暴自弃、听任命运的安排，也可能是消沉、无所作为、了此一生。蓝领工作者必须懂得：成就是通过拼搏才能获得的。已经取得成绩的大批创业者和在工作中做出成绩的人，都是榜样，都是自己学习的榜样。因此，蓝领中产阶级的成长定将成为一面面旗帜，鼓励着更多蓝领体力劳动者的上进心。

## 六、蓝领中产阶级成长的背景

从西方各国工业化的进程来分析，传统生产方式之下，“金字塔形”收入分配结构是十分牢固的。土地，当时是最重要的生产资料，大部分掌握在贵族、地主手中，除一部分自耕农拥有自己的田产外，佃户和雇农没有土地。这种情况不改变，“金字塔形”的收入分配结构不可能变更。

工业化开始以后，西方国家的情况稍稍发生变化。城镇化中出现了一些新式的工厂，城市经济日益繁荣，市场不断扩大。这样，新工厂的厂主尽管最初是一些小老板，但他们走在前面，有机会较快地积累财富、扩展视野。工业化继续推进，从而使"金字塔形"的收入分配结构的改变已经具有一定的可能性，虽然这一改变是十分缓慢的。理由在于：中产阶级的形成往往是滞后的。要知道，缓慢形成的中产阶级尽管是促进"金字塔形"收入分配结构变化的力量，但由于中产阶级的形成总是滞后于经济的发展，滞后于收入分配结构的变化，所以时机未到，还不可能使"金字塔形"收入分配结构发生实质性的变化。

在西方国家一般都是在进入工业化中期以后收入分配结构才逐渐由"金字塔形"转变为"橄榄形"或"鸡蛋形"的。工业化中期以后，中产阶级之所以逐渐壮大，大体上有以下五个原因：

### （一）技术进步和管理的要求

这与工业化过程中技术进步和管理工作的日益复杂化、专门化、精细化有关。由于技术进步的速度是加快的，从技术发明到实际工作中的推广应用的时间间隔是缩短的，对从事技术工作和管理工作的人员需求不断增长，从而技术人员和管理人员的收入也随之上升。从事技术工作和管理工作的人通常被称为"白领"，区别于从事体力劳动的"蓝领"。"白领"工作者人数的增加和他们收入的上升，使他们有可能首先上升为中产阶级的成员。在这里，"白领"也包括自由职业者，如律师、医生、艺术家、作家、会计师事务所的自由工作人员等。

### （二）自行创业者增多

工业化导致经济持续增长和市场日益扩大，由此带来的一个明显后果是社会上自行创业的人越来越多，应当指出，自行创业者中是不分"白领"还是"蓝领"的，即从事"白领"工作的人可以自行创业，从事"蓝领"工作的人同样可以自行创业。只要他们选择了自行创业这条路，就会既从事“白领”工作，也从事以体力劳动为主的“蓝领”工作。对自行创业者来说，特别是在创业活动初期，他们是不计较这些的。由于他们并非受雇于人，而是自己当小老板，所以也就无所谓了。

### （三）受教育机会趋于均等

西方国家在工业化进展到一定阶段之后，社会上对于受教育机会均等的呼声越来越高。即使是低收入居民家庭，他们也希望自己的孩子有机会接受教育，包括普通教育或职业技术教育。但他们往往自己负担不了学费，这就使受教育机会均等成为空话。因此在西方国家工业化进入中期以后，社会各界（包括教育界、企业界、公益事业关心者和国会议员等）不断向政府提出建议，要求政府承担普及义务教育的责任，让适龄儿童一律免费接受义务教育，并多设职业技术教育的学校、学院，并为进入高中和大学的学生增设各种奖学金。同时，社会各界还特别提出让妇女也能接受义务教育、职业技术教育和高等教育。社会各界的呼吁终于被进入工业化中期的西方国家的政府所接受。

### （四）社会流动性增大和上升机会的涌现

社会流动性增大和中产阶级队伍的扩大之间有着密切的关系。在西方国家的工业化进入中期以后，社会流动性增大和中产阶级队伍扩大之间的关系更为明显。可以从以下两方面进行分析。

一方面，社会流动性增大既包括社会水平流动的渠道更加通畅，也包括社会垂直流动的渠道相对于过去而言已有较大的改善。于是一些有技术专长和专业知识的人员易于迁移到自己认为合适的工作地点去，而且他们改变职业的可能性、提升职务的可能性以及自行创业的可能性都增加了。由于就业信息的普及，求职者和指望更换职业的人在获取较多的就业信息后，可以自愿选择工作地点、受雇单位和中意的职务，他们的收入也会随着工作的变更而上升。至于用人单位，由于社会流动性增大，可以从中找到更合适自己所需要的技术人才和管理人才，效率提高了，企业会发展得更好。从此，经济中开始出现“社会流动性增大—效率提高—工作者积极性涌现—工作者收入上升”的良性循环。

另一方面，社会流动性增大使得有技术和管理专长的人有了较多的职务提升机会。这是因为，职务提升机会的增多离不开中高层技术和管理职位的增多，而企业中的中高层技术和管理职位的增多又离不开经济的发展和市场的扩大。这表明，工业化继续推进过程中，企业中高层职位的增多，为中产阶级队伍的扩大提供了条件，这已经是近些年来西方国家的常情，被不少研究者注意到了。

### （五）新行业的成长

有必要指出，在西方国家继续推进工业化的过程中，市场的扩大和新行业的成长也是中产阶级逐渐壮大的一个主要原因。

新行业的成长，虽然离不开技术的进步，但归根结底，仍然和国内生产总值的持续增长有关。需求创造供给，供给也创造需求，需求和供给始终是相互促进的。具体地说，新行业提供新的产品和新的服务。如果没有国内外对新产品和新服务的需求，怎么可能出现新行业？如果没有新的资本投入，没有为生产新产品和新服务所需的新的机器设备、原材料和场地的供给，又怎么可能出现新行业？

新行业的成长，为大批相关的技术人才、管理人才、营销人才找到了用武之地，从而也促成了这些专业人才的收入的增加和职务的提升，进而为中产阶级队伍的扩大提供了有利条件。

以上从五个方面谈到了西方各国在工业化中期以后中产阶级队伍壮大的原因。这五个方面的原因通常是彼此相互影响和共同起作用的。很难说中产阶级的逐渐壮大是其中某一个原因起主要作用的后果。

## 七、“白领”和“蓝领”的区别还会延续多久？

在传统生产方式之下，从事不同职业的人并没有划分为“白领”或“蓝领”。甚至工业化开始后很长时间内，也没有“白领”、“蓝领”之类的称谓。工业化过程中企业雇佣的办公室人员，逐渐被称为“白领”，而企业雇佣的从事体力劳动人员，则逐渐被称为“蓝领”。工业化进入中期以后，“白领”工作者和“蓝领”工作者之间的界限日益明显。“蓝领”被视为从事体力劳动的工人的代称，而且受到轻视。收入较多和收入较少，劳动强度稍低和劳动强度较大，以及有较多机会被提升职务和很少有机会被提升职务，被视为区分“白领”和“蓝领”的主要标志。久而久之，这种区别在工业化推进过程中也就习以为常了。

由于“白领”和“蓝领”之间存在着收入差距，而且受教育状况也有差距，所以“白领中产阶级”一般比较常见，“蓝领中产阶级”并不多见。尽管“蓝领”中有些人成为技工、熟练技工甚至技师或者高级技师，但仍然不受重视。对“蓝领”工作者的偏见依旧存在。

实际上，中产阶级不仅是一个按收入水平确定和划分的概念，同时也是一个按照文化素质确定的概念。不能认为只有钱而没有文化素质的人会成为社会的中坚力量。中产阶级理应成为社会中坚力量，在这方面不能缺少文化素质这一要素。

文化素质，其中包括道德修养在内，应当是“白领中产阶级”和“蓝领中产阶级”的共同标准。有了文化素质和道德修养，“蓝领中产阶级”和“白领中产阶级”一样成为社会中坚力量。

在科技进步、知识不断更新的环境中，如果今天还有人在区分干某些工作的是“白领”，干另一些工作的是“蓝领”，试问这种划分还能延续多久呢？也许再过若干年，不会有人再以旧的眼光看人了。那时，说这个人是“蓝领”，说另一个人是“白领”，还有意义吗？

当人们都在计算机旁工作时，你能区分谁是“白领”，谁是“蓝领”吗？也许连工作者自己也分不清了。

到那个时候，区分哪种工作是“白领”从事的，哪些人属于“白领”系列，哪些人属于“蓝领”系列，已经没有意义了。社会上也就不再有什么“蓝领”还是“白领”这种过时的、陈旧的分类了，这也许是不远的将来就可以实现的情况。如果大多数人都已经进入中产阶级行列，并且还有一些人即将进入中产阶级行列，又何必再区分什么“白领中产阶级”还是“蓝领中产阶级”。

目

录

## 理论篇

## 实 践 篇

# 理论篇

# 中国蓝领中产阶级的孕育和崛起

程志强

## 一、蓝领中产阶级的概况

### (一) 蓝领中产阶级的诠释

追溯“蓝领”这个概念,其最早源于美国。在《国家的作用》一书中,罗伯特·耐克将当代社会中参与不同劳动的人划分为如下三种类型:一是从事工厂产品生产的技术工人,二是从事种类繁多的服务业的劳动者,三是从事解决生产技术问题的劳动者。上述第三种劳动者工作时都无一例外地穿着深色西服、白衬衫,打着领带,为此,人们用“白领”(White-Collar)一词代之。相比较而言,上述第一种劳动者多为负责维修机器设备的技术工人,主要以从事体力劳动为主,一般拿“周薪”或“时薪”。其上班或生产劳动时皆穿着蓝色工作制服,故称之为“蓝领”(Blue-Collar)。就中国蓝领阶层的职业而言,其主要包括工矿工人、农村务工工人、建筑工人、码头工人、仓库管理员、铁道搬运工、垃圾收购者、水电工以及挖掘机工人等。

在西方当代社会,蓝领阶层是组成现代社会的一支非常重要的力量,他们具有人数优势,而且还处于西方社会的中间阶层,是西方社会“橄榄形”结构的中间部分。而在中国改革开放30多年来,随着产业结构不断的更新、升级、换代,三大产业之间不断的分离,尤其是第三产业逐渐从第二产业和第一产业之中脱离出来,蓝领阶层的概念也逐渐从“工人阶级”中区分开来,构成了一个特殊群体。随着中国经济转型、发展以及新常态的出现,在未来可以预期的时间内,中国将持续不断地为蓝领阶层工人创造更多的工作机遇,而越来越壮大的蓝领阶层也将成为一股非常重要的中坚阶层力量。

### (二)蓝领中产阶级的成长

中国经济正步入新常态,这意味着在未来的几十年中,中国各行业均会产生对大量高素质技术工人的需求。也就是说,经济新常态为蓝领阶层提供了更多的就业机会。而且,中国改革步入新阶段和深水区,持续深入的改革开放使得中国人的传统观念正逐步发生改变,同时,也改变了人们的思想。以前被人们认为是社会地位低下的手艺或者技术工作,正在被现代社会的人们所认同和接受。随着中国社会主义市场经济体制改革的继续推进,蓝领阶层的社会地位以及收入也在不断提高。蓝领阶层在过去的相当长的时间内拥有较低的收入，同时肩负着高强度的体力和负重的工作。但是随着技术进步的加快、工业设备的先进化，从事体力劳动的蓝领阶层也将逐渐需要更少的体力工作和较高的素质，取而代之的是与白领阶层相类似的技术管理工作和更为熟练的对机器的操作。这种变化使得蓝领阶层逐渐提高了收入水平和社会地位。尤其是科学技术的进步使得蓝领阶层与其他各阶层之间的差异不断变小，蓝领不再仅仅意味着高强度的体力劳动或者简单机械的工作，而是需要经过培训和训练才能掌握几种技术的高素质技能工人，比如操作自动化操作车间工人、高技能的维修工人以及操作各种复杂仪器设备的技工等。也就是说，科学技术的发展让“蓝领”和“白领”之间的差异逐渐变小并逐步消失。随着经济社会的发展，蓝领阶层的职业、收入、名望、服装、文化程度、价值观念、心理因素等亦发生了一系列的变化，中国蓝领阶层的概念不断被丰富、发展和创新。

### （三）中国蓝领中产阶级的未来前景

就蓝领中产阶级未来发展前景而言，首先，科学技术的发展使蓝领中产阶级脱颖而出，并为他们提供了比从前任何时代都要优越的机会。而且，科学技术的发展会逐渐缩小蓝领阶层与其他阶层（如“白领”）之间的差距。其次，蓝领阶层虽然曾经被视为体力劳动者的称号，但是社会是处于发展变化之中的，相信这个称号并非是一成不变的，更不应被定义为社会的下层阶层，甚至是底层的阶层，这种称号和地位都是可以被改变的。随着蓝领成长为蓝领中产阶级，中国的中产阶级将会不断地崛起和壮大，中国的收入分配结构会逐渐从“金字塔形”向“橄榄形”或“鸡蛋形”的收入分配结构逐步过渡。

此外还需要指出的是,对于当代中国的大多数工厂或者企业来说,蓝领是企业的一支核心力量。在中国人口红利逐渐消失,老龄化加剧,劳动力成本逐步上涨,尤其是大众化教育渐趋普及的背景下,白领阶层不再是广大应届毕业生的选择和唯一出路,这为蓝领阶层提供了无限的机遇,前景广阔。一个社会只有实现"橄榄形"或"鸡蛋形"结构才是稳固的,才有利于社会的长期稳定的发展——就"橄榄形"社会的定义而言,即一个社会阶层结构中没有极其富裕和极其贫穷的阶层,而中间阶层数量众多,比较庞大。从政治经济学而言,一个社会中间阶层的崛起和壮大将会使得每一位社会成员都能看到上升的机会。为此,中国如果要扩大中等收入者的比重,使中国收入分配结构由"金字塔形"转向"橄榄形"或"鸡蛋形"结构的话,必须要扩大中产阶级的来源基础,把人数众多、肩负使命的蓝领工人纳入中产阶级队伍。只有这样,中国中产阶级队伍才会不断扩大,收入分配结构才能更稳固。

## 二、当前中国蓝领阶层的现状

随着我国新型城镇化的继续推进,工业化也不断提升,服务业将向纵深发展,服务业所孕育的新兴职位不断涌现,传统旧的职位也将不断焕发出生机和活力。在经济发展的新阶段下,中国蓝领阶层有了更广泛的职业界定,已经不再是传统意义上的工厂职工、技术工人等。伴随着中国经济步入新常态,经济发展改革也过渡到新阶段,主要表现为劳动力用工成本持续上涨,高技能的劳动力供给严重不足,亟待提高蓝领阶层劳动力的技术水平,优化蓝领阶层劳动者的教育结构。中国经过改革开放 30 多年的持续快速发展,虽然经济总量跃居世界第二,但是过分注重经济发展,较少关注蓝领阶层,缺乏兼顾社会公平和发展的可持续性。总体而言,中国现阶段蓝领阶层收入较低、遭受歧视、学历局限以及技能不足,进而形成二元劳动力市场分割,蓝领阶层上升为中产阶级的道路被严重堵塞。

### (一) 蓝领阶层收入较低

总体而言,中国蓝领阶层的收入较低,其收入主要是工资性收入,主要包括计件工资、计时工资、加班加点工资、奖金津贴补贴等。20 世纪 90 年代以来,我国的劳动收入份额(劳动收入在国民收入中所占比例)持续下降,由 1995 年的 52.9% 下降至 2009 年的 39.8%,下降幅度达 13 个百分点,其主要原因在于劳动者中缺乏技能劳动力的工资性收入过低。而且,女性蓝领低于男性蓝领,就城市分布而言,女性蓝领在一二线城市的税前工资(4276 元)显著高于中西部城市。省会城市和直辖市显著较高(图 1)。

就来源地区而言,蓝领阶层主要来自农村、城镇和偏远的山区,其父母整体职业水平和收入水平均较低,在接受了小学教育或者中学教育之后基本上就迈入了劳动力市场。为了改变命运、获得更好的生活水平,蓝领阶层背井离乡,主要到北上广等沿海大城市去打拼。作为外来人口,随着城市的高速发展,蓝领阶层群体有了更多的就业机会与更广阔的发展平台,但由于蓝领阶层群体没有接受系统的教育,同时缺乏系统的技能培训,蓝领阶层在城市里收入很低,从事平凡岗位,工作很不稳定,权益无法保障,子女教育很难在城市实现,微薄的工资、有限的资源阻碍着蓝领阶层的发展。

### (二) 蓝领阶层遭受歧视

“望子成龙”是自古就有的传统观念,而现阶段的教育更强化了

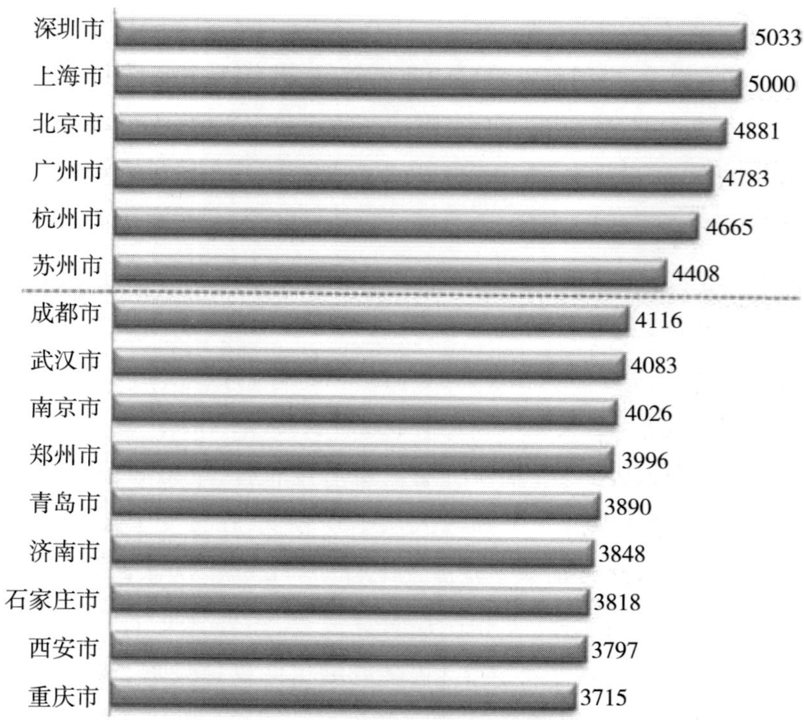


图1　不同城市蓝领女性的收入

资料来源:作者通过整理相关数据得出。

人们的这一观念。在西方社会所谓的蓝领和白领身份,在中国社会则对应了工人和干部身份,这两者之间存在巨大的身份差异(例如,社会地位和福利待遇的差异),导致公众很自然做出清晰的选择。为此,读大学似乎成了白领或干部的象征,上大学也就成了通向白领或干部的通道,其工作体面,受人尊敬,而去职业院校则成了高考落榜之后的艰难和无奈的选择,也就成了工人或蓝领的代名词。这种"共识"在中国现阶段被社会公众普遍接受、认可,进而形成顽固的思想定势,中国蓝领阶层始终是被歧视的阶层。这一问题没有得到社会各界的重视,中国的蓝领阶层仍旧是社会阶层中"落后"的代名词,遭受歧视。

### (三)蓝领阶层学历局限

和欧美发达国家相比,我国蓝领阶层普遍学历较为低下,基本为中学学历,而且缺乏必要的职业技术培训,有一技之长的技术工人占比非常少,大部分的蓝领阶层仍是主要从事比较低级的劳动。总之,教育是基础性工程,中国蓝领阶层整体受教育程度和素质都较低,社会上职业技术培训有待加强,没有形成合理的职业教育体系。蓝领阶层进一步成长为蓝领中产阶级缺乏学历这一核心竞争力。

随着中国未来城镇化和工业化的推进,随着大量新型工业产品逐步涌现,蓝领阶层就业的范围也会逐步扩大,主要表现为已经从"生产线"延伸至"服务线",主要包括计算机、空调、彩电、冰箱、手机和新型电子化办公设备的售后服务领域等。这样,劳动力市场上亟需大量的高素质蓝领工人,而现阶段职业教育的落后和配套人才培养措施的不完善,无法满足中国产业升级对蓝领阶层素质的要求,亟待对蓝领阶层采取有效的学历或职业教育,以满足未来国家经济发展的需要。

### （四）二元劳动力市场分割

中国当下，劳动力市场出现了上等劳动力市场和次等劳动力市场的二元劳动力市场分割的问题。20 世纪 70 年代以来，西方发达国家发展出一套关于“二元劳动力市场”的理论，它把劳动力市场分为上等劳动力市场和下等劳动力市场。上等劳动力市场与次等劳动力市场（或称下等劳动力市场）的区别如下：从事上等劳动力市场工作的劳动者职业前景较好，薪资高，福利待遇好，有较多学习、培训机会，并且，在上等劳动力市场工作的劳动者被逐步提拔的可能性较大。比较而言，从事次等劳动力市场（或称下等劳动力市场）工作的劳动者被认为是“坏职业”，职业较差，薪资较低，福利待遇较少，缺少必要的学习、培训机会，从事次等劳动力市场工作的劳动者几乎没有被提升的机会，通常是一辈子从事相对较为简单的职业。

在二元劳动力市场分割形成之后，跨市场的流动性机会几乎不存在。次等劳动力市场上工作的劳动者主要从事重体力劳动和简单劳动，也很难有机会由下等劳动力市场的劳动者成长为上等劳动力市场的劳动者。在上等劳动力市场工作的白领阶层，有很大的机会逐渐成长为中产阶级，但在下等劳动力市场工作的蓝领阶层却很少有机会能够做到。简而言之，从事“坏职业”的劳动者有较少的机会转换到“好职业”，即两种职业之间的跨劳动力市场几乎不存在跨劳动力市场的流动机会。

## 三、转型机遇：孕育中国蓝领中产阶级的契机

目前我国蓝领阶层面临着各种各样的问题、局限和不公平的

境遇，毋容置疑的是，在改革开放 30 多年来经济持续快速健康发展的大背景之下，整体的经济、政治、社会环境以及日益壮大的蓝领阶层内部已然孕育了足够多的向中产阶级转变的因素，而当前全面深化改革战略的提出也为蓝领阶层向中产阶级转变提供了良好的契机。

### （一）基于中国人口结构转型的契机分析

中国人口结构转型为蓝领阶层向上等就业层次流动提供了日益丰富的途径。随着人口红利的逐渐消失和人口结构转型加速，我国的人口自然增长率呈逐年下降趋势，但是大陆每年仍净增人口 660 多万人。我国的人口结构面临着双重压力，一方面是人口老龄化问题的加剧，另一方面是年均净增人口增多。在人口红利消失和人口老龄化的情况下，廉价、充裕的劳动力供给逐渐减少，我们难以再继续以往依靠劳动力数量发展经济的模式，而是应着力推动由粗放型利用劳动力向集约型利用劳动力的转变。

此外，虽然面临着经济增速放缓的压力，但由于多种经济改革措施的实施，我国 GDP 每提高 1%，仍然能够在城镇新增 130 万—170 万个工作岗位。新增岗位的大量从业人员主要属于蓝领阶层。在目前人口结构转型的契机之下，在低端产业从业人员趋于饱和的状态下，新生代工人将向相对高端的制造产业以及服务业分流，蓝领阶层的职业转型也就成为可能。城镇化水平的不断提高将进一步提升社会对蓝领阶层从业人员的需求，也为蓝领阶层摆脱大量无效、低端产业链带来契机。在净增人口仍然增加的情况下，我国外出务工人数依然保持增长态势，外出务工劳动力月均收入也逐渐攀高。总之，蓝领阶层向上等从业层次流动的途径将日益扩大，蓝领阶层向中产阶级的转变也将日益增多。

### （二）基于中国再分配机制转型的契机分析

收入分配问题属于经济学的核心问题之一，国民收入分配包括初次分配和再分配两个方面。其中初次分配至关重要，包括劳动收入分配、资本收入分配以及政府收入分配。而再分配亦同样不能忽视，再分配制度是否合理，直接体现政府能否做到优化收入分配，造福于全体人民。初次分配和再分配皆需要兼顾公平和效率，效率与公平并非此消彼长的关系，可以实现两者的兼顾，但初次分配与再分配对两者各有所侧重。可以说初次分配由市场来主导，而二次分配由政府主导，主要通过税收、社会保障以及转移支付等手段来实现。在目前的初次分配格局下，最低工资制度等措施为提高蓝领阶层收入提供基本保障。新常态下的收入再分配也致力于利用税收和社会保障这两个主要手段进行强化与优化，蓝领阶层在其中将获益明显，其收入将不断提高，生活状态也将随之逐渐改善，为向中产阶级转变提供物质基础。

社会保障将为蓝领阶层的上升提供更大的上升动力和保障支持。十八届四中全会之后，政府积极建立扶助中低收入阶层并覆盖社会全体成员的社保体系，这一体系的实施将逐步健全基本养老保险机制，建立兼顾各类人员的养老保障制度，推动加快建立企业年金以及职业年金制度，加快保障性住房供给。这一系列社会保障措施的实施在一定程度上为蓝领阶层的扩大提供了物质基础，可以为蓝领阶层在无后顾之忧的情况下提供更大的上升动力，其向中产阶级的转变也将获得来自政府更多的保障支持。

## 四、权利重构：中国蓝领中产阶级崛起的前提

由于家庭出身、教育背景、社会垂直流动渠道不畅等原因，当前

我国蓝领工人面临着来自自身和社会的种种困境。要实现我国“橄榄形”或“鸡蛋形”的社会阶层结构，促进蓝领工人向中产阶级的转变和成长，助力蓝领中产阶级的崛起，就必须重构蓝领工人合法的人身权利、市民权利、产业工人权利，赋予其本应享有的各项权利，保障其共享经济繁荣的成果。

### （一）赋予蓝领工人以合法的人身权利

根据二元劳动力结构理论，蓝领工人处在“坏职业”的岗位上，不仅工资收入低，而且工作环境脏乱差。蓝领工人绝大多数处在生产第一线，境况好的也就是在车间流水线上工作，境况差的，例如矿工、建筑工、搬运工、打磨工、喷涂工等，不仅劳动强度大，工作环境恶劣，而且对身体健康有极大的危害，甚至具有生命危险。

赋予和保障蓝领工人的人身权利，迫切需要改善蓝领工人的工作环境。一方面政府要加大监管力度，加强对有毒、有害、危险行业的监管和排查，严格要求不符合劳动卫生环境和安全的企业进行整顿整改，加大对违规企业的处罚力度。另一方面要企业加大投资力度，淘汰落后的、有安全风险的生产设备，改善企业的生产条件和进行技术革新，创造良好的工作环境，同时加大对从事有毒、有害工作的蓝领工人的社会保险强度，给蓝领工人提供高系数的安全保险。保障蓝领工人的人身权利，还必须尊重蓝领工人的人格尊严。处于边缘化的蓝领工人，在城市处处受到排斥和歧视。要通过加强宣传和引导，树立劳动光荣的观念，树立人人平等的观念，尊重蓝领工人的劳动成果和人格尊严，让蓝领工人在城市有归属感。赋予蓝领工人以合法的人身权利，是蓝领工人向中产阶级转变最为核心的要素。

### （二）赋予蓝领工人以稳定的产业工人权利

任何权利都来自法律的授予，“工人权利”是指国家法律明文规定的劳动者合法享有的各项权利。蓝领工人在各自的工作岗位上工作，为社会物质财富和精神财富的创造、社会的繁荣进步做出了巨大的贡献，理应享有稳定的产业工人权利。蓝领工人在企业劳动，实质上是在向企业出卖自己的劳动力，也即是人力资本。从产权经济学的角度看，工人权利实质上是工人作为人力资本投资者在企业中享有的人力资本产权。法律上的“工人权利”就是“工人人力资本产权”。所谓产权，包括所有权、使用权、转让权、收益权和处分权。保障蓝领工人的权利，首先要对蓝领工人赖以生存的人力资本产权进行界定和保护。

蓝领工人在企业劳动，向企业出卖自己的劳动力，与企业之间建立的是以劳动力商品为中心的雇佣契约关系。分散的个人与企业事实上处于不平等的地位，企业向工人提供的很多条件都是单方的，企业在制定劳动报酬、工作时间和条件、劳动强度和环境时居于绝对的优势地位。强权界定产权，由于蓝领工人都是分散的，单个的蓝领工人在企业面前总是势单力薄，很难保障自己的各项权利。因此，要从法律上赋予蓝领工人以稳定的产业工人权利，保障其对自己的人力资本享有独立、全面的产权，在劳动力市场上进行自由平等交易，并因此获得公平的收益。法律赋予工人权利之后，这些权利能否得到实现，还有赖于企业能否执行法律规定，因此还必须加强执法，确保蓝领工人权利的实现。

### （三）赋予蓝领工人以正常的市民权利

改革开放30多年来，我国市场经济稳定快速发展，大量剩余农村劳动力进入城市,在工业和服务业等产业工作,其中大部分人多年来常年生活在工作所在的城市。在数以亿计的蓝领工人中,大多数是来自农村的农民工,他们为我国巨大经济成就的取得做出了重大的贡献。由于自身素质和社会制度等方面的原因,蓝领工人与城市居民之间有很大的差异,他们在城市被边缘化,受到排斥和不平等待遇,不能享有与市民类似的待遇,工资收入和社会福利保障在他们和城市居民之间的分配是不公平的。由于"同城不同权",蓝领工人不仅薪资收入低,而且生活成本也相应提高,最终导致蓝领工人的收入与城市市民的收入差距逐渐扩大。"同城不同权"现象是不合理的,确定一个人的价值应以其对社会所做的贡献为标准,而不是以其出生地、家庭背景为标准。蓝领工人在工作上为社会做出了巨大的贡献,不应受到不平等的对待。

作为产业工人,蓝领工人工作和生活主要都在城市,理应共享务工城市的公共服务,享有正常的市民权利。在赋予和保障蓝领工人在城市劳动和就业等基本的权利的同时,蓝领工人还应享有"拓展权利",即社会保障和城市公共服务等市民权利。由于其身份的特殊性,蓝领工人不仅应享有因农民身份独有的基本权利和核心权利,还应因城市产业工人身份而享有市民基本权利,包括市民享有的最低生活保障、住房保障体系、住房公积金制度和各项社会保险的权利。除了享有经济权利外,蓝领工人还应享有适当的政治、社会、文化等权利。

### (四)赋予蓝领工人共享经济繁荣的权利

一方面,国家越来越富有,城市居民越来越富有;另一方面,蓝领工人日益贫困,社会收入差距逐渐扩大。究其原因,蓝领工人没有与城市居民、高收入人群共享改革开放的红利,没有平等地享有经济繁荣的成果。收入的初次分配主要是由市场来调节，市场机制是按照人们提供的生产要素的数量、质量和作用进行分配的，人们掌握的生产资料不同以及市场供需不同，市场对收入的调节必然导致收入的差距，而蓝领工人作为底层的阶级，在收入分配格局中处于弱势的一方。在深化经济体制改革方面，政府必须大力改革收入分配制度。对于初次分配，要在以市场为主导的基础上，引导收入分配向蓝领工人倾斜。在再次分配中要更加注重公平，政府应通过财政税收的调节和推广社会福利措施，逐步缩小蓝领工人和城市居民之间收入的差距，增加蓝领工人在再次分配中的收入比例。

蓝领工人中绝大部分是来自农村的农民，他们在老家拥有宅基地和承包的土地，在没有确权的情况下，宅基地和承包的土地并不能够给他们带来市场化的收益。应进行土地确权，确认蓝领工人对家庭承包经营的土地、拥有的宅基地和宅基地上自建的房屋享有经营权、使用权和房产权，并发给相应的证书，再在农村建立产权流转平台，引导拥有“三权三证”的蓝领工人对享有的各项权利进行市场化操作，比如流转、抵押等，获得市场化收益，增加其经营性收入。

## 五、助力蓝领中产阶级的崛起

要助力蓝领中产阶级的崛起，首先要重视蓝领阶层，促进成长。社会上对蓝领阶层存在明显的偏见。随着我国工业化以及城市化的发展，从事蓝领职业的群体逐渐扩大，其人口规模已远远超过了白领阶层，部分蓝领收入甚至赶超白领。但是即便如此，蓝领阶层却没有在社会上受到应有的重视，绝大多数蓝领阶层还是属于社会的弱势群体，大部分企业的品牌设计也很少针对蓝领阶层，各种媒体也很少报道蓝领群体，甚至连蓝领阶层自身也不愿谈及自己的蓝领身份。社会对蓝领的偏见以及忽视十分不利于蓝领阶层的发展。如果社会加大对蓝领的关注,并且改善他们的收入水平、居住状况以及子女教育等问题,这将大大促进蓝领阶层的发展,使更多拥有高技术、高学历的人愿意加入蓝领大军,提高蓝领的社会地位。

我们还应该纠正中产阶级只能来自受高等教育或者从事白领职业的人群的错误认知。美国、英国等一些发达国家的中产阶级主要来源于从事蓝领职业的劳动阶层(电梯安装和修理工、变电站和继电器检修工以及运输检查员这三大职业目前是美国收入最高的蓝领职业前三名),社会并不会因为他们从事蓝领工作而对他们存在偏见、歧视。在我国,蓝领阶层在城市中人数最多,一部分蓝领经过分化后逐渐步入中产阶级队伍中,扩大了我国的中产阶级人数,使得我国从“金字塔形”的收入分配结构转向“鸡蛋形”的收入分配结构。蓝领虽然收入不高,但是其基数大,消费能力高于白领,消费潜力大。可见蓝领阶层对壮大我国中产阶级队伍,促进我国内需起着举足轻重的作用。我们应该给予蓝领阶层应有的社会重视,提高蓝领的社会地位,在促进蓝领发展的同时也会使我国的社会更加和谐、公平。加强工会力量保护权益,让工会真正地在保护蓝领中产阶级崛起的过程中发挥重要的、积极的作用。同时,积极鼓励蓝领阶层创业,政府应该出台相应政策鼓励蓝领阶层创业,让更多熟练的技工有机会开办自己的小微企业,在提高其收入以及社会地位的同时,带动更多的蓝领就业。要促进蓝领中产阶级崛起,其中促进职业代际流动意义非常重大。职业代际流动能够使蓝领阶层的子女有更多的机会进入中产阶级甚至是上层社会,也让蓝领阶层有更大的动力提高自己的职业技能、更加努力地工作,扩大蓝领中产阶级的队伍,使整个社会更加公平、和谐。提高职业代际流动性最重要的方式就是要重视蓝领阶层子女的教育,使他们接受良好的教育,此外还有大力发展经济,强化流动机会的公平机制。

## 六、总结

蓝领阶层作为社会各阶层与社会分工的重要一部分,其崛起与转型必然伴随着中国人口结构与再分配机制转型的步伐同步发展。在全面深化改革的进程中,不断推动中国经济结构更加趋于合理、有效,在人口结构日趋老龄化、人口红利逐步消失的今天不断提高社会从业人员的个人素质与职业水平,通过再分配实现社会的公平与效率,真正造福全体人民,蓝领阶层的转型契机也就会愈加扩大,将更有能力推动社会整体结构的转型。

如果想要助力蓝领中产阶级的产生,壮大蓝领中产阶级的队伍,首先要给予蓝领阶层应有的社会重视,使更多有技术、有能力的人愿意加入蓝领阶层队伍;其次,要加强工会力量保护蓝领阶层权益,提高蓝领的工作待遇,社会福利以及子女教育等;再次,要鼓励蓝领阶层创业,让更多熟练的技工有机会开办自己的小微企业,在提高其收入以及社会地位的同时,带动更多的蓝领就业;最后,要促进职业代际流动,加大垂直代际流动。

### 参考文献

1. 高剑:"激活'蓝领'加入中产阶级的机会",《东莞日报》2009 年 9 月 11 日。
2. 郭锦:"我国技术蓝领的现状与对策",《郑州航空工业管理学院学报》2008 年第 3 期。
3. 李晚莲:"社会变迁与职业代际流动差异:社会分层的视角",《求索》2010 年第 6 期。
4. 厉以宁:《工业化和制度调整——西欧经济史研究》,商务印书馆 2010 年版。
5. 厉以宁:"论蓝领中产阶级的成长",《中国市场》2015 年第 5 期。
6. 厉以宁:"二元劳动市场造成好坏职业,应缩小差距",《东方企业文化》2015 年第 6 期。

7.〔美〕罗伯特·赖克:《国家的作用》,上海译文出版社 1998 年版。
8. 吴浩:"新中产阶级的崛起与当代西方社会的变迁",《南京师大学报》(社会科学版)2008 年第 5 期。
9. 杨文伟:《转型期中国社会阶层固化探究》,中共中央党校博士论文,2014 年。
10. "新蓝领就业面面观——《2012 都市新蓝领生存报告》发布",《职业》2012 年第 26 期。

(程志强,北京大学光华管理学院)

# 3D 打印和第三次工业革命浪潮下中国蓝领中产阶级成长问题探索

李旭鸿　刘江涛

2014年6月3日，习近平总书记在2014年国际工程科技大会上的主旨演讲中指出："一项工程科技创新，可以催生一个产业，可以影响乃至改变世界。""3D打印技术"正是这样一项工程科技创新。2012年，英国《经济学家》杂志将"第三次工业革命"作为封面文章，全面地掀起了新一轮的3D打印浪潮。3D打印技术（也称为"增材制造技术"），是以数字模型文件为基础，运用粉末状金属、塑料等可黏合材料，通过逐层打印的方式来构造物体的快速成型技术，在工业设计、建筑、汽车、航空航天和医疗等领域具有广阔的应用前景，能够带动我国的产业转型和结构优化。

当前,我国经济发展进入新常态,处于增长速度换挡、结构调整阵痛和前期刺激政策消化三期叠加的阶段,产能过剩矛盾突出、生态环境恶化、企业生产经营困难、经济下行压力加大,稳增长、调结构、促改革、惠民生和防风险的任务艰巨。解决这些问题的根本出路是:实施创新驱动发展战略,大力发展关联度高、带动作用强、符合科技发展趋势的 3D 打印等新兴产业,形成新的经济增长点。我国作为传统制造业大国,以 3D 打印为引擎的第三次工业革命的到来,必然会对我国不同行业的劳动者产生差异化的影响。在这一过程中,我国中产阶级会产生什么样的变化?什么样的劳动者群体会成长为蓝领中产阶级?我们应当选择怎样的战略定位和政策措施来把握这些机遇、迎接这些挑战,使我国的劳动力市场能够焕发新的活力,为新常态下中国经济的增长贡献新的力量?

## 一、3D 打印与第三次工业革命概述

过去 300 年来,在欧美等国发生了两次工业革命,分别是蒸汽技术革命和电力技术革命,促进了资本主义的发展和工业生产技术的革新。出于科学研究和产品设计的需要,一种名为"3D 打印"的快速成型技术在 18 到 19 世纪已经开始萌芽,威廉姆光刻实验室在这段时期开展了商业探索。但由于受到技术的限制,这种设想在当时并没有获得突破性的进展。到了 20 世纪 80 年代,3D 打印技术才在商业领域获得真正意义的发展,迅速产业化并应用于各工业领域,与传统的等材制造和减材制造三足鼎立、互为补充,产生了优异的效益,美国自然科学基金会称之为"20 世纪最具革命性的制造技术"。2007 年,开源的桌面级 3D 打印设备发布;2012 年,英国《经济学家》杂志将"第三次工业革命"作为封面文章,全面掀起新一轮的 3D 打印浪潮,3D 打印技术被认为可以"与其他数字化生产模式一起,推动实现以智能化为特征的第三次工业革命";2014 年,美国

《时代周刊》将3D打印评为年度最佳发明之一,认为3D打印可以造出万物。3D打印的特征主要包括:

首先,3D打印技术是对传统制造技术的颠覆性创新。3D打印技术是集合了光机电、计算机、数控、互联网以及新材料于一体的智能制造技术,有别于传统的"减法制造"模式,是通过若干二维平面的叠加而快速"打印"出所需要的三维实物的制造技术,可大幅降低制造难度,节约制造成本。理论上,只要能设计出结构模型,就可以在无需刀具、模具以及复杂工艺的条件下,快速地将立体设计文件变成实物。

其次,3D打印技术是未来制造技术的主要方向。与传统制造技术相比,3D打印技术突破了传统加工制造工艺和空间的限制,在个性化、效率、成本、便捷、材料、精度、环保等多个方面都具有优势。其一次成型、逐层添加的特点使制造过程中基本没有材料浪费,而且至少能够节约40%的能源;同时,其设计与制造分离的特点也更加符合当前互联网经济的特征。因此,3D打印制造模式符合绿色化、网络化、智能化发展趋势,将成为未来的主要制造模式。(3D打印技术与传统产业的关系见图1)

第三,3D打印技术将推动我国产业升级和技术进步。3D打印技术融合了光机电技术、控制技术、材料技术和软件技术等,其广泛应用将带动创意、设计、软件开发、互联网、生产服务业、装备制造、材料技术、物流等诸多产业领域发展,从而形成一个庞大的产业群。中国工程院卢秉恒院士认为,3D打印将以崭新的形式创造出上千新兴行业,每年可以创造出数以十万亿计的GDP。前工信部部长李毅中认为,3D打印是加快发展智能制造设备和产品的重要途径。

## 二、3D打印和第三次工业革命对中国劳动力市场及蓝领中产阶级成长的影响

著名经济学家厉以宁教授在2014年12月21日"第十六届北

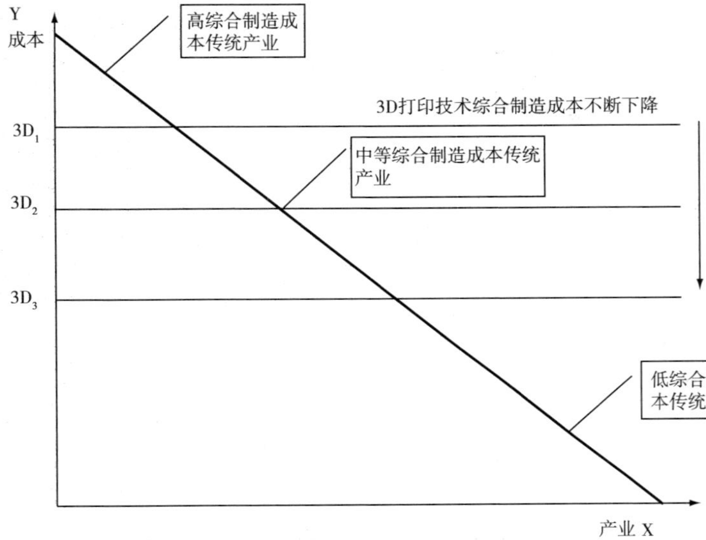


图 1　3D 打印技术与传统产业的关系示意图

注:我们将现有产业的原材料、人工、生产周期、场地、制造难易程度、设备等作为综合制造成本,与现有相应 3D 打印技术综合成本比较,将其划分为高综合制造成本产业、中等综合制造成本产业、低综合制造成本产业。随着相应 3D 打印技术综合制造成本的逐步降低,生产成本 $3D_1$、$3D_2$、$3D_3$逐渐降低,将会从目前替代或覆盖的航空、医疗器材行业,逐步扩展到低综合制造成本的大规模的制造业。

大光华新年论坛"上发表的"论蓝领中产阶级的成长"的主题演讲中指出:"你想想看,当人们都在计算机旁工作的时候,你能够区别谁是白领,谁是蓝领吗?可能连工作的自己都分不清楚。到了那个时候,区分哪种工作是白领还是蓝领,已经没有意义了,社会上也不再分蓝领工作和白领工作,这是一种过时陈旧的观念。也许不久之后大家可能都被吸纳到中产阶级这个大范畴之中。"

3D 打印涉及的劳动力并非全部都是白领阶层。有进取心的简单劳动者,通过自己的努力,可以成为 3D 打印某一环节的熟练技工,使自己走出市场中做下等劳动的状况,使自己的劳动报酬得到显著提高。同时,掌握一定 3D 打印技术的熟练技工,有能力的可以开设自己的小微企业，只要勤于工作，努力学习，完全可以实现自行创业。这样，有进取心的简单劳动者通过自身的勤奋学习和努力工作，熟练掌握了3D打印技术中的某一环节，完全可以成长为蓝领中产阶级。如果大量的社会劳动者掌握了3D打印技术并开展工作，那到时真的是分不清蓝领和白领了，蓝领中产阶级会迅速增加，从而使中产阶级的规模得到不断扩大，“金字塔形”的收入分配结构将向“橄榄形”或“鸡蛋形”的收入分配结构转变。由此可见，3D打印产业将会缩小白领阶层和蓝领阶层的差异，使蓝领中产阶级得到快速发展和壮大。

我国是制造业大国，改革开放以来，我国长期保持着“人口红利”的特征，每年供给的劳动力总量约为1000万，劳动人口比例较高，保证了经济增长中的劳动力需求。但是，2012年我国15—59岁劳动年龄人口在相当长时期里第一次出现了绝对下降，比上年减少345万人，这表明我国“人口红利”在逐渐减弱。与此同时，随着经济发展，我国劳动力成本不断上升，熟练劳动力供给不足，劳动者技术水平不高，这些都成为制约经济发展的劳动力因素。3D打印和第三次工业革命的到来，对我国劳动力市场及蓝领中产阶级成长的影响主要体现在：

### （一）3D打印对我国“世界工厂”地位的影响

中国以廉价的劳动力和原材料、优惠的政策等吸引了众多海外企业来华投资建厂，成为很多世界知名品牌的产品加工地和集散地，发展成全球公认的“世界工厂”。

3D打印产业使传统制造业的劳动力投入和工人技能培养、专业设备投资、生产线管理等重要环节变得无关紧要。不需要建设复杂的工艺生产线，只需增加3D打印机的数量，就可以提高产能。一条传统的手机组装生产线上至少需要几十人，甚至上百人，但是，数十台全自动化的生产设备可以由一名技术员管理，将3D技术设备投资的费用除去，之后只需要支付电费、维护费用和与之前相比少之又少的劳动力工资。相比之下，中国传统制造业的劳动力价格却随经济发展而上涨，源源不断的人力成本投入，给外资企业带来了巨大的成本压力。外资企业始终在寻找可替代劳动力又能保障大批量产品生产的方法。3D 打印技术的发展，给曾在世界各地寻找廉价劳动力国家的外资企业带来新的发展机遇，他们不需要再为了降低成本而在世界各地考察建厂。欧美国家将加快利用 3D 打印技术实现在本国生产，这种发展趋势，一方面使得在中国投资设厂的欧美企业将逐步回流本土，降低中国世界工厂的地位，另外一方面也直接减少了中国的出口额。值得注意的是，从数字来看，已经出现了一些苗头。2014 年 1—7 月，占比超过三成的制造业实际使用外资金额同比下滑了 14.26%。就区域而言，日本对华投资同比下降 45.4%，美国对华投资下降 17.4%，欧盟下降 17.5%。

随着客户私人定制的需求越来越大，3D 打印产业逐步成熟和完善，对于大批量生产的产品，将可以增加 3D 打印设备来完成，而生产小量、定制的产品，更是 3D 打印技术的强项。中国作为“世界工厂”的地位或将受到明显冲击。但与此同时，3D 打印的迅速发展将会推动蓝领中产阶级的成长。

### （二）3D 打印对我国本土制造业劳动力市场及相应蓝领中产阶级的影响

3D 打印产业对于中国传统制造业的威胁主要在于其供应链的“客户友好型”。客户在传统制造模式下提出生产需求，厂商不会立刻同意生产，而是进行市场调研，根据市场预期收益，确定是否开展生产，一旦工厂决定将生产线投入生产，未来无论这一产品是否走俏，沉没成本都已产生，生产线难以停止。而 3D 打印产业可以更快地对客户的要求做出反应，为客户即刻制作，使顾客的等待时间大大缩短。

3D 打印产业的发展对于提升我国的创新能力，降低产品研发成本，缩短研发周期，有极大的推动作用。与其担忧对中国本土制造业的影响，不如利用好3D打印技术与传统制造技术各自的比较优势，实现两种生产方式的并存和互补，改造和升级我国制造业。将3D技术用于强调个性化、复杂化的小批量生产和模具生产上，在大批量生产上，仍使用传统制造工艺，以提高批量生产的速度并以规模效应降低成本。同时，努力转变产业结构，大力发展3D打印产业，培养大批掌握3D打印技术的劳动力，在广阔的3D打印产业链和产业群中从事劳动，变被动为主动，主动用3D打印产业与传统制造业实现融合式覆盖，不断培养和壮大相对应的蓝领中产阶级。

### （三）3D打印对我国出口劳动力市场及相应蓝领中产阶级的影响

从我国出口结构来看，目前3D打印在玩具打印和模型打印方面占有一定的优势。玩具在我国出口总额中所占的比重只有不到0.5%，我国的出口也受不到大的冲击。作为大家津津乐道的“Made in China”的出口服装，即使未来家家都自己打印衣服，也只是影响出口总量的7%左右。中国出口最多的是机械和运输设备，占出口总额的近一半。机械和运输设备所需的零件，绝大部分适合传统的标准化工业加工，在短期内3D打印并没有明显的优势。但我们不能轻视3D打印产业发展及相应蓝领中产阶级的培养。作为世界第一大出口国，如果出口受到了明显冲击，将会给中国经济增长带来重要影响。

### （四）3D打印对我国文化创意产业劳动力市场及相应蓝领中产阶级的影响

美国等发达国家的第三产业占GDP比重达70%以上，我国只有40%多，与之相比还是有很大差距。第三产业能满足国民日益增长的时尚设计、休闲娱乐、文化艺术等精神消费的需求。第三产业中，文化创意产业既是生产型服务业，也是消费型服务业。创意产业的核心是设计,3D 打印产业未来的核心之一亦会是设计。通过3D 打印技术,设计师们不再需要费时费力地将设计图纸送往加工厂,甚至还要想方设法说服对方生产自己的作品,设计师可以即刻生产出自己的作品,不满意也可以马上做出修改,直到设计出符合大众审美的作品;普通人也可以通过 3D 打印机实现自己的创意。3D 打印技术的发展将会创造出更多的文化创意产业的劳动力市场需求,推动相应蓝领中产阶级的成长。

## 三、发达国家发展 3D 打印技术及蓝领中产阶级劳动力市场的经验借鉴

面对 3D 打印技术掀起新一轮科技革命和产业变革,欧美日等发达国家高度重视,将 3D 打印技术和产业的发展上升为国家战略,全力加快发展,并不断完善相应的劳动力市场、发展壮大蓝领中产阶级,以期引领或紧跟新一轮工业革命,实现创新驱动发展和绿色发展。

1. 美国。美国政府将 3D 打印技术作为提高制造业竞争力的重要途径,希望能够以此与低成本国家进行竞争。2012 年,奥巴马政府要求重振制造业,将 3D 打印技术作为“战略级技术”。同年 8 月,奥巴马政府宣布在俄亥俄州建立一所国家增材制造创新研究院,负责统领增材制造的技术研发和标准、产业应用和人才培训,致力于加快 3D 打印技术在制造业中的发展,增强国内制造业竞争力,进而实现“在美国发明设计、在美国制造”,“用以前一半的时间和费用实现新产品的研发和生产”。2014 年第三季度,美国 GDP 同比增长 5%,大超预期,其中以 3D 打印为代表的智能制造发展迅速,成为美国经济增长的重要推动力,也使美国蓝领中产阶级得到继续发展。

2. 德国。德国政府正在推进“工业 4.0”高科技战略计划,旨在提升制造业的智能化水平,这是网络、计算机技术、信息技术、软件与自动化的深度交织产生的生产模式,包括“智能工厂”、“智能生

产”和“智能物流”等内容，其中，3D 打印技术在德国工业 4.0 的生产过程中发挥着重要的作用。

3. 韩国。韩国政府十分重视 3D 打印技术，将提升 3D 打印技术研发能力和 3D 打印技术产业发展水平上升为国家战略。2014 年 6 月，韩国政府宣布成立由韩国十几家部委官员组成的 3D 打印工业发展委员会。为了使韩国在 3D 打印领域争取领先位置，韩国政府还制定了促进 3D 打印技术产业发展的总体规划，提出了到 2020 年培养 1000 万 3D 打印开发和应用创客的目标，同时明确提出要在全国范围内建立 3D 打印基础设施和 3D 打印中心，为广大中小企业提供 3D 打印设施和员工培训。

4. 新加坡。新加坡政府也十分重视以 3D 打印技术为代表的新兴制造技术和模式的发展，投入巨资开展 3D 打印技术研发。2013 年，新加坡财政预算案宣布，将在未来 5 年内投资 5 亿美元发展 3D 打印技术，以使新加坡的制造企业能够拥有全球最先进的制造技术，形成 3D 打印技术和机器人技术等新的商业模式；同时，明确提出了预算资金将重点用于提高工人和工程师的技术水平，以及培育和建立一个新的 3D 打印行业生态系统。

凭借雄厚的基础工业实力，发达国家已经构建了较为完整的 3D 打印产业链，且在产业链的上、中、下游均有不同级别的企业满足不同层次的需求（见图 2）。产业链上各个公司分工明确，保证整个产业上各项关键技术的良性发展和转化。

新一轮科技革命和产业变革，与我国转变经济发展方式相交会，既为我国迎头赶上提供了历史机遇，但同时也存在与发达国家拉大差距的风险。欧美日等国家先后实施“再工业化战略”、“工业 4.0”、“酷日本计划”等战略，我国与发达国家经济互补的格局将有可能转变成竞争或替代的关系。3D 打印技术是新一轮科技革命和产业变革的引擎，如果在 3D 打印技术及应用方面严重落后于欧美日等国，我国与发达国家在科技创新方面的差距将进一步拉大。3D

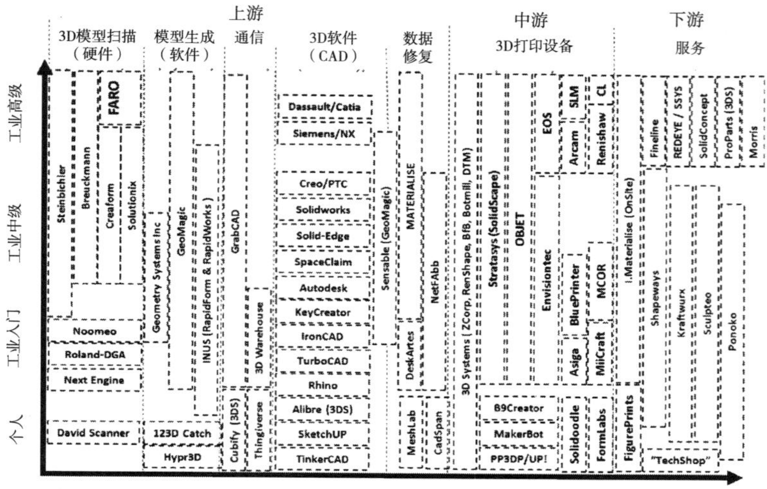


图 2　国外 3D 打印产业链

数据来源：Tranpham。

打印产业涉及诸多领域，如信息技术、生产性服务业、装备制造和材料技术等。单就耗材一项而言，就有 7 个大类，工艺设备 30 多种，打印材料有几百种，是服务业和制造业融合的典型产业，具有极广的产业应用辐射面，大批新兴产业可以被催生，形成产业集群。基于逐渐成熟的物联网生态、大数据和互联网云制造，通过网络平台，人们可以便捷地进行 3D 打印方面的创意、设计、创业、融资以及设计程序的交易，提交专业打印后，成品会由物流配送到用户手里，或者由用户直接本地打印。随着 3D 打印技术进一步发展，3D 打印产业群会向更多的传统产业延伸，从而对劳动者本身的技能提出了更高的要求，同时，也会不断创造出新的劳动力市场需求，使得蓝领中产阶级的成长具有广阔的空间。

## 四、3D 打印和第三次工业革命浪潮下中国蓝领中产阶级成长的战略选择

我国 3D 打印总体技术水平处于模型制作向零部件直接制造的

过渡阶段,在直接制造高性能塑料和金属零件方面发展迅速,局部甚至超过国外水平,但总体上还有非常大的提升空间。2015 年 2 月,工业和信息化部牵头发布《国家增材制造产业发展推进计划(2015—2016 年)》;3 月 25 日,国务院总理李克强主持召开国务院常务会议,部署加快推进实施“中国制造 2025”,增材制造技术将是实现产业升级的核心技术之一;7 月 1 日,《国务院关于积极推进“互联网+”行动的指导意见》中明确指出“以智能工厂为发展方向,开展智能制造试点示范,加快推动云计算、物联网、智能工业机器人、增材制造等技术在生产过程中的应用,推进生产装备智能化升级、工艺流程改造和基础数据共享”;8 月 21 日,卢秉恒院士在国务院讲授先进制造与 3D 打印专题讲座。由此可见,我国政府对 3D 打印技术和产业越来越重视。我国需要紧跟世界科技趋势,进一步高度重视和全面发展 3D 打印技术,加强 3D 打印劳动力市场的培养,“急追”先进国家,使我国 3D 打印技术的发展和产业应用位于世界前列。同时,在 3D 打印产业加快发展的进程中,不断培养和扩大掌握 3D 打印技术的劳动者队伍,进而推动蓝领中产阶级的迅速成长。

### (一)中国发展 3D 打印产业及蓝领中产阶级成长的战略意义

3D 打印技术将对中国劳动力市场和蓝领中产阶级成长产生深远影响,并提出更高的要求。中国的制造业劳动力平均生产率还远低于发达国家。近年来,为了应对“人口红利减少”,中国政府不断加大对高等教育的投资,旨在推动中国朝着技能制造经济的方向发展。3D 打印技术,一方面可以替代制造业领域的简单劳动力所从事的知识含量不高的手工劳动;另一方面,也要求未来新一代的制造业劳动力深入掌握相应的技能和专门的知识,例如软件设计技术、新材料技术、高级制造工艺、消费者需求和市场知识等。

同时,3D 打印技术将改变传统的消费者—生产者关系,这将会使中国蓝领中产阶级劳动力市场产生更多的劳动力需求。中国拥有 13 亿多的巨大消费市场,伴随着中国消费者购买力日益加强,对于需求的多样化和复杂度要求不断加强,从而对新奇、个性化的产品需要增多,这就需要大量掌握 3D 打印技术的蓝领中产阶级去完成。这一过程,必将产生更多的蓝领中产阶级劳动力市场需求,为中国劳动力市场的发展提供新的机遇。

### (二) 中国发展 3D 打印产业及蓝领中产阶级成长的战略探讨

鉴于 3D 打印技术对中国产业发展和蓝领中产阶级成长的深远影响,中国在积极培育和促进 3D 打印产业和劳动力市场发展过程中,需要综合统筹,抓住核心环节,在充分深入分析 3D 打印技术对中国制造业转型升级、产业发展、区域经济再平衡、转变发展模式和蓝领中产阶级成长等多方面的综合影响的基础上,从宏观层面做好战略制定的顶层设计。从国家层面做好 3D 打印中长期发展规划;将先行先试和全面推进相结合,整体布局技术研发及产业基地;制定相关产业促进政策带动 3D 打印产业的全面发展;加快培养 3D 打印产业相关的技术、创意设计和服务人才,将人力资源和人才资源的培养与市场需求相衔接,通过教育和培训等将人口资源转化成市场需要的人力资源和人才资源。在国家顶层设计过程中,应放眼全球,动态追踪世界主要大国 3D 打印技术发展和相关劳动力市场的动态,学习借鉴先进经验,并结合中国的发展情况、目标和需要进行动态部署。

## 五、3D 打印和第三次工业革命浪潮下中国蓝领中产阶级成长的政策建议

在确定的战略模式下,3D 打印和第三次工业革命浪潮下中国蓝领中产阶级成长的政策建议如下:

一是实施 3D 打印“亿才计划”。借鉴美国、德国、日本等国家

3D 打印产业发展的经验,积极培养 3D 打印技术和产业发展所需的研发人才和工程技术人才。尽快制定和启动“3D 打印技术亿才计划”,培养一支高素质、高技能的 3D 打印技术人才队伍,塑造 3D 打印技术的“新人口红利”。首先,通过加大对高校、科研机构的资金支持力度,培育 3D 打印技术发展所需的科技研发人才;其次,通过高校、研究机构和职业教育培训体系,加强培训 3D 打印技术工程人才;最后,发挥现有职业技能培训机构的职能,培养 3D 打印技术相关的营销人才和管理人才。

二是打造 3D 打印“三进”工程。“亿家亿台进家庭”:3D 打印机可以足不出户凭借自己的创意和设计实现创业,还可以成为开发儿童智力、科普教育市场的“桌面创意城”,是“女士和孩子”消费的新亮点,建议加大 3D 打印的家庭运用和学习。“春芽计划进校园”:加强对青少年 3D 打印技术的培训和教育,带动器材、培训等产业发展的同时,为 3D 打印产业发展奠定人才储备。“千万企业智能化”:加大 3D 打印技术的企业学习和运用,工业制造企业可以利用 3D 打印技术制造样品、模具、辅助设计,提升设计和创新能力,推动“中国制造”向“中国智造”转变。

三是构建“国家 3D 打印综合网络平台”。鼓励国家集成电路产业发展基金、国家创新基金等投资“国家 3D 打印综合网络平台”,提升创意、设计、打印机制造、打印材料、销售、打印、物流等服务,为各类专业人才、广大企事业单位、终端用户和消费者提供一个互联互通的网络和 App 平台,推动掀起“大众创业、万众创新”的新浪潮,催生出海量的创业和就业机会,推动中国劳动力市场产生新的就业需求,推动内需的新增长。

四是实施 3D 打印“重大技术突破、重要行业应用、重点企业支撑”的“三重战略”。大力加快 3D 打印专用材料的研发和生产,鼓励发展数字模型、专用工艺软件及控制软件,加速发展 3D 打印装备及核心器件;大力支持 3D 打印技术在重点行业的应用和推广;大力发展航天、航空、电子、网络平台等领域的 3D 打印龙头企业。

五是建立差异化的 3D 打印技术产业园区。一方面，利用现有产业园、科技园和创业园等园区，从国家战略层面培育一批集研发、生产和物流于一体的 3D 打印技术产品生产基地，做好区域差异化的规划和发展，推动地方产业升级转型。另一方面，成立若干区域 3D 打印服务中心，为各行各业的中小微企业和居民提供专业的 3D 打印服务，推进创新，打造新的经济增长点。

六是加大 3D 打印技术产业群和劳动力市场发展的金融支持力度。科技与金融的深度结合是推动新兴产业发展和创造新的劳动力市场需求的重要力量。首先，充分发挥政府在知识产权系统政策的制定和实施中的主导作用，构建"企业、政府、金融机构、社会"四位一体的科技金融支持体系，重点支持 3D 打印产业群发展和相关人才、劳动力培养。其次，完善银行体系对 3D 打印产业群的支持，推动信贷产品和业务创新，重点推进专门支持科技创新发展的科技银行或政策性银行以及众多专业化、区域化和特色化的中小型和新型金融机构的创设，形成金融机构间的合理分工和错位竞争。第三，建立支持 3D 打印产业群发展的多渠道、多元化投融资机制，引导创业投资和股权投资向 3D 打印领域倾斜，鼓励民营资本进入 3D 打印领域；支持符合条件的 3D 打印企业在中小板、创业板、"新三板"等多层次资本市场上市；支持 3D 打印企业利用资本市场开展兼并重组。第四，完善保险金融政策对 3D 打印产业的推动，加强创新型保险产品的设计，为 3D 打印产业发展提供有效的风险保障和融资便利。

## 参考文献

1.〔美〕胡迪·利普森、梅尔芭·库曼：《3D 打印：从想象到现实》，中信出版社 2013 年版。

2. 黄建、姜山："3D 打印技术，将掀起'第三次工业革命'?"，《新材料产业》

2013 年第 1 期。
3. 李善同、高传胜:《中国生产者服务业发展与制造业升级》,上海三联出版社 2008 年版。
4. 李旭鸿、张永升:《三生万物:3D 打印技术——第三次工业革命的引擎》,经济科学出版社 2015 年版。
5. 厉以宁:《中国道路与中等收入陷阱》,商务印书馆 2013 年版。
6. 厉以宁:《中国经济双重转型之路》,中国人民大学出版社 2013 年版。
7. 厉以宁:《中国道路与混合所有制经济》,商务印书馆 2014 年版。
8. 刘江涛、李旭鸿:"3D 打印与中国经济增长新动力",《中国金融》2015 年第 13 期。
9. 马军伟:"金融支持战略性新兴产业发展的必然性与动力研究",《当代经济管理》2013 年第 1 期。
10. 赛迪智库报告:《如何推进我国 3D 打印产业化发展》,中国经济新闻网—中国经济时报社,2013 年 10 月 24 日。
11. 王雪莹:"3D 打印技术与产业的发展及前景分析",《中国高新技术企业》2012 年第 26 期。
12. 王宇、贺涛:"3D 打印挑战中国:创新体系与产业链支撑落后",《财经》2013 年 1 月 6 日。
13. 吴晓波、齐羽等:《中国先进制造业发展战略研究:创新、追赶与跨越的路径及政策》,机械工业出版社 2013 年版。

（李旭鸿,北京大学光华管理学院;刘江涛,北京大学光华管理学院）

# 以改革打通农民变蓝领中产阶级通道*

田惠敏　李佐军

十八届三中全会《决定》提出:“城乡二元结构是制约城乡一体化的主要障碍。必须健全体制机制,形成以工促农、以城带乡、工农互惠、城乡一体的新型城乡关系,让广大农民平等参与现代化进程、共同分享现代化成果。”农民问题是中国革命、建设和改革的根本问题。当前,我国正进入经济社会结构的调整期和城镇化加速阶段的下半场,这为广大农民转化为城市蓝领中产阶级提供了新的契机。然而农民成为蓝领中产阶级的通道还存在很多障碍,如何打通农民成为

* 本文部分研究成果发表在田惠敏、李佐军:“以改革打通农民变蓝领中等收入群体通道”,《经济参考报》2015 年 7 月 17 日。

蓝领中产阶级的通道是一个亟待解决的问题。

## 一、打开农民成为蓝领中产阶级的通道既重要又迫切

在世界各国的现代化进程中，社会阶层的变动，尤其是中产阶级的兴起和壮大，是一个普遍性现象。19世纪的欧洲、美国社会是如此，20世纪包括中国在内的东亚社会也是如此，中产阶级的兴起已经成为后现代语境中的一个世界性话题。研究表明，全球中产阶级的成长大多和各国的工业化有着密切的联系，不仅是工业化和现代化的产物，更是社会转型的结果。要想扩大中等收入者的比重，构建稳定的"中产阶级社会"，必须扩大中产阶级群体的社会来源基础。目前，作为我国蓝领中产阶级群体来源的农民队伍在不断壮大，经济结构转型、人口城镇化推进和收入分配制度改革等为农民成为蓝领中产阶级带来了机遇。构建稳定的"中产阶级社会"和扩大中产阶级群体的社会来源基础，当务之急是破除阻碍农民成为蓝领中产阶级的"藩篱"，打开农民成为蓝领中产阶级的通道，使越来越多扛起中国制造大旗、肩负世界工厂使命的以农民工为主的蓝领，逐步融入到城市中产阶级队伍中来。

### （一）作为中产阶级群体来源的农民工队伍不断壮大

根据国家统计局《2014年全国农民工监测调查报告》的抽样调查结果显示（见表1），2014年全国农民工总量为27395万人，比上年增加501万人，增长1.9%。其中，外出农民工16821万人，比上年增加211万人，增长1.3%；本地农民工10574万人，增加290万人，增长2.8%。

然而，2010年以来农民工总量增速持续回落（见图1）。2011年、2012年、2013年和2014年农民工总量增速分别比上年回落1.0、0.5、1.5和0.5个百分点，外出农民工人数增速分别比上年回落2.1、

0.4、1.3 和 0.4 个百分点。近三年本地农民工人数增速也在逐年回落，但增长速度快于外出农民工增长速度。

**表 1　农民工规模**　（单位：万人）

| | 2010 年 | 2011 年 | 2012 年 | 2013 年 | 2014 年 |
|---|---|---|---|---|---|
| 农民工总量 | 24223 | 25278 | 26261 | 26894 | 27395 |
| 1.外出农民工 | 15335 | 15863 | 16336 | 16610 | 16821 |
| （1）住户中外出农民工 | 12264 | 12584 | 12961 | 13085 | 13243 |
| （2）举家外出农民工 | 3071 | 3279 | 3375 | 3525 | 3578 |
| 2.本地农民工 | 8888 | 9415 | 9925 | 10284 | 10574 |

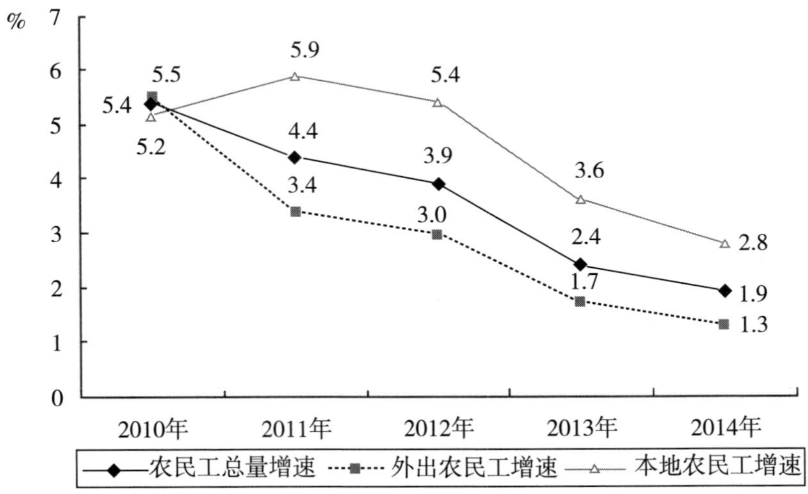


图 1　农民工总量增长速度

## （二）经济结构转型为农民成为中产阶级带来机遇

当前，我国正进入经济社会结构的调整期，经济结构转型将会促进新兴产业成长、服务业发展、城镇化发展、中西部地区崛起和新兴市场业态发展。我国经济由粗放型向集约型、由规模扩张型向内涵发展型转变，使农民工有可能从过去的纯体力劳动者向现代技术工人转变，知识型、技术型的高素质蓝领工人的比重将越来越高。

此外，除了制造业转型升级外，以服务业为主的第三产业也将逐步转型升级。第三产业的发展除了吸纳具有较高文化素质的社会群体之外，也将吸纳具有一定文化知识的农民工，特别是第二代农民工。

### （三）收入分配制度改革为农民成为中产阶级带来契机

十八届三中全会《决定》提出，"规范收入分配秩序，完善收入分配调控体制机制和政策体系"，"增加低收入者收入，扩大中等收入者比重，努力缩小城乡、区域、行业收入分配差距，逐步形成橄榄形分配格局"。在未来的收入分配结构调整中，将更加注重以企业主为主的资方和以普通劳动者为主的劳方之间的利益平衡。

当农民工的收入在扣除了基本生活费用之后能够有较多富余之时，他们就能成为城市中产阶级的一个重要组成部分。因此，大力提高农民工的收入，将有利于扩大城市蓝领中产阶级的社会来源基础。

### （四）人口结构转型为农民成为中产阶级带来机会

2004 年是我国劳动力供给的一个重要转折点，农村外出劳动力数量增长率为 5 年来最低，较前一年减少了 74%。据估算，1990—2002 年，农村人口绝对减少了 2658 万，并且这一数字还在持续扩大之中，这说明农民工的来源已经出现了萎缩。这意味着劳动力供求关系的重大转变，即中国正在由劳动力过剩时代向劳动力短缺时代转变。劳动力供求关系的结构性逆转，意味着必须更加合理地开发现有的劳动力资源，对劳动力的使用由过去量的粗放式开发转向质的集约式开发。较之于第一代农民工，新一代农民工大都完成了初等教育，大都具有初高中文化水平，具备掌握现代工业技术的知识基础。人口结构转型为新一代农民工成为城市蓝领中产阶级带来了机会。

## 二、打开农民成为蓝领中产阶级通道必须解决的几个问题

### (一)农民财产性收入少

一直以来,农民只有土地承包经营权,出租、出售房屋受到法律限制,而且投资渠道狭窄。农民不但总收入偏少,而且财产性收入来源途径单一。此外,还存在农民财产性收入地区差距、农民内部群体财产性收入不平衡、农民与城镇居民财产性收入不协调等问题。

1. 农民财产性收入增长缓慢且占年总收入的比重较小。从纵向看,自1990年以来,我国农民人均总收入呈较快增长态势,2009年是1990年的7.1倍,而财产性收入只增加了4.6倍,农民财产性收入增长较慢;从横向分析,农民财产性收入绝对值较小,2009年最高才167.2元,农民财产性收入占年总收入的比例很低,1990年也只有3.6%,而美国居民财产性收入占总收入比重约为40%。

2. 农民财产性收入来源途径单一。我国农民财产性收入来源主要是储蓄利息收入、房屋租金收入和土地补偿收入,不同地区之间还存在差别。在经济较发达地区,农民财产性收入主要以房屋租金为主,其次是利息收入和其他财产性收入。而在贫困地区和欠发达地区,农民财产性收入的主要来源只有存款利息收入。

3. 农民财产性收入地区差距明显。我国东部和东北部农村居民的财产性收入与中部和西部存在很大差距,中部仅是东部的29%。例如,2009年上海农村居民家庭人均财产性收入达932元,占农民人均纯收入的7.6%;而同期中部的江西省农村居民家庭人均财产性收入为80.41元,仅占到农民人均纯收入的1.6%。收入差距的“马太效应”日益显现(涂圣伟,2010)。

4. 农民与城镇居民财产性收入不协调。2009 年，我国农村居民高收入户的财产性收入是 629.73 元，中等收入户是 86.25 元，低收入户是 25.81 元，高收入户的财产性收入分别是中等收入户和低收入户的 7.3 倍和 24.4 倍。另外，与城镇居民相比，农民财产性收入基数小、增长速度低，2009 年城镇居民的财产性收入是农民的2.6 倍，1990—2009 年，城镇居民的财产性收入增长了 27 倍。

### （二）农民身份转变受到多种约束

推动农民成为蓝领中产阶级的关键是推进农民工市民化。然而，实际情况是，农民工进入城市就业，不能同城市人一样享受劳动、社会保障等方面的待遇，不能实现农民身份上的根本转变，在户籍、就业、住房和教育等方面存在各种各样的歧视和限制。

1. 户籍限制。长期以来，城乡分割的二元户籍制度是农民获取市民身份的一个突出的制度屏障，农民和市民的户籍身份背后是二者享受截然不同的社会地位、资源和福利分配。这阻碍了人力资源的优化配置和地区间的合理流动，不利于城市化建设和农村经济的发展。

2. 就业限制。多年来，许多城市通过出台有关就业政策和文件，使农民工在城市的就业范围和就业机会受到限制。

3. 住房限制。当前，城市商品房超高的房价和农民工极低的工资形成强烈对比，农民工无力购买城市商品房，同时，城市住房保障制度对农民工的排斥，使得大部分农民工无法满足获取市民身份所要求的住房条件。据统计，新加坡的公共住房覆盖率达到 80%，中国香港为 40%，而我国目前只有不足 20%。

4. 教育限制。一方面，许多大城市对农民工获得市民身份都有一定的受教育水平或技能水平的要求，这就将学历低、没有相应技能水平资格证书，但在实践中积累了丰富经验的农民工排除在市民身份之外。另一方面，许多城市的公办学校以户籍为门槛排斥农民工子女进入城市接受教育，要么拒不接受农民工子女入学，要么对农民工子女额外收取各类高额费用。

### （三）农民不利的政治地位

我国宪法赋予了农民特殊的宪法地位。从规范意义上说，这意味着农民拥有较高的政治地位。然而，宪法规定的农民特殊地位大多停留在字面上，现实中农民真实的社会地位并不高。农民在政治权利、政治参与等方面处于弱势地位，政治情感淡漠、政治认知模糊、政治行为投入不足等现象普遍存在。

1. *在政治权利、政治参与等方面的弱势地位*。在政治权利方面，农民不能享受与城市市民平等的权利。在政治参与方面，农民是被管理的对象，是制度的接受者，难以成为制度的设计者。这种制度安排限制和剥夺了农民作为中国公民应该享有的宪法赋予的公民权利。

2. *农民存在政治情感淡漠、政治认知模糊、政治行为投入不足等现象*。农民身上体现出的更多的是务实化的物质要求，对国家政治态度淡漠。受“官尊民卑”、“官本位”等思想的影响，许多农民政治认知缺乏，缺乏主体意识，在政治参与上表现出被动的倾向。

### （四）农民的职业技能培养体系发展滞后

我国产业工人中2/3是农民工，加强农民工职业技能培训，是促进劳动力转移增收、融入城市主流社会的关键。然而，针对农民的职业技能培养体系发展滞后。一方面，产业工人主体从城镇居民转变为农民工群体，我国产业工人的社会地位持续下降，原有的相对完善的职业技能认证体系和企业内部的“师徒制”培养体系几近瓦解。农民的职业技能培养滞后于产业工人主体转型。另一方面，亟须职业技能培训的农业人口和进城农民工没有办法享受到廉价优质的职业技能教育。企业出现“技工荒”现象，职业技术学校普遍面临生源不足问题。中央和地方政府虽出台了很多职业技能培训补助政策，但在实际执行过程中，出现了补助对象同社会需求错位的现象。

## 三、农民成为蓝领中产阶级通道不畅的深层次根源分析

### （一）产权制度供给缺失

财产产权制度供给缺失、交易流转机制失灵，是农民财产性收入增长较慢的主要原因。我国城乡土地产权制度、住房产权制度、资金产权制度不一致。具体而言，城市土地属于国有，农村土地属于集体所有；城市居民住房多私有，可以市场交易，农民住房虽私有，但不能市场交易。此外，现行农村土地制度缺陷使农民与土地财产性收入“绝缘”。农民土地的财产化是农民拥有财产性收入的前提条件。农民财产性收入比例较少，深层次原因是农民家庭所拥有的财产缺乏合法所有权制度的保障，农民家庭拥有的资源是一种“死资产”，无法将其转化为能够带来价值增值的资本。

由于受现行土地管理法律法规及政策的束缚，农村集体建设用地开发、农村房屋交易等，被限制在特定范围、领域和人群之间，城市资本和城里人难以介入农村财产性交易市场，影响了农民财产性收入的增加。另外，农民的房屋、土地等资源缺乏合法产权制度作保障，无法通过租赁、抵押和出售实现增值，只能闲置浪费。农房、土地各项产权确权颁证不完善，且无交易平台。农民财产性收入少，增收渠道单一。

### （二）城市资源供给制约

城市不能满足大量农民工转市民后对就业机会的需要。有限的住房资源使得城市通过设置较高的住房准入条件限制农民工转为市民。许多城市通过教育机会限制，阻碍农民工成为新市民。具

体而言，主要体现在以下三个方面。

1. 就业资源制约。一些城市受经济发展水平及产业发展的制约，设置农民就业门槛，如设立“工作许可制度”，通过“工作许可证”搞一刀切，未能真正体现城市的包容性和开放性，不能满足大量农民工对就业的需要。

2. 住房资源制约。城市住房资源约束（尤其是廉价的城市保障性住房资源约束）是影响农民工转为市民的又一重要因素。有限的住房资源，使得城市通过设置较高的住房准入条件限制农民工转为市民。

3. 教育资源制约。许多城市通过教育机会限制，阻碍农民工成为新市民，其背后原因是城市学校数量、教学设备、师资力量等教育资源的相对短缺。

### （三）农民政治地位相对弱势

许多农民一方面缺乏政治参与的物质基础，另一方面比较注重自己的切身物质利益，参与政治热情不高。选举制度不健全，尚未形成健全的农民参与政治的运行机制和程序。农民的组织化程度比较低，缺乏真正的利益代言人，降低了农民政治参与的能力。归纳而言，表现在制度、经济和组织等三个方面。

1. 制度因素。由于政治选举制度和运行机制不健全，农民的政治参与渠道狭窄，利益表达的制度化渠道也不畅通。

2. 经济因素。利益驱动是政治参与的主要动机。我国农民比较注重自己的切身物质利益，多数农民还在为生计而奔波。由于缺乏政治参与的物质基础，农民没有更多闲暇和条件参与政治，政治参与热情不高。

3. 组织因素。尽管我国农村有地区性、行业性或者专门性的农民协会或经济合作组织，但由于农民的组织化程度比较低，这些组织缺乏农民政治参与的表达功能，也缺乏农民真正的利益代言人，这也影响了农民的政治参与，降低了农民政治参与的能力。

### （四）教育培训制度不健全

农民教育培训制度的不健全，主要体现在培训核心制度不完善和培训配套制度不健全两个方面。

一方面，教育培训核心制度不完善。首先，就业服务制度相对落后，缺乏统一的农民工教育培训服务组织管理机构，缺少对农民教育培训的统筹协调。其次，缺乏规范的考核评价机制，影响农民工培训的质量。最后，农民教育培训监督制度不完善，对农民教育培训工作缺少高效服务。

另一方面，教育培训配套制度不健全。主要体现在户籍制度和就业准入制度。由于户籍制度的束缚，农民工进入城市劳动就业，不能享受同城市人一样的待遇，农民工只关注眼前短期利益而忽视职业技能的培训。另外，就业准入制度的缺失，在一定程度上削弱了农民工参加教育培训的积极性。

## 四、打开农民成为蓝领中产阶级通道的思路与对策

### （一）深化农村产权制度改革，提高农民财产性收入

党的十八大报告及十八届三中全会文件明确提出要“多渠道增加居民财产性收入”，“赋予农民更多财产权利”。推动农民成为蓝领中产阶级最为关键的是要提高农民的总体收入水平。为此，要深化农村产权制度改革，多渠道拓展农民总收入来源，切实提高农民财产性收入。

1. 建立健全土地产权制度。让更多农民获得财产性收入的关键是推动土地要素的市场化改革，建立健全农村土地产权制度。

赋予农民物权性质的土地产权，进而实现农地产权的商品化、货币化，促进土地流转，并结合不同地区实际大力发展土地股权合作制。切实保护好城镇化进程中失地农民的财产权益，提高农民在土地交易过程中的谈判地位。

2. 积极探索土地承包权、经营权、使用权“三权”抵押贷款。农村“三权”抵押贷款需在体制和机制上加以完善，加大政策支持力度。在综合考虑各种风险的情况下，鼓励和支持金融机构开展农村“三权”抵押贷款的试点，银行机构应积极探索开展此类业务。此外，还要培育农村土地流转中介服务组织，建立农村土地流转资源信息系统，定期收集、发布农村土地流转信息，为“三权”抵押贷款提供配套服务。

3. 确保农民的宅基地和房屋财产收益。一是完善农村住房制度，探索依法保障农户宅基地用益物权的有效形式，保障农户宅基地用益物权，改革完善农村宅基地制度，稳妥推进农民住房财产权抵押、担保、转让。二是逐步提高宅基地利用效率和使用收入，依法保障农民宅基地依法取得、使用和收益的权利。三是多举措促进农民房屋流通。四是结合农村土地确权工作，积极实行农村资产股份制、年终分红等做法。

### （二）推进城乡一体化建设，提高城市对农民成为蓝领中产阶级的容纳能力

推动农民成为蓝领中产阶级，必须要解决农民身份受约束的问题。解决这个问题，关键是要推进城乡一体化建设，提升城市对农民的容纳能力。通过解除对农民就业、身份的束缚，在推进城乡一体化建设过程中，为农民营造公平的就业环境，实现农民与城市居民权利一致、地位平等和身份同一。为此，需加强如下五方面的工作。

1. 加快城市基础设施建设，增强城市对新增市民的容纳力。

要遵循城市发展规律，结合本地区自然状况和经济社会发展水平，系统推进城市基础设施建设，为城市发展提供良好条件。坚持先规划、后建设，建设和管理并重，不断提高城市基础设施运行效率和对新增市民的容纳能力。

2. 增强城市经济容纳力，扩大农民工的就业机会。针对农民工转市民的就业需求，要实行平等的就业制度，消除对农民工就业的种种限制，保障农民工在城市的稳定就业；大力发展城市服务业和新兴产业，增加城市的就业岗位和农民工的就业机会。

3. 加快户籍制度改革，推进城乡公共服务的一体化建设。加快户籍制度改革，保障农民的迁移和择业自由，推动农村人口向城市合理、有序地流动。通过户籍改革统筹城乡发展，维护农民合法权利，促进城市人口集聚，加快人口城市化进程。促进城乡要素流动，盘活城乡资源，促进农民增收。要推进城乡公共服务水平的一体化进程，降低农民工进城务工落户门槛，促进农村剩余劳动力向城镇流动，形成农民工与城市居民共享城市化成果的环境。

4. 推进农民工住房等福利保障体系建设，解除农民工的后顾之忧。政府应根据农民工的住房需求和收入条件，在政府的城市住房建设规划中，将农民工逐步纳入城镇住房保障体系。取消经济适用房、廉租房制度对农民工的限制，允许农民工和市民一样享受相关的住房优惠政策。有条件的地方可推行农民工住房公积金制度，逐步解决农民工住房问题。

5. 扩大城市教育资源的容纳力，解决农民工子女的教育问题。各级政府相关部门在制定城市教育发展规划时，应将农民工子女的教育需求考虑进去并纳入财政预算，以城市公办教育为主，吸纳更多的农民工子女进城就学。在农民工子女进城的教育经费承担方面，可探索中央政府、流出地政府、流入地政府以及农民工子女家庭四者按一定比例分担的机制。

### （三）推动社会结构改革，提高农民的政治地位

为了改变进城农民工政治上的弱势地位，应推动社会结构改革，不断提高农民的政治地位。关爱农民工，在政治上关照、生活上关怀、工作上关心、保障上关注，是党和政府应着力实施的一项民生工程。

1. *制度建设层面*。加强法治建设，开拓和疏通农民政治参与的渠道，努力保障农民的民主权利。一方面，开拓和疏通政治参与渠道，可以通过手机、电视、互联网等各种形式来拓宽农民工政治参与的渠道，努力实现他们的民主权利。另一方面，加大对政府官员和企业管理人员的监督力度。应创建包括第三部门、行政、司法等在内的多元化的农民工权利保护与救济途径，切实维护农民工切身利益，彻底解决农民工的“权利和权利保护荒”，使之成为具有完整意义的“城市蓝领中产阶级”。

2. *媒体宣传方面*。作为舆论的引导者和社会的监督者，新闻媒介应加强宣传，引导社会广泛关注新生代农民工的权益。

3. *社会组织建设层面*。通过建立和健全进城农民工相关的行业协会、社会团体和工会等社会组织，为农民提供维护利益和表达诉求的平台。

4. *农民自身发展方面*。加强对农民的思想政治教育，不断提高农民自身的文化素质和政治素养，通过各种方式让农民树立正确的价值观，使其更好地参与到政治建设中来；要充分采纳农民意见，增强农民政治参与感；要对农民的政治参与行为给予支持和鼓励，让其体会到政治参与的荣誉感。

### （四）加强职业技能教育培训，提升农民未来职业竞争力

根据马克斯·韦伯（1978）的观点，技能和教育资质是形成阶级

的两种最基本的成分。加强农民工职业技能培养，是促进农民融入城市主流社会、打通农民成为蓝领中产阶级的关键。针对我国农民的职业技能培养体系发展滞后的问题，需要建立与产业发展相适应的农民职业技能教育培养体系。

1. 重建职业技能认证体系。重建职业技能认证体系，解决农民职业技能培训的激励问题。

2. 重建劳动就业保护与单位内部“师徒制”培训体系。要形成相对稳定的劳动保护机制，明确劳动技能培训的风险收益分配，从根本上解决企业对农民技能培训的投入激励，重建企业内部“师徒制”培训体系。

3. 打破城乡隔离和地区隔离，建立全国统一的面向农民的职业学校培训体系。要及时实现办学体制转型，为农民工提供廉价优质的职业教育，提高新生代农民工的人力资本水平，增强农民的职业竞争力。

总之，要打开农民成为蓝领中产阶级的通道，使农民顺利加入蓝领产业工人的队伍，形成力量雄厚的蓝领中产阶级，努力建设“橄榄形”富裕社会，实现国家长治久安和可持续发展。

## 参考文献

1. 傅晨：“调查：农民身份和职业的分化”，《北京日报》2014年4月21日。
2. 付瑞婷、李梅华：“农民工职业技能培训现状的调查与分析——以湖北省孝感市为例”，《科技创业月刊》2010年第12期。
3. 何雨、陈雯：“蓝领中产阶级及其在转型期城市中的孕育”，《上海城市管理》2010年第3期。
4. 金丽馥、冉双全：“土地流转背景下增加农民财产性收入研究”，《商业经济研究》2012年第3期。
5. 李佐军：“新型城镇化的‘拦路虎’”，中国经济新闻网，2014年8月25日。
6. 厉以宁：“论蓝领中产阶级的成长”，《中国市场》2015年第5期。
7. 刘玉照、苏亮：“社会转型与中国新产业工人的技能培养”，《中国社会科学报》2015年6月8日。

8. 马茗荟、云朵、陈典成:“农民工公共服务需求的代际差异研究——以大连市的调查为例”,《经营管理者》2015 年第 10 期。
9. 宋玉军:“近年来我国农民工基本公共服务均等化研究述评”,《郑州轻工业学院学报》2013 年第 4 期。
10. 涂圣伟:“着力将财产性收入培育成农民增收新亮点”,《中国经贸导刊》2010 年第 14 期。
11. 吴金艳:“增加农民财产性收入的若干措施”,新民网,2014 年 5 月 6 日。
12. 吴睿:“论农民的宪法地位及其悖论”,《人民论坛》2013 年第 11 期。
13. 徐汉明:“增加农民的财产性收入”,《支点》2013 年第 2 期。
14. 徐曾阳:“农民工的公共服务获得机制与‘同城待遇’——对中山市‘积分制’的调查与思考”,《经济社会体制比较》2011 年第 5 期。
15. 杨俊书:“关于增加农民财产性收入的建议”,四川政协网,2014 年 10 月 31 日。
16. 杨炼:“影响农民政治参与的四大因素”,《学习时报》2014 年 8 月 11 日。
17. 元焕芳:“农民工市民身份定位的制度约束与政策选择”,《人民论坛》2013 年第 8 期。
18. 张光闪:“当代农民工政治冷漠的原因分析及对策探讨”,《人民论坛》2012 年第 17 期。
19. 郑兴明:“论美国中产阶级的成长规律性及其对我们的启示”,《齐齐哈尔大学学报》2007 年第 4 期。
20. 周晓红:“中产阶级:何以可能与何以可为”,《江苏社会科学》2002 年第 6 期。
21. Max Weber, *Economy and Society: An Outline of Interpretive Sociology*, edited by Guenther Roth and Claus Wittich, Berkeley: University of California Press, 1978.

(田惠敏,国家开发银行研究院;李佐军,国务院发展研究中心资源与环境政策研究所)

# 社会阶层流动演变视阈下蓝领中产阶级成长性探析

窦希铭　赵秋运

社会分层与社会流动是对同一社会现象“一体两面”的审视和洞察。社会分层侧重于整体视角，反映出物质性、象征性各类社会资源在社会成员中的分布状况。社会流动具体可以分为两类：一是垂直社会流动，指人们社会地位、层次、等级的变化；二是水平社会流动，指人们生活居住、工作地点的变化（厉以宁，2010）。狭义的社会流动，即是指第一类垂直社会流动。

社会流动是社会成功转型、现代化实现的基础，而维护社会和谐稳定，则有赖于有效协调社会各阶层的利益诉求、整合社会各阶层的优势与力量。就效率的维度而言，如果一个社会的垂直社会流动性低,激励不足,那些有才能但处于社会下层的人员的积极性会受挫,个人的专业技能、创新才能无法发挥,经济发展的增速下降,甚至停滞。从公平的维度而言,如果社会的垂直社会流动性低,大部分人对前途感到绝望,很有可能造成经济运行缺乏稳定的环境,引发社会动荡。保持良好的社会流动性,则是协调、整合这一复杂、庞大的社会结构体系的关键。因此,促进社会流动,防止阶层固化,保障不同出身背景的社会阶层能够拥有平等、自由的发展机会,避免动态的不平等与贫困的代际循环,有助于实现国家与社会的良性互动、社会各阶层的共生共赢。

## 一、中国社会阶层流动的历史演变分析

### (一)科举制度与中国古代社会阶层流动

中国5000年悠久的历史,深刻影响着中国的当下与未来。自夏朝废除禅让制以来,古代社会便开始了父传子、“家天下”的王位世袭制模式。西周时期,世袭等级制度完全确立,上层贵族代代为官,构成了典型的“民不迁,农不移,工贾不变”的封闭社会。春秋时期,齐国管仲改革提出四民分业定居论,最先确定了“士农工商”的社会阶层次序。这种四民分业的社会阶层体系建立在自给自足的自然经济基础之上,被中央集权的政治制度所规定,始终贯穿中国古代社会。直至魏晋南北朝时期,作为社会上层的门阀士族在政治、经济、文化诸方面都享有特权,并且掌控着人才选拔及任用大权;庶族平民想凭借自身能力跻身士族的渠道堵塞,中国社会仍保持着世卿世禄的人才流动秩序。

隋唐之际,随着世家大族的衰落和均田制的实行,中国的社会结构发生了重大变化。科举制度的创设,进一步打破了门阀贵族垄断政治、经济、文教特权的局面,使得出身下层的人也具有通过考试跃入社会上层的可能。科举制度为中国古代社会阶层流动渠道的

通畅提供了制度支撑,王日根(2007)通过对科举制度与社会流动的经典研究,认为中国古代社会是开放的、具有流动性的。而且,历史上所出现的社会稳定与繁荣的盛世景象,与开放通畅的社会流动机制关系密切。

### (二) 近代以来的社会阶层流动

鸦片战争爆发后,面对西方资本主义势力的入侵,中国社会面临着复杂的新环境,传统"士农工商"的四民阶层体系开始调整与变化。伴随着新的社会生产、生活方式的出现,古代所形成的以皇权为基础的政治社会与以家族和地域为基础的乡土社会这一传统的二元社会体系,逐渐向政治社会、乡土社会与市民社会这一现代的三元社会体系转变。传统职业与阶层逐渐解体,新的职业和阶层不断产生,中国社会的阶层结构发生了巨变。在纷繁复杂的社会变迁中,社会流动呈现出一种多元的态势。

1905 年,清廷下诏废除已经衰败、僵化的科举考试,影响中国社会 1300 年之久的科举制度至此终结。科举制度长期以来在中国具有极特殊的地位,这一废止打破了传统的精英选拔机制,引起了深刻的社会结构变迁,产生了广泛的社会影响。在新旧交替、社会转型的浪潮中,近代社会阶层的分化、组合与流动,始终体现着矛盾性和复杂性。社会各阶层逐渐由传统的上升轨道脱离,转向新的上升途径。社会上层群体来源与身份的多元化,不仅体现出社会结构的复杂多样,也进一步促进了社会向现代化的转型。

### (三) 1949—1979 年的中国社会阶层流动

新中国成立以来,社会阶层结构发生了巨大的历史变迁,并始终保持着较高的社会阶层流动性。新中国成立后社会结构最重大的变化,即是通过两个步骤,推翻旧的阶级体系,构建新的社会阶层结构:其一,新中国成立初期的土地改革运动,以革命的手段剥夺地主的土地。自此,农村中经济意义上的地主阶级消失。其二,1956 年的社会主义改造运动,围绕着社会主义工业化建设的中心任务进行,引导个体农民、个体手工业者走集体化的道路,以赎买的方式改造资本主义工商业。城市中的私营企业逐步渐进地改造为国家所有与集体所有形式。自此,城市中也不存在经济意义上的资产阶级。

20 世纪 50 年代中期开始,随着工业化的高涨,大量农民开始涌入城市,由此产生了粮食供应、交通、住房等问题。在这样的环境下,比较严格的户籍制度开始推行,人口被划分为城市与农村两类,城乡分割的二元社会结构开始形成。由于农村人口占据总人口的大多数,这种城乡分割的二元体制使我国的社会分层结构向底层大、上层小的金字塔形演变。在这一体制下,人们的后天努力不足以挣脱政策的强力束缚、跨越身份界限,而且打压了农民从事劳动生产与社会活动的积极性,缺乏公平、公开的竞争机会,不利于人口的自由流动与良性的社会阶层变迁。

### (四)改革开放以来的中国社会阶层流动

20 世纪 80 年代以来,随着社会主义市场经济的迅速发展、经济体制逐步转型,中国政治经济和社会制度改革全面推进,社会阶层结构发生了一系列变化。其中最具代表性与影响力的,即是有别于工人、农民两大传统阶级的新的社会力量——中产阶级的兴起。

在改革的作用下,社会资源得到了重新分配,推动了利益群体的分化重组,促进了社会的转型与发展;在开放的作用下,配置资源的主体由政府转向市场,推进了产业结构升级与工业化、城市化水平的提高。在这一进程中,社会阶层结构发生着深刻变迁与分化,其中影响社会阶层流动的因素逐渐走向公平合理,原有的阻碍社会流动的制度和政策被废止或改良;上升渠道更加畅通、多元,个人的努力、能力与成就等后天因素成为获得相应社会地位的主要标准。

## 二、中国社会分层的概览及蓝领中产阶级成长性分析

### （一）现阶段中国社会分层的概述

通过对前面中国古代社会、近代社会、1949—1979年间、改革开放以来等多个阶段社会阶层结构及其流动的分析，观察1949年以后的中国社会阶层流动性，我们可以发现近代中国（晚清）社会分层，其中皇室、官员、有功名的人、地主、大商人、军人，共占人口5%，而农民、手工业者、小生意人，共占95%（图1）。图2描述了1959—1979年中国社会分层的结构，到1958年，一个崭新的中国社会分层结构出现了。地主阶级消失了。以赎买的方式对资本主义工商业进行改造。干部成为新结构中唯一的上层阶级。同两千年前一样，庞大的农民阶级处于中国社会分层的下层。地主阶级的消失对于中国后来的社会经济发展意义重大（李毅，2008）。土地改革提供了

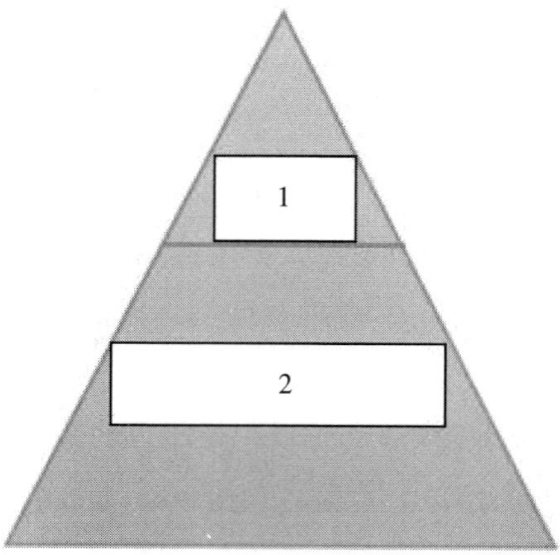


图1 晚清中国社会分层

注：1.皇室、官员、有功名的人、地主、大商人、军人，共占人口5%。

2.农民、手工业者、小生意人，共占95%。

资料来源：《剑桥中国史》，英文版，第13卷，第30页。

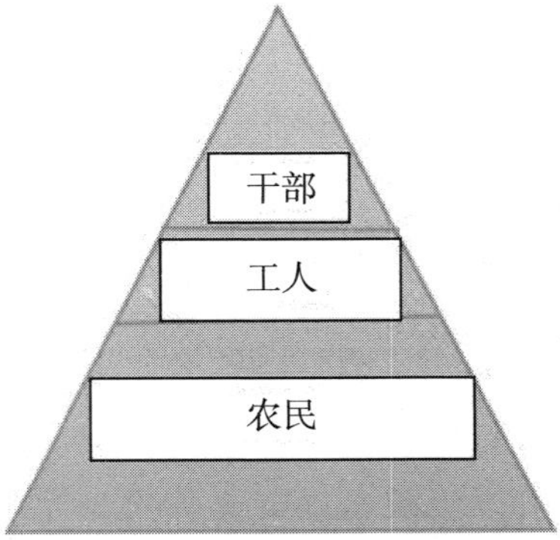


图2 李毅模式:中国社会分层(1959—1979年)

可用于工业化和城市化的大面积廉价土地和大量廉价劳动力。1958年完成公私合营后,私营企业全部变成了国有企业。虽然失去了自己的产业,这些资本家拿到了定息,合并后愿意工作的进入了干部阶级,仍然是上层阶级的一部分。这样1959—1979年的社会分层呈现出一个明确的三个阶级的结构。图3描述了2005年中国社会分层的结构。与图2相比,图3显示了过去20年间中国社会分层发生了三个巨大变化。第一,1/3的农民变成了农民工,而且农民工的人数几乎等同于城市工人的数目。第二,由于1997年以后国有企业工人迅速减少,城市非国有企业工人在人数上大大超过了国有企业工人。第三,中国有产阶级人数迅速增加。第四,关于中国中产阶级的概念界定。广义地讲,中产阶级就是在社会分层中处于中间位置的阶级。根据这个定义,图3非常清晰地显示了今天谁处于中国社会分层中间的阶级:农民是下层阶级,城市居民是上层阶级,农民工是中产阶级。狭义地讲,中产阶级是指白领服务业专业人士阶级。在发达国家,这个阶级在工业社会阶段是上层阶级的一部分。中国短期内不可能出现一个由白领服务业专业人士构成的中产阶级。现阶段,大部分白领服务业专业人士是干部和准干部。无论从权利、财富还是声望来讲，干部和资产阶级都属于上层阶级。而在西方社会，蓝领阶层是构成现代社会的主力军，他们人数庞大，是西方社会“橄榄形”结构的中端部分。同样，在中国，30 多年来，随着第三产业与第一、第二产业的逐渐分离，蓝领阶层也逐渐从“工人阶级”的概念中分离出来，形成了一个独特的群体。而随着中国特色社会主义事业的快速发展，中国将在未来几十年内大量地涌现蓝领的工作机会，中国的蓝领阶层将会越来越成为一股不可忽视的力量。

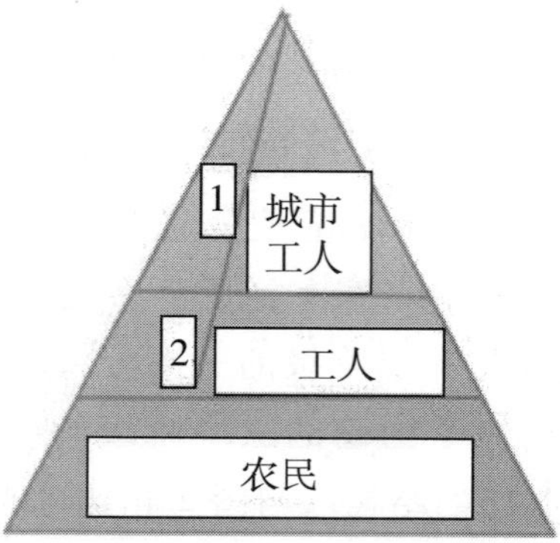


图 3　李毅模式：中国社会分层（2005 年）

注：①为干部与准干部，②为有产阶级。

在一个社会中，中产阶级的形成与壮大，是影响社会阶层结构与转型发展趋势的关键因素。中产阶级的兴起是经济结构调整、职业环境变迁的结果。随着受教育劳动力人数的增加，处于中间阶层的社会成员不断增多，中产阶级队伍持续壮大。中产阶级的崛起，不仅关系着社会结构变迁，也影响着社会稳定发展。当前中国处于“非均衡”的发展模式，由市场经济促发的利益主体多元和价值观念多元的现代化过程，势必存在着传统与现代的矛盾。在社会阶层分化日益明显的趋势下，其差距也逐渐拉大，社会不公平现象和各类社会矛盾日渐突出。而且，当前中国处于改革和社会转型的关键时期和特殊阶段,因社会流动渠道不畅造成的阶层矛盾,极有可能成为社会和谐稳定与现代化建设的隐患。

### (二)蓝领中产阶级成长性分析

蓝领中产阶级的发展过程告诉我们,蓝领阶层虽然曾经被视为体力劳动者的称号,但是社会是处于发展变化之中的,相信这个称号并非是一成不变的,更不应被定义为社会下层阶层,甚至是底层阶层,这种称号和地位都是可以被改变的。随着蓝领成长为蓝领中产阶级,中国的中产阶级将会不断地崛起和壮大,中国的收入分配结构会逐渐由“金字塔形”向“橄榄形”的收入分配结构逐步过渡,这是符合发展规律的。想要实现我们中华民族的伟大复兴,实现我们祖国伟大的“中国梦”,重铸中华民族的新辉煌,技术人才是与民营企业家、专业科研人员并列的三支不可或缺的队伍之一。而培养出一支高级蓝领队伍,显然更需要引起整个社会的关注和重视。

随着我国新型城镇化的继续推进,工业化也不断提升,服务业将向纵深发展,服务业所孕育的新兴职位不断涌现,传统旧的职位也将不断焕发出生机和活力。在经济发展的新阶段下,中国蓝领阶层有了更广泛的职业界定,已经不再是传统意义上的工厂职工、技术工人等。伴随着中国经济步入新常态,经济发展改革也过渡到新阶段,主要表现为劳动力用工成本持续上涨,高技能的劳动力供给严重不足,亟待提高蓝领阶层劳动力的技术水平,优化蓝领阶层劳动者的教育结构。中国改革开放30多年的持续快速发展,虽然经济总量跃居世界第二,但是过分注重经济发展,较少关注蓝领阶层,缺乏兼顾社会公平和发展的可持续性。总体而言,中国现阶段蓝领阶层收入较低、遭受歧视、学历局限以及技能不足,进而形成二元劳动力市场分割,社会垂直流动渠道不通畅,蓝领阶层上升为中产阶级的道路被严重堵塞。

1. 二元劳动市场分割

20 世纪 70 年代伊始,西方发达国家发展出一套关于“二元劳动力市场”的理论,它把劳动力市场分为上等劳动力市场和下等劳动力市场。厉以宁(2010)认为劳动力市场出现了上等劳动力市场和次等劳动力市场的二元劳动力市场分割的问题。二元劳动力市场分割出现以后,次等劳动力市场上工作的劳动者主要从事体力劳动和简单劳动,这样从事“坏职业”的劳动者也很难有机会由次等劳动力市场劳动者成长为上等劳动力市场的劳动者。在上等劳动力市场工作的白领阶层,有很大的机会逐渐成长为中产阶级,但在次等劳动力市场工作的蓝领阶层却很少有机会可以做到。简而言之,从事“坏职业”的劳动者转换到“好职业”的机会较少,即两种职业之间几乎不存在跨劳动力市场的流动机会。

在次等劳动力市场工作的蓝领阶层成为体力劳动者,处于社会的下层,甚至是底层。这种阶层的固化或者堵塞将阻碍社会的收入分配结构由“金字塔形”向“橄榄形”收入分配结构的转变,这不符合社会阶层发展的自然规律,最终将导致社会公平缺失,效率低下,阶层固化,机会不均等。结果,一个人的努力往往无法决定其未来的前途,门第家庭出身和父母留下的遗产是其未来职业流动的主要依靠。

2. 社会垂直流动渠道不通畅

改革开放以来,中国经济持续快速发展,实现了先富带动后富,但是随着中国经济转型和发展,社会收入分配结构领域已经出现了社会垂直流动渠道堵塞的窘境。相比于 20 世纪 80 和 90 年代,中国目前的社会垂直流动通道愈来愈狭窄,劳动者的职业和社会地位逐渐走向世袭化和单一化。这种状态难以形成公平合理的社会,最终也将会影响经济的健康运行,这就亟待打通蓝领阶层快速成长的通道,也急需铺平现阶段蓝领阶层转变为中产阶级的道路。

社会垂直流动渠道堵塞导致我国蓝领阶层成长为中产阶级的希望很渺小,进而使得二元劳动力市场差距进一步扩大,进一步加剧社会财富分配的不公,导致底层的劳动者看不到希望,劳动力市场差距进一步扩大,社会阶层流动渠道被堵塞,职业世袭化逐渐成为常态,社会不公平现象频现,阶层之间矛盾突显,严重影响社会发展的稳定和团结。

社会垂直流动渠道的堵塞,导致社会阶层固化,使得先天赋予的因素代替自身努力的因素,而且逐步占据明显优势,出现先赋因素相对于自致因素占据明显优势,职业间的社会流动通道堵塞,社会阶层之间的流动性趋缓甚至出现停滞的状态。于是,社会发展进程逐渐被优势群体阶层或强势群体阶层所控制,且出现了代际传承的趋势,而弱势阶层的境况很难改变,逐渐陷入边缘化和底层化的窘境,贫困、劣势的职业和社会地位也由父代传给子代。

## 三、中国经济转型赋予了蓝领中产阶级崛起的契机

目前尽管我国蓝领阶层面临着各种各样的问题、局限和不公平的境遇,毋容置疑的是,在改革开放 30 多年来经济持续快速健康发展的大背景之下,整体的经济、政治、社会环境以及日益壮大的蓝领阶层内部已然孕育了足够多的向中产阶级转变的因素,而当前全面深化改革战略的提出也为蓝领阶层向中产阶级转变提供了良好的契机。

在经过上一个十年的高速发展之后,中国现阶段的经济结构已面临一种难以为继的情形。伴随着经济的高速发展,经济结构不合理的矛盾也在此发展过程中不断累积。从需求结构而言,中国出现了内外失衡,主要表现在高增长、高储蓄、高投资、高贸易顺差和外汇储备,以及伴随着较低且持续下降的劳动收入份额和

消费率,这一系列曾被认为是相互冲突的现象同时发生在中国,很难使用标准的经济学理论来解释。其中两个重要的维度即为高储蓄和低劳动收入份额,图4反映的是两者的变化趋势。可以看出,1993—2007年间中国的平均储蓄率为42.5%,这一事实不仅表现在绝对水平上,在相对水平上亦有所表现,同时还超过同一历史发展水平的国家,其中超过韩国大约10余个百分点,超过新加坡近20个百分点。根据GDP的支出法进行测算,2007年中国的储蓄率达到惊人的51%,已经连续3年超过了消费在GDP中的比重,可谓世界之最,[1]而且史无前例。中国经济发展过程中所出现的结构性失衡导致经济发展主要依靠外需而非内需,主要依靠投资而非消费,区域间经济发展不平衡,三大产业发展不协调,第二产业大而不强、部分产业产能过剩,服务业发展相对滞后、生产率较低,城镇化发展缓慢,新型城镇化不足,资源消耗多,环境压力加剧,资源环境的约束日益突出。在以上因素的影响下,中国经济的发展速度放缓,面对种种矛盾,中国经济结构亟需转型。

经济结构的改革与转型将为中国蓝领阶层向蓝领中产阶级转变提供强大的物质保障。未来新常态的经济,政府将着力调整供需结构,推动产业结构升级,促进城乡和区域协调发展,推动新型城镇化,合理分配经济发展的要素投入比例等。蓝领阶层无疑在上述领域中都扮演着重要的角色:在调整供需矛盾的问题中,合理分配内需与外需,平衡投资与消费的关系将推动各个产业分配趋于合理化,蓝领阶层的从业结构也将随之趋于多元化、合理化。在产业结构的升级换代过程中,经济发展方式将逐步由依靠要素投入迈向依

---

[1] 根据资金流量表数据的统计,2000年中国的储蓄率为38.5%,不仅高于其他国家的水平,而且高于以往年度,2007年达到51.4%,相比2000年增加了近13个百分点。

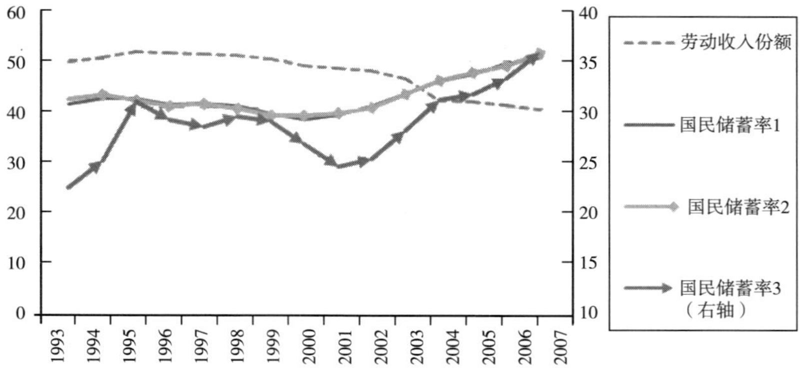


图 4 中国劳动收入份额和国民储蓄率变化趋势(1993—2007)

资料来源:赵秋运等(2013)。

靠效率和全要素生产率的逐步改善。在这种情况下,第二产业发展将促进蓝领阶层向知识型、技术型、高素质方向转变,第三产业的蓬勃发展也将吸纳有一定知识文化的蓝领阶层。蓝领阶层将有足够的机会走向更加高层次与专业化的职业道路,实现自身的提升与转型,同时也能在收入、生活质量、个人权利方面得到更多提升。在促进城乡和区域协调发展的进程中,乡镇享有的发展资源更加多样化,城乡间的产业布局也更加合理均衡,能够创造更多优质工作机会,乡镇蓝领阶层的从业人数将日益扩大,从而为蓝领阶层的向上流动提供强大基础。在合理分配要素投入中,提高资源、能源利用效率,促进资源向高生产效率部门流动,淘汰落后生产部门,同时保护生态环境,注重发展质量,这是推动蓝领阶层摆脱层次低、效益差、环境恶劣的就业结构,向效率高、效益好的就业结构转变的良好契机。中国经济结构转型的各方面都将对蓝领阶层转变为中产阶级产生巨大影响,蓝领阶层转型必然随着经济结构的转型而同步发展。

## 四、净化中国蓝领中产阶级成长环境

### (一)强化蓝领阶层职业教育

随着知识经济的发展以及企业生产的智能化,企业对用脑型知识工人的需求越来越大。蓝领阶层如果想要跻身中产阶级,必须具备专业技术知识,熟悉高新技术,具有良好的文化素养、应变能力以及创新能力。

助力我国蓝领中产阶级的产生,最重要的是要强化我国职业教育,加大我国职业教育的投入,使更多的蓝领受到职业教育培训,提高蓝领的教育水平以及技术技能。目前,我国的职业教育投入不足,培养模式较为单一,而且存在理论与实践相脱节的现象。我国技术工人短缺的重要原因是我国对技术型员工的培训大多是由职业技术学校实施的,其教学内容与企业的实际需求相脱节,而由企业开办的培训机构、技术学校的教育缺乏理论知识,而且培养的数量也不能满足社会的需求。应该加强职业学校跟企业之间的沟通与合作,将职业教育与岗位开发紧密结合,使培训与企业的需求相结合。职业教育不应以学历为导向而应该以职业资格证书的教育为导向,使不同的资格证书标准化和规范化,激发蓝领提高自己职业技能的动力,提高他们的学习兴趣,使一部分努力、勤奋、上进考取证书的蓝领有更多的机会获取高收入、高待遇的工作。我国职业教育的强化将有助于蓝领阶层进入中产阶级,提高垂直社会流动,扩大我国的中产阶级队伍。

### (二)保障蓝领阶层权益

蓝领阶层缺乏社会保障,在社会上的地位较低,这些因素都限制了蓝领阶层的发展,使得蓝领阶层难以扎根于大城市,更别说突破其父辈阶层步入更高的台阶。中国蓝领群体绝大多数来自农村,而且他们的配偶也往往与他们处于同一阶层，双方父母的职业水平以及收入水平较低，正因为如此，蓝领阶层家庭通常承受着较大的生存压力，他们不仅为自己的前途、生活担忧，同时也为子女的未来忧心，即使在城市打拼多年，依然游走在城市的边缘地带，是城市的弱势群体。这一方面是由于蓝领自身条件的限制，更多的是因为社会的忽视，蓝领阶层缺乏强大的工会力量来为其争取权益。

蓝领阶层作为拥有共同利益的集团，他们彼此有着共同的或基本一致的政治经济利益，有共同的或基本一致的主张、愿望或政策建议，蓝领作为城市中的弱势群体，需要强有力的组织来为其争取权益，提出诉求。工会指的是企业员工出于他们所拥有的共同诉求以及共同利益而自发地组织起来的社会团体。工会组织的成立主要是为员工争取权益，与雇主讨价还价，提高员工工资，等等。

而我国工会更多的是注重形式，没有发挥出其应有的作用，未来应该加强工会的力量，使其拥有足够的力量来为蓝领阶层争取更多的利益，提高蓝领阶层的社会福利，改善居住条件，解决其子女教育问题，改善工作环境，提高工作待遇，更重要的是提高社会对蓝领的重视，增加职业教育投入，加强对蓝领阶层的培训，使更多的蓝领能够有机会进入中产阶级。

### （三）鼓励蓝领阶层创业

在推进“大众创业、万众创新”的大背景下，政府应该出台相应政策鼓励蓝领阶层创业，激发蓝领阶层的创新潜能和创业活力，让更多熟练的生产技工有更多的机会创办小微企业，在提高其收入和社会地位的同时，带动更多的社会就业。机器制造和维修需要有大量小型工匠企业的辅助，而且有些大型企业出于经济原因也愿意将其部分工作外包出去。由于熟练的技工对企业的生产、运作十分熟悉，也相应能招到一批有技能、肯努力的蓝领工人，因而，由其创办的小微企业有着独特的竞争优势。

一般而言，小微企业可以围绕在大企业周围，并接受大企业的外包工作，同大企业休戚与共。小微企业有着较大的适应性，其投资少，即使市场不景气，也能较快转型，损失相对较少。然而，蓝领阶层创业缺乏创业的初始资金，而且由于其受教育水平低，管理能力较差，这就需要政府出台相应政策，鼓励熟练技工创业，为其创业提供贷款，并为他们提供培训的机会。支持、鼓励蓝领阶层创业不但能够提高他们的收入水平，改善他们的社会地位，还能拉动更多的蓝领就业，促进中国经济的可持续发展。在小微企业发展壮大的同时，其创办者也逐渐成为蓝领中产阶级，我国的中产阶级队伍也逐渐扩大。

### （四）促进蓝领阶层代际流动

职业代际流动又可以称为“职业异代流动”，指员工家庭两代人或者多代人之间所发生的工作类别以及工作层级间的变动，反映了家庭几代人之间的社会地位变动，一个社会的职业代际流动情况往往反映的是当前社会分层系统的转变以及社会的进步程度。而在现代社会，由于社会开放性的提高以及社会地位获得方式的多样化，垂直代际流动也增多了。

如果一个社会是理想的、公平的，那么不同社会地位成员的代际流动比率，不论是从横向来看，还是纵向来看，都应该是大致相等的。李晚莲（2010）研究发现，父辈从事的职业类别以及受教育程度将会对子辈的职业产生显著的影响，因此子辈的职业与父辈的社会资本紧密相关，而不仅仅是个人教育作用的结果。

在现代社会，教育已经成为促进合理的社会流动、实现社会公平的最主要机制。高等教育制度是维系社会稳定运转的重要环节，它不仅是一种教育制度，也是一种社会流动制度，在中国社会的各阶层之间发挥连通、协调作用。通过高等教育来实现社会流动，不仅是对科举考试建立的文官制度的一以贯之，具有历史与传统的中国特色,也是一项出色的制度设计。通过教育与竞争的机会平等,社会弱势阶层经过努力有机会实现自身社会地位的上升流动,分化的社会阶层之间有了相对开放的流动渠道,社会充满了积极性与活力,社会矛盾和阶层间的对立冲突也因此得以缓解。

## 五、总结

回顾历史的几个发展阶段,在以自然经济为主导的传统社会中,政治上实行世袭制和等级制;随着生产力的发展和近代化大生产的出现,以市场经济为主导的工业社会取代了传统农业社会。改革开放以来,随着经济体制的转型与改革的日渐深化,社会各阶层之间逐步形成合理、有效、通畅的社会流动渠道,每位社会成员都会有更多的机会依靠自身能力实现社会阶层的向上流动;加之就业空间的不断扩张、多元化竞争体系的建立,在新的时代浪潮下,社会中间阶层逐渐兴起与壮大。中产阶级的崛起为社会各阶层的共生共赢提供了稳定和谐的社会条件,是全面深化改革、推进社会主义现代化建设的重要力量。

### 参考文献

1. 边燕杰主编:《市场转型与社会分层:美国社会学者分析中国》,生活·读书·新知三联书店 2002 年版。
2. 陈国庆主编:《中国近代社会转型研究》,社会科学文献出版社 2005 年版。
3. 李强:《社会分层十讲》,社会科学文献出版社 2011 年版。
4. 李晚莲:“社会变迁与职业代际流动差异:社会分层的视角”,《求索》2010 年第 6 期。
5. 李毅:《中国社会分层的结构与演变》,肖蕾、李毅译,安徽大学出版社 2008 年版。
6. 厉以宁:《工业化和制度调整——西欧经济史研究》,商务印书馆 2010 年版。
7. 廉思主编:《中国青年发展报告(卷一 城市新移民的崛起)》,社会科学文献出版社 2013 年版。
8. 〔美〕伦斯基:《社会分层》,王俊等译,华夏出版社 2005 年版。

9.〔意〕帕累托:《普通社会学纲要》,田时纲译,生活·读书·新知三联书店2001年版。
10. 汪伟:"经济增长、人口结构变化与中国高储蓄",《经济学(季刊)》2009年第1期。
11. 王日根:《中国科举考试与社会影响》,岳麓书社2007年版。
12. 谢维和:《教育活动的社会学分析》,教育科学出版社2000年版。
13. 赵秋运、魏下海:"融资约束、企业储蓄和劳动收入份额:基于中国经济转型的发现",市场经济与增长质量——2013年岭南经济论坛暨广东经济学会年会论文集,2013年11月。

(窦希铭,厦门市人民政府;赵秋运,北京大学光华管理学院)

# 中国蓝领中产阶级成长的挑战及对策

罗来军

与其他国家相比，我国中产阶级的成长问题非常复杂，也更为艰难。主要有两个原因：一是我国人口众多，二是我国社会阶层形态“下沉”。如果说我国目前的社会形态是哑铃型社会，那么也不是均衡的哑铃型，而是严重的非均衡的哑铃型，即社会的底层一端的人数远远大于顶层一端；并且更为严重的是，带有明显的 M 型社会特征，中下层均面临着较大的“下沉”压力。在这样的背景下，蓝领中产阶级的成长所面临的挑战可想而知，不仅面临着经济领域的挑战，还面临着政治领域与意识领域等方面的挑战。本文着重分析经济领域、政治领域、意识领域的挑战,并给出解决的对策建议。

## 一、经济领域的挑战

蓝领阶层成长为中产阶级,首先要在经济上拥有一定的实力。关于中产阶级的历史表明,中产阶级对经济增长至关重要,是重要的驱动力。中产阶级为什么会带来经济增长?经济学家从三个方面进行了解释。首先,中产阶级是消费的主要源泉(Andres Solimano,2008)。他们不仅有能力去消费,而且愿意掏更多的钱去追求质量,同时他们对产品的差异化追求也助长了对新产品的投资(Murphy, Shleifer and Vishny,1989)。他们这些意愿在对耐久商品的需求上表现得更为明显,当他们收入超过6000美元时,他们的收入需求弹性大于1(Nomura,2009)。这意味着随着收入的增加,他们愿意买更多的商品。这将会形成某种程度的自我支撑型动力,从而推动更高水平的经济增长(Homi Kharas,2010)。其次,中产阶级注重人力资本和储蓄(Doepke and Zilibotti,2007),他们愿意花更多的钱让自己的子女受更多的教育(Banerjee and Duflo,2008)。最后,中产阶级具有较强的创新能力(Acemoglu and Zilibotti,1997)。中产阶级是企业家的源泉,在英国的工业化时期,正是他们的创新能力,促进了英国现代经济的繁荣。依照历史经验的逻辑,蓝领阶层拥有足够的经济实力去做上述三个方面的事情(有质量的消费、人力资本投资与创新),才算是成为了真正的蓝领中产阶级。

我国蓝领中产阶级在经济领域的成长并不顺利,其真实的经济支付能力增长并不乐观,还存在多种因素致使蓝领中产阶级的经济能力下降。发达国家中产阶级能够促进经济增长,而我国是否也能够促进经济增长呢? Banerjee 和 Duflo(2008)认为发展中国家的中产阶级是否具备这种能力还存在争议,这也反映出我国蓝领中产阶级在经济能力上并不被一些人所认可,仍需要增强经济能力。周小红、杜强(2012)甚至认为,我国的中产阶层很难发展壮大起来,换句话说,我国尚不具备中产阶层发展壮大的制度和现实条件。相反,阻碍中产阶层发展壮大的消极因素还有很多,如不及时消除、削弱它的副作用,中等收入陷阱就绝非空话,离和谐社会建设的目标也会越来越远。根据周小红、杜强的分析,我国中产阶级的整体发展都面临着诸多消极因素,那么处于向中产阶级迈进的蓝领阶层,所受到的限制会更大。

对于蓝领中产阶级成长在经济领域中的困难,概括地讲,主要体现在以下三大方面:一是实体经济不振,致使蓝领中产阶级的收入来源不稳定,经济发展空间受到限制。2015 年 1 月,PPI 同比下跌 4.3%,创下 2009 年 10 月以来的新低;3 月, PPI 同比下降 4.6%,下降幅度加大,至此该指数已连续 37 个月持续负增长。企业破产潮是经济下滑的重要指标,也是实体经济状况的重要窗口。温州、长三角、珠三角企业倒闭严重,这些企业 2014 年全年的利润增长 3.3%,70%的企业利润率不足 1%,30%的企业利润为零。从全国情况来看,2014 年企业亏损总额大幅提升,速度从 2013 年最低 -8.16%的水平提升到目前的 12.19%;而从亏损单位数量占总企业数量的比重来看,也出现大幅度的提升,2014 年 1—9 月亏损企业数占比为 32.3%,比 2013 年年底的 25.5%高 6.8 个百分点。由于 PPI 继续下跌,2015 年企业亏损额与亏损占比将会进一步加剧。中小企业融资难、融资贵的局面依然没有较大的改观,而且随着经济形势的不景气,中小企业的市场空间也难以开拓。蓝领中产阶级往往在知识、技术、能力等方面具有优势,可以利用这些优势通过经营、管理等方式获取高收入,由于实体经济的低迷,蓝领中产阶级的收入与经济失去一块基石。

二是投资市场的高投机性与高风险,致使蓝领中产阶级的财富损失严重。一般情况下,富有阶层的资产主要以投资(主要是固定资产)形式存在。但对蓝领中产阶级而言,他们不可能进行大规模的固定资产投资,其财富主要以储蓄或者货币资产的形式存在。在通胀的情况下,固定资产的价格飙升,对富有阶层有利,而对于蓝领中产阶级来说,实际利率甚至是负的,蓝领中产阶级的财富将会不断缩水。蓝领中产阶级也会寻求其他的投资渠道,近阶段以来所使用比较多的渠道有股市、房地产、高利贷,然而这几种渠道风险都非常高,虽然有一些人从中谋利了,但大多数单个人员或家庭遭受了很高的经济不确定性甚至重大损失。股市被认为是赌场甚至是骗局,蓝领中产阶级以中小投资者的面目出现,在和机构投资者、上市企业、券商等博弈的过程中,后者容易形成自觉或者不自觉的共谋,中小投资者无论实力、话语权还是信息都不占优势,中小投资者的利益就容易被忽视甚至被侵犯。对于高利贷,近期违约与逃跑的企业均很多,大量的投入资金打了水漂。

三是高昂的生活成本与社会成本,大大削弱了蓝领中产阶级的经济实力。中产阶级主要生活于城镇,我国近期的城镇化快速发展,使城镇的生活成本与社会成本越来越高昂,比如高昂的学费、房价、医疗费、幼儿园入托费、择校费、养老成本等。这些费用本应该由公共财政分担或者部分承担,但在现行的管理体制下转嫁给个人承担,城镇富人承担这些问题不大,而对于蓝领中产阶级,就是一个沉重的负担了。从收入水平或者职业来看,很多人属于中产阶级,但是仅仅购买住房一项,就可能需要数十年归还房贷,甚至花费掉几代人的收入与积蓄。不具备真实的经济实力的蓝领中产阶级,就无法以传统中产阶级的标准来分析其对社会可能带来的贡献。

## 二、政治领域的挑战

蓝领中产阶级的成长,不仅仅体现在经济领域,政治领域的成长与体现也是其重要的方面。亨廷顿在其著作《变革社会中的政治秩序》中探讨了中产阶级的政治诉求。随着工业化、城市化的发展，教育水平的提高，以及大众传媒影响的扩大，崛起的中产阶级对未来的追求和期望提高，阶级意识和政治意识增强，强烈要求参与政治以实现自身的利益和主张。中产阶级参与政治是政治现代化的重要体现。政治现代化本身就包含着全社会各阶层广泛地参与政治，但是要实现包括中产阶级在内的各种社会势力参与政治的有序化、合法化，则需要建立政党和政党体系，发挥政党作为政治组织的功能和作用。政党是现代发达政体区别于传统政体的最独特的标志，是高度发达的现代政治组织，其功能是“组织参与，聚合利益，充当使社会势力和政府相联系的纽带”。之所以政党能够执行这一功能，是因为政党能够“为吸收新的集团进入体系提供制度化的组织和程序”。政党通过制度化建设，为社会各阶级、阶层和集团参与政治提供规范化的渠道和程序，动员各种社会势力由政治体系外参与政治向政治体系内参与政治转变，并最终在整个体系内实现制度化的公共利益取代四分五裂的个人利益或小圈子利益，公共价值统摄个体价值，权力和利益的纷争在政党制定的框架内以互相协商和妥协的方式解决。不仅如此，强大的政党作为政治组织还能领导、带动工会、农协等功能性组织的发展，拓展中产阶级参与社会管理、政治活动的渠道。

由于蓝领中产阶级属于中产阶级的一部分，亨廷顿关于中产阶级政治参与以及政党建设等内容的分析与判断，同样适合蓝领中产阶级。在当前我国中产阶级不断发展壮大的背景下，对如何解决中产阶级也包括蓝领中产阶级的政治诉求以及有关的政治建设，亨廷顿的分析具有重要的参考意义。目前，我国蓝领中产阶级的政治诉求主要体现为：一是蓝领中产阶级对中央政府和地方政府的国家治理与社会建设在总体上是比较肯定的，但是对一些管理制度和治理政策不满意，认为有些治理方式不科学；二是对于政府政策与治理行为，蓝领中产阶级认为不能完全让现行政府处置，而他们可以进行参与，也需要参与，以便实现更好的政策措施与行动方案；三是蓝领中产阶级并不希望更换现有的制度与体制，但对现有体制所存在的弊端很不满，希望进行改进，并希望能够参与到现有体制的改进活动当中来，利用自身的知识、能力与视野提升现有体制的科学性，实现国家治理的现代化。

根据亨廷顿的理论，我国政府与我国政党应及时考虑到蓝领中产阶级的政治诉求，并采取措施吸纳他们进行适度的政治参与。就目前的情况来看，蓝领中产阶级缺乏合适的渠道参与国家的治理与建设，他们的政治诉求没有得到尊重与满足。如果蓝领中产阶级的政治诉求得不到实现，对中产阶级自身与国家都会带来一系列的问题与弊端。反过来，如果蓝领中产阶级的政治诉求得以实现，蓝领中产阶级自身与国家都会获得发展的正能量。

## 三、意识领域的挑战

蓝领中产阶级的成长，还需要在意识领域不断地提高。从历史的角度来看，中产阶级成为推动社会转型的重要力量，关键在于形成中产阶级的阶级意识。也就是说，从一个自发的阶级转变成马克思意义上的“自为阶级”。马克思对现代社会的阶级进行分析和把握时，不仅从经济地位来界定，还注重从思想意识形态上来理解。为此，马克思提出“自在阶级”和“自为阶级”的区别：处于相同经济地位的群体与社会阶层只是“自在阶级”；只有那些不仅经济地位相同，而且还具有共同阶级意识的社会阶层才是“自为阶级”。自为阶级构成社会政治变革的主力军。英国的“burghers class”、法国的“bourgeoisie”、德国的“Bürgertum”，这些概念指的都是中产阶级（当时的说法是中间等级）物质和经济方面的内涵。由于历史上的这些概念最初只是表示社会群体的经济地位，有学者指出，英国最初出现的是中等阶层（middle station），而不是中产阶级（middle class）。

在工业化、城市化进程中，壮大起来的中产阶级逐渐产生了自己的文化并进而形成自己的阶级意识，而后才从“自在阶级”变成“自为阶级”，中等阶层（middle station）和中间等级（middling sort）变成了现代的中产阶级。正是这种原因，斯迈尔没有将中间等级等同于中产阶级，因为他认为中产阶级文化与意识的形成是中产阶级的标志，而中间等级并没有表现出形成一种阶级认同的可能。

蓝领中产阶级从蓝领阶层发展出来，在阶级意识方面往往比其他部分的中产阶级更为薄弱。专门研究我国中产阶级意识的文献还没有，但有些文献从不同的角度初步分析了该问题。一些研究认为，蓝领中产阶级在当前阶段是一种社会稳定力量，对现存的政治和社会体制不会有变革的欲望，在他们和国家之间发生冲突的可能性不大，因为他们是改革开放政策的受益者，当前的经济体制给了他们成长为中产阶级的机会；此外，很多蓝领中产阶级人员的政治倾向可能是政治淡漠，只关心经济利益，不关心政治需求，甚至不关心政治问题与事件。另一方面，也有学者认为，与其他各阶级阶层相比，蓝领中产阶层的政治态度并不保守，社会批判意识渐趋显化，对民主有更强烈的愿望。近几年不断爆发的社会问题很好地印证了这些观点，蓝领中产阶级对政府腐败和国家在重要产业方面的垄断越来越不满，希望能够进行改变，并不断提出自身的看法与主张。

从总体来看，我国蓝领中产阶级的阶级意识在目前阶段具有两大缺陷：一是缺乏阶级自觉。主要表现为我国蓝领中产阶级对自身的发展，以及蓝领中产阶级对国家和社会发展的重要作用没有清醒的认识，甚至没有意识到该问题，进而对当前的国家治理、社会发展、体制机制建设没有明确的看法和主张，甚至是漠不关心。这种状况也表明，我国的蓝领中产阶级尚处于发展的早期阶段。二是有碎片化看法但没有形成阶级意识。蓝领中产阶级比其他基层阶级对社会的看法要多，也要更为科学与合理。比如对政府的住房政策、医疗政策、教育政策、科技政策、收入分配调节政策、腐败治理等领域的指责、批评与不满，而后又能提出一系列自己认为更为有效的处理方案，甚至埋怨政府为何不让自己去制定政策去管理这些问题，自己能管理好。上述意见很多是来自于有知识、有文化、有头脑的蓝领中产阶级。这些看法与见解多是个人的意见表达或者是个人的不满与牢骚，是碎片化的阶级意识。如果蓝领中产阶级对国家治理的重要问题形成有分量的思想与主张，并不断扩大其影响力，此时蓝领中产阶级的阶级意识就形成并发挥作用了，并能够为蓝领阶层成长争取或创造更好的条件。

## 四、蓝领中产阶级成长的对策建议

### （一）经济领域的对策建议

#### 1. 加强市场经济建设力度，为蓝领中产阶级成长提供适宜的经济环境

我国一直致力于社会主义市场经济建设，然而目前我国的市场经济体系仍不完善和健全，市场还难以成为配置资源的主要手段，还不能主要依靠市场机制和价值规律调节经济运行。市场经济强调自主、平等与竞争，蓝领中产阶级人员往往具有知识、技术和能力优势，能够在市场经济环境中发挥这些优势，获得经济上的成功。但是，非完善的市场经济是不利于蓝领中产阶级的成长的。在非完善的市场经济中，往往会出现垄断、寻租、关系等现象，由于蓝领中产阶级的财富有限，难以获得垄断、寻租、关系等行为的超额利润；与此同时，非完善的市场经济会造成资本市场、要素市场、商品市场等机制扭曲，资源错配，效率偏误，这些行为均会妨碍蓝领中产阶级知识、技术和能力优势的施展。

#### 2. 重视人力资本与科学技术，培养并发挥蓝领中产阶级的禀赋优势

上段已提到，蓝领中产阶级往往具有知识、技术和能力优势，如

果国家重视人力资本与科学技术，那么蓝领中产阶级将大有用武之地。目前阶段，我国的人力资本水平和科学技术水平与发达国家相比均有差距，而我国要想实现强国梦，就必须大力发展人力资本与科学技术。党的十八大明确提出："科技创新是提高社会生产力和综合国力的战略支撑，必须摆在国家发展全局的核心位置。"强调要坚持走中国特色自主创新道路，实施创新驱动发展战略。从党和国家的发展战略来看，我国高度重视人力资本与科学技术。这样一来，蓝领中产阶级就可以充分发挥与运用其理论知识和科学技术，在服务于国家经济建设的同时，能够使自身的经济实力增强。

#### 3. 理顺与控制各种社会成本，转换蓝领中产阶级的经济支付领域

前文分析了高昂的生活成本大大削弱了蓝领中产阶级的经济实力。同时历史经验也告诉我们，如果中产阶级成为经济增长的推动力量，中产阶级要能够提供足够多的消费，要多投入人力资本培养，要具有创新能力。如果我国蓝领中产阶级被高昂的生活成本所羁绊，整天疲于奔命，才能维系必需的生活所需，那么，就难以形成大量的、多样化的、高层次的需求，无法通过内需拉动经济增长；也难以进行高质量的人力资本投入，以及难以从事较多的创新活动。为此，国家需要对社会成本进行控制，限制本应由财政承担的成本转嫁到社会上，对蓝领中产阶级的成长，乃至对整个社会福利的提升，都有重要的意义。

### （二）政治领域的对策建议

#### 1. 开拓蓝领中产阶级政治参与渠道，纳入国家治理体系

前文指出，我国蓝领中产阶级对一些管理制度和治理政策不满意；对于政府政策与治理行为，他们认为不能完全让现行政府处置，而他们可以参与，也需要参与，以便实现更好的政策措施与行动方

案，也希望能够参与现有体制的改进活动。党的十七大报告指出："从各个层次、各个领域扩大公民有序政治参与，最广泛地动员和组织人民依法管理国家事务和社会事务、管理经济和文化事业。"面对蓝领中产阶级的发展，把他们参与国家治理的意愿和能力引入治理体系，既能够化解蓝领中产阶级的不满情绪，实现蓝领中产阶级的抱负，又能够利用蓝领中产阶级的治理能力，为国家和社会做贡献。开拓多种渠道，采用多种方式，吸纳蓝领中产阶级人员在政府、人大、政协，在工会、共青团、青联、妇联等人民团体，以及在各种专业协会、民间组织中任职和发挥作用。

2. 规范与完善蓝领中产阶级政治参与，提高参与的有序性与制度化

蓝领中产阶级人员的成长是多样化的，其构成是比较复杂的。虽然作为一个阶级，具有比较趋同的主流阶级意识，但是也会有差异很大的其他思想和主张。为此需要对蓝领中产阶级的政治参与进行规范与引导，以有利于参与的有序开展与有效进行。面对蓝领中产阶级政治参与的多种需求，如果政治制度建设不健全、不完善或者滞后，就会导致政治参与和政治制度化建设的不同步、不协调，引起国家政治秩序不稳定。因此，很有必要根据新形势深化政治体制改革，构建和完善蓝领中产阶级政治参与的程序和制度，引导他们在现行法律法规、国家制度、政府政策允许的范围内规范、有序、理性地参与政治、参与国家治理。与此同时，要加强领导体制与管理体制的改革与建设，推行依法执政、科学执政、民主执政，提高领导与管理的效率与成效。这是因为蓝领中产阶级的知识水平、科技素养、民主意识均比较好，他们希望推动并实现现代化的国家治理。

3. 继续完善政党建设，覆盖蓝领中产阶级政治诉求

中国共产党领导的多党合作和政治协商制度是我国基本的政党制度，各党派、各团体及社会各方面在中国共产党的领导下政治

协商、民主监督、参政议政，表达各个阶层的利益诉求和政治愿望，协调和化解社会各阶层之间的矛盾和冲突，整合社会各阶层的利益并形成共识和合力。随着时代和形势的发展变化，我国政党及其制度建设也将进行调整与改进。针对蓝领中产阶级的发展，我国政党及其制度建设也应考虑蓝领中产阶级的政治诉求，采取对应的措施壮大政党力量或者增强政党的群众基础。一是调整与完善党的组织制度，吸收蓝领中产阶级的优秀分子加入党组织；二是通过多种渠道让蓝领中产阶级人员参与政治协商、民主监督、参政议政。通过上述两种方式，将蓝领中产阶级纳入现有政治体系与治理框架，使他们的利益、意识、思想、主张逐步融入统一的政治共识和国家意志。

### （三）意识领域的对策建议

我国蓝领中产阶级在发展壮大过程中，应不断地形成、强化与完善自身的阶级意识，一方面通过阶级意识促进蓝领中产阶级的发展，另一方面通过阶级意识加强对国家治理的参与，为国家富强与社会发展做出更大的贡献。我国蓝领中产阶级阶级意识的培养，应该从两个方面着手：

#### 1. 逐步增强蓝领中产阶级阶级意识，形成有影响力的看法和主张

蓝领中产阶级有自身的阶级优势：知识、科技与能力，能够在多个领域在领导、管理、运营等方面发挥作用。蓝领中产阶级应该依据自身的阶级优势与状况，形成相关领域的阶级意识与阶级主张，以及治理思路与政策方案。目前蓝领中产阶级对国家治理与社会发展有很多看法，但没有形成阶级层面的意识与主张。就当前而言，在政党建设、经济发展、和谐社会、环境保护等很多问题上，蓝领中产阶级均可以利用自身的知识理论和实践经验，形成明确的意识与主张，这也是国家治理现代化所需要的。

### 2. 调整和完善阶级意识，融入国家治理与社会发展

亨廷顿指出，尽管政党有扩大政治参与的功能，能够吸收现代化中出现的新的社会力量，但是要在实践中真正得以体现，还取决于两点：其一，政治体系的容纳能力和同化能力，能否将中产阶级纳入规范的制度化管理轨道；其二，中产阶级的接受能力和适应能力，能否放弃某些价值和要求以顺应新的政治体系。第二点对我国蓝领中产阶级有很大启发，蓝领中产阶级需要自身的调整、改进与适应，逐渐剥离自己身上落后和腐朽的东西，摒弃以往不合时宜的传统观念，形成与提升符合社会发展的新意识、新思想与新见解，并融入新的政治体系、新的国家治理体系、新的社会建设体系。

## 参考文献

1. 李春玲："寻求变革还是安于现状：中产阶级社会政治态度测量"，《社会》2011 年第 2 期。
2. 李强："关于中产阶级和中间阶层"，《中国人民大学学报》2001 年第 2 期。
3. 廖小平、孙欢："政治参与的价值论"，《北京大学学报(哲学社会科学版)》2011 年第 1 期。
4. 娄春杰："中产阶级、政治民主与经济增长：一个文献综述"，《社会主义研究》2014 年第 1 期。
5. 〔美〕塞缪尔·亨廷顿：《变革社会中的政治秩序》，华夏出版社 1998 年版。
6. 张翼："当前中国中产阶层的政治态度"，《中国社会科学》2008 年第 2 期。
7. 周晓红："再论中产阶级：理论、历史与类型学兼及一种全球化的视野"，《社会》2005 年第 4 期。
8. 周小红、杜强："中产阶级支撑战略——超越和谐的必由之路"，《山东社会科学》2012 年第 12 期。
9. Acemoglu D. and F. Zilibotti, "Was Prometheus Unbound by Chance?", *Journal of Political Economy*, 1997, 105(4): 51-709.
10. An Chen, "Capiticalist Development Entrepreneurial Class and Democratization in China," *Political Science Quarterly*, 2002, 117(3): 401-422.
11. Banerjee A. and E. Duflo, "What is Middle-Class about the Middle-Classes around the World?", *Journal of Economic Perspectives*, 2008: 3-28.

12. David S. G. Goodman, *The New Middle Class: Paradox of China's Post-Mao Reforms*, Cambridge University Press, 1999.

13. Doepke M. and F. Zilibotti, "Occupational Choice and the Spirit of Capitalism", NBER Working Paper 12917, National Bureau of Economic Research Inc, Cambridge, MA., 2007.

14. Ethan Michelson and Sida Liu, "What do Chinese Lawyers Want? Political Values and Legal Practice," *China's Emerging Middle Class: Beyond Economic Transformation*, edited by Cheng Li, Washington DC: Brookings Institution Press, 2010, pp. 310-333.

15. Homi Kharas, "The Emerging Middle Class in Developing Countries," OECD Development Centre, Working Paper, No.285, 2010.

16. Jie Chen, "Attitudes toward Democracy and the Political Behavior of China Middle Class," *China's Emerging Middle Class: Beyond Economic Transformation*, Brookings Institution Press, 2010, pp. 334-358.

17. Jie Chen and Bruce J. Dickson, *Allies of the State China's Private Entrepreneurs and Democratic Change*, Cambridge (MA), Harvard University Press, 2010.

18. Murphy, Shleifer and Vishny, "Income Distribution, Market Size, and Industrialization," *The Quarterly Journal of Economics*, 1989, 104(3): 537-564.

19. Natalie Chun, Rana Hasan, and Mehmet Ulubasoglu, "The Role of the Middle Class in Economic Development: What Do Cross-Country Data Show ?", *Asian Development Bank Economics*, Working Paper Series No.245, 2011.

20. Nomura, "China: A Secular Shift," *Asian Bank Reflections*, Vol. 3, August 2009.

21. Solimano A., "The Middle Class and the Development Process: International Evidence," Santiago, Chile: Economic Commission for Latin America and the Caribbean, Mimeographed document, 2008.

（罗来军，北京大学光华管理学院、中国人民大学国家发展与战略研究院）

# 第三次工业革命与中国蓝领中产阶级发展

黄国华

第三次工业革命的兴起和发展，既给中国蓝领工人带来了广泛的机遇，也带来了众多挑战。只有积极融入国际竞争、大力推进第三次工业革命，加大对蓝领工人的教育培训、创业支持，才能支撑我国经济转型升级、实现持续发展，才能推动蓝领工人迈入中产阶级、加快构建橄榄形社会结构。

## 一、第三次工业革命发展趋势及主要特征

人类社会在经历了18世纪以蒸汽机为标志的第一次工业革命和20世纪以大规模生产流水线为标志的第二次工业革命后，目

前正在经历以数字化制造、新能源、新材料等为标志的第三次工业革命。20世纪末以来，以数字制造、互联网、再生能源、纳米和复合材料等为代表的新技术、新科技不断涌现，不仅创造了一批新兴产业，也导致在制造模式、社会生产方式、生产组织方式等方面发生重大变革，进而改变人们的生活方式和世界的经济格局（表1）。

**表1　三次工业革命基本情况**

| 工业革命 | 发生时期 | 生产材料 | 生产工艺 | 生产辅助技术 |
|---|---|---|---|---|
| 第一次 | 18世纪60年代—19世纪40年代 | 熟铁 | 蒸汽机等 | 蒸汽轮火车、邮政、铁路、运河等 |
| 第二次 | 19世纪70年代—20世纪初 | 钢铁 | 生产流水线 | 汽车、飞机、电报、电话、公路、高速公路、机场、港口等 |
| 第三次 | 20世纪70年代至今 | 复合材料、纳米材料 | 3D打印机、工业机器人等 | 新能源汽车、数字远程通信、信息网络 |

资料来源：

（1）中国社会科学院工业经济研究所课题组："第三次工业革命与中国制造业的应对战略"，《学习与探索》2012年第9期，第93—98页。

（2）田露露、韩超："第三次工业革命：历史演进、趋势研判与中国应对"，《经济与管理研究》2015年第7期，第88—95页。

总体来看，第三次工业革命有以下特点：

一是生产过程快速化。一方面生产工艺突破大大提高了设计与制造的一体化程度、简化了复杂产品的制造流程，使得企业生产周期大为缩短。例如，在现代CAD/CAM技术、激光技术、计算机数控技术、精密伺服驱动技术以及新材料技术的支持下，3D打印机通过分层制造、逐层叠加实现生产制造的快速成型，根本异于传统制造业需要先加工零部件再进行组装的制造方式。又如，随着智能机器人应用的完善，未来企业开展无人值守式生产和连续作业也会成为可能。另一方面生产辅助技术水平的提升,也大幅提高了生产系统的效率。在第三次工业革命中,互联网的广泛运用大大降低了信息沟通成本,而且生产系统借助网络信息技术全面趋向数字化和智能化,大大提高了生产的时效性。

二是生产系统灵活化。传统的生产系统灵活性较差,通常由相关专用自动化生产设备组成,系统的配置是固定的,按照确定的作业流程生产大量标准化产品。这种固定化的生产系统适应大规模、单一产品的生产,有利于降低单个产品的生产成本,但是难以满足客户多元化的需求。在第三次工业革命中,为满足个性化产品需求,生产系统灵活性大幅提高。例如,可重构制造系统通过重排、重复利用和更新系统组态或子系统,能够快速调试、制造,具有很强的包容性、灵活性以及突出的生产能力。

三是生产方式分散化。传统的工业生产主要集中在工厂中进行,并采用自上而下垂直管理的生产方式。在第三次工业革命中,随着信息技术的飞跃发展,大量物质流被成功虚拟化而转化为信息流。在3D打印机以及丰富的产品设计程序、模板的支持下,个人生产的难度大大降低,即个人可以通过在线交流进行产品的研发、设计,使用3D打印机在家中制造产品,通过快捷的物流送递到客户手中,从而形成千万个分散的家庭式工厂。

四是生产集聚虚拟化。在传统的产业组织模式下,企业在特定地理范围集聚不仅有利于生产供应链管理,而且通过信息交流、知识外溢有利于激发创新,从而形成区域性竞争优势。在第三次工业革命中,依托于发达的通信手段和信息网络平台,企业集聚的范围、内容和形式将会改变。例如,众多中小企业和个体生产者可以借助网络平台,共享生产配套服务、信息资源等,将传统的地理集聚逐渐演变成网络意义上的集聚,实现生产集聚虚拟化。

## 二、第三次工业革命为我国蓝领工人发展带来了广泛的机遇

第三次工业革命通过生产工具和技术的创新进步,不仅大大提高了生产效率,改变了社会生产方式和生产组织方式,同时也对劳动者尤其是蓝领工人的工作环境、技能要求、创业条件、收入水平等产生了重要影响,为蓝领中产阶级的形成和发展奠定了基础。

### (一)改善工作环境

我国不少领域蓝领工人的工作环境较差,即便采取了一些保护措施,工人的身心健康也还是受到较大影响。例如,陶瓷、五金、洁具、不锈钢、注塑、压铸等建材制造工厂,粉尘多、噪音大、污染严重,不少人因此患上尘肺病。相比于人类,机器人对恶劣工作环境的适应性强得多。机器人不需要呼吸空气,对高温、低温的耐受力也强得多,电磁辐射等污染也基本不会对其产生影响。据报道,泉州某汽配公司因焊接工作有辐射和焊雾粉尘污染,喷漆工作化学污染严重,而且油漆易燃易爆、危险性较高,现在已将这些工作交给机器人。工人们离开恶劣的一线生产环境后,更多转向对机器人工作的监控、调试和远程操作,工作环境更加干净、安全、健康。而且随着技术进步,工人与机器人之间的工作界面更加友好,人机合作通过人的自然语言甚至动作就可以实现,工作软环境将持续改善。

### (二)促进人力资本积累

目前蓝领工人的工作内容主要是搬运、组装、焊接、加工、包装等,多数工作是程序性、负重性、操作性的,对创造性要求相对较低,人力资本积累比较慢。随着第三次工业革命的推进,高度自动化、能够根据环境变化自行调整运行的工业机器人大量投入使用,蓝领

工人的工作将发生质的变化。不再是简单机械操作，更多要进行人机协作，运用电脑"管理"机器人，利用知识创造性地"主导"生产过程，例如机器人安装、编程、调试、维护、规划、管理等，通过"干中学"提高知识水平和技能水平。此外，第三次工业革命在清洁能源、绿色建筑、电子通信、微型发电系统、分散式的 IT 网络、插电式和生物电池交通工具、可持续化学、纳米技术、无碳物流和供应链管理等各个领域都在发生重大突破，大量新型产品不断涌现，将带来众多新的制造业工作岗位，将倒逼蓝领工人加强新知识学习，提高创造能力，加速人力资本积累。

### （三）提供更多创业机会

蓝领工人创业往往面临较多难题：一是资金不足。由于蓝领工人收入不高，因此资金积累难度大、速度慢。然而，创业，尤其是工业领域创业，对资金投入要求通常较高，厂房建设、设备购置等都需要较多的资金支撑。二是技术门槛较高。虽然蓝领工人在工作实践中学习了很多技术原理和操作技巧，但生产制造技术往往是一个体系，仅靠一人或少数人很难掌握全部的技术。三是营销渠道建设难度大。营销是企业经营的重要环节，营销渠道是否通畅直接关系到企业生存。营销渠道建设通常需要较多投入和较长时间，涉及征召代理商、铺设门店、联系客户、广告等，难度较大。

在第三次工业革命过程中，3D 打印机、信息网络等的普及大大降低了创业的资金门槛、技术门槛、营销门槛，为广大蓝领工人提供了更多的创业机会。例如，随着 3D 打印机技术日益成熟、价格下降，蓝领工人只需花费较少的资金就能购置若干台 3D 打印机，在家中就能进行生产，无须再建设厂房、购置大型机械设备。信息网络上有丰富的 3D 打印机产品设计程序和模板，只要蓝领工人对产品的某些方面有独特的想法，就能轻松设计出一个新的产品。同时，信息网络和物流业的快速发展，也为蓝领工人快速、低成本搭建营销渠道提供了条件。

### (四) 提高收入水平

蓝领工人收入水平取决于其边际产出,与劳动生产率紧密关联。在第三次工业革命过程中,工业机器人等智能制造设备的大量运用,将大幅提高资本—劳动比;蓝领工人教育培训不断增强,将带来人力资本的明显提升,这些都会促使劳动边际产出和劳动生产率的显著上升,从而推动蓝领收入增长。虽然有人担心,工业机器人大量替换蓝领工人会造成蓝领劳动力供过于求,从而抑制收入提高。但从欧美日等发达国家的经验看,机器人等的使用只是减少了传统行业中重复性和操作性强的工作岗位,而第三次工业革命中清洁能源、新能源交通工具、电子通信、IT 网络、纳米技术、无碳物流和供应链管理等新兴产业不断涌现,创造出大量新型产品和服务,新增了更多技术型、服务型岗位。例如,虽然德国传统能源产业(如煤炭、石油、天然气)的就业人数趋于下降,但可再生能源产业提供了更多就业岗位,2007 年就已经达到 24.9 万个。低质量就业岗位减少、高质量就业岗位增加,有利于蓝领工人提高收入。

## 三、第三次工业革命时期我国蓝领工人面临的主要挑战

### (一) 蓝领工人转岗压力增大

30 多年来,我国工业、建筑业等部门快速扩张,蓝领工作岗位也急剧增长。根据 2010 年人口普查,我国生产、运输、设备操作等蓝领职业就业人数占比超过 22%;如果从行业看,采矿业、制造业、建筑业、交通运输业以及电力、燃气及水的生产和供应业等蓝领岗位比较集中的行业就业人数则接近城镇单位就业总人数的 50%。但是在第三次工业革命过程中,随着工业机器人等智能制

造设备的广泛应用,除了某些特殊的生产任务外,大部分生产工作将由机器人承担完成。例如,富士康昆山工厂在引入工业机器人后,员工人数从2013年的约11万人裁减成6万人。某个生产流程原来需要几百名工人,现在只需15台设备和3名工人。同样,海尔、美的、格力等也都在大量使用机器人或自动化设备。2014年我国市场共销售工业机器人约5.7万台,较上年增长55%。从世界范围看,1995—2002年,世界20个最大经济体的制造业岗位减少了3100万个。与2000年相比,2010年美国制造业虽然产量大体保持稳定,但就业率下降了32%。因此,随着第三次工业革命的推进,蓝领工人需要大量从传统行业一线生产岗位退出,转换到机器人工程师等新出现的工作岗位或者新兴产业、第三产业等行业。由于我国蓝领数量较多,如此大规模群体性职业转换压力较大。

### (二)蓝领教育水平难以满足第三次工业革命的需要

总体上看,我国蓝领工人接受教育的程度普遍较低。根据2010年全国人口普查,我国从事生产、运输、设备操作等职业的人员中,77%只接受了初中及以下水平教育,接受过大专及以上教育的只有5%(图1)。在以前大规模流水线型生产方式下,接受了初级教育的蓝领工人尚可满足工作需要。但在第三次工业革命中,生产的自动化程度不断加强,个性化定制比重不断提高,产业发展要求工人能看懂图纸、理解订单要求、调整机器参数、修正错误误差等,我国蓝领工人现有的教育水平难以满足上述工作要求。例如,根据德勤2013中国智能制造与应用企业调查,58%的企业认为缺乏高素质人才是智能制造商业软环境亟待改善的方面。我国装备制造业技术人才呈现"四多四少"特征,即装备制造业的初级技工人数多,高级技工人数少;传统型技工人数多,现代型技工人数少;单一型技工人数多,复合型技工人数少;短期速成的人数多，系统培养的人数少。这既不利于产业的发展，也将制约蓝领中产阶级的成长。

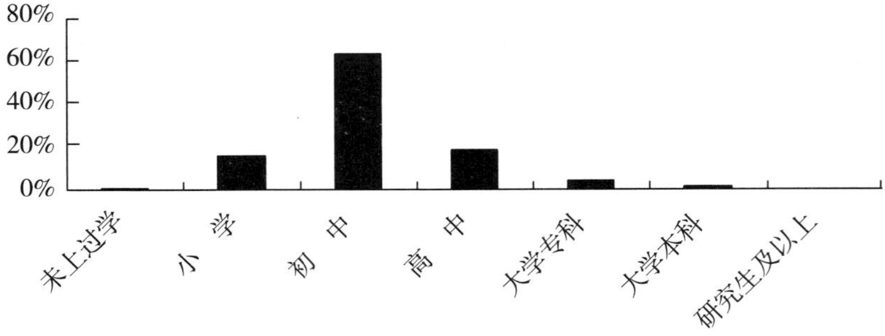


图1　生产、运输、设备操作人员受教育水平

数据来源：《2011 中国人口和就业统计年鉴》。

## （三）蓝领工人新生力量补给减速

与其他职业相比，蓝领职业中青壮年劳动力比重相对更高。图2显示了2010年我国生产运输设备操作人员各年龄段比重与全部就业人员各年龄段比重之间的比例，可以发现年龄越小比例越大。从各年龄段就业人员所从事职业分布看，在16—19岁、20—24岁、25—29岁、30—34岁、35—39岁、40—44岁的青壮年城镇就业人员中，从事生产、运输、设备操作等职业的占比分别为48.9%、38%、30.2%、30.9%、32.8%、32.4%；而在45岁以上，该职业占比则迅速下降。然而，随着我国人口红利的消失，青壮年劳动力供给正在逐步下降。根据联合国预测，我国20—44岁主要青年劳动力数量，将从2015年的5.3亿下降到2025年、2035年、2045年的5亿、4.3亿、3.7亿，下降速度呈加快趋势（图3）。特别是，受我国传统社会文化影响，青年们更愿意“坐办公室”，而不愿“蹲厂房”，成为蓝领工人的青壮年数量将更快下滑。虽然第三次工业革命大量引入了工业机器人、3D打印机等，会降低对蓝领工人数量和体力方面的要求，但青壮年劳动力最活跃、最有创造力。缺乏新一代高素质青壮年进入蓝领群体,不利于我国第三次工业革命的推进和相关新兴产业的发展,不利于提升我国蓝领工人综合素质和参与全球竞争。

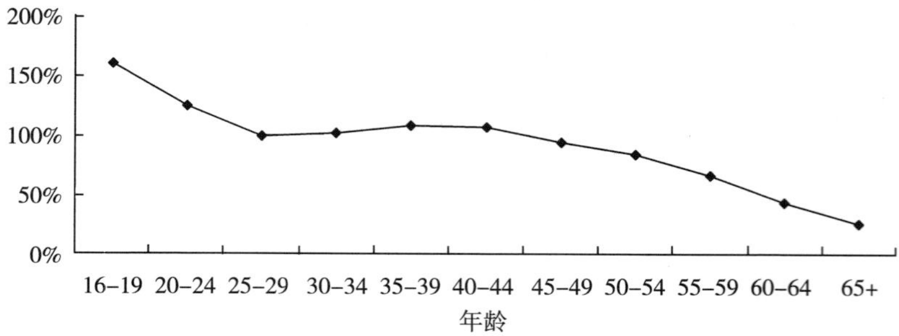


图 2 生产运输设备操作人员年龄构成与全部就业人员年龄构成比例

数据来源:根据《2011 中国人口和就业统计年鉴》相关数据计算得到。

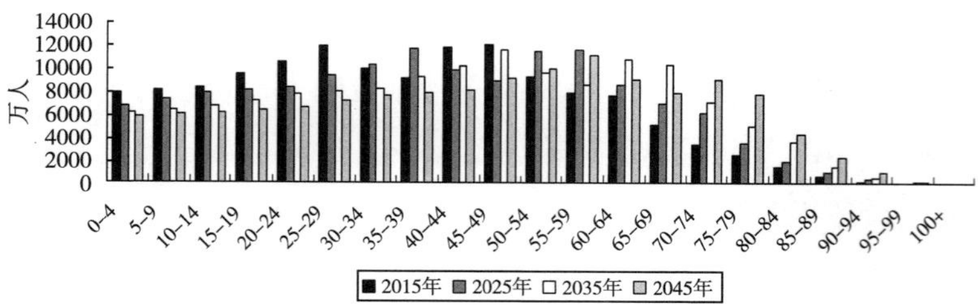


图 3 中国各年龄段人口数量预测

数据来源:联合国世界人口预测。

## 四、促进蓝领中产阶级发展的政策建议

### (一) 大力推进第三次工业革命,为蓝领中产阶级的形成奠定基础

蓝领中产阶级的形成离不开产业的发展。只有产业兴旺,蓝领工人就业才能有保障、收入才能获得提升,蓝领工人迈向中产才有经济基础。随着第三次工业革命在全球兴起,我国制造业等

相关产业发展面临着严峻的挑战：首先，技术追赶难度加大。过去30多年，我们利用后发优势学习吸收发达国家生产技术，大幅提高了生产率，制造业等相关产业发展取得了巨大成绩。随着我们距离世界技术前沿越来越近，追赶难度在不断加大。第三次工业革命的一大特点是多领域技术相互交叉、促进从而实现突破性发展。由于我国技术水平总体落后，而且各领域发展不均衡，在发达国家进一步加强知识产权保护的限制下，我国很多新兴领域与发达国家的差距反而在扩大。其次，低成本优势快速削弱。近年来，随着我国经济快速发展以及土地、环保、用工制度的强化，过去依靠低地价、低环境标准、低工资形成的低成本优势逐渐丧失。以劳动成本为例，2001—2014年，我国制造业职工平均工资增长率基本在10%—15%之间，2011年甚至高达19%（图4）。相比之下，相关发达国家和发展中国家制造业劳动力成本年均增长率都在10%以内，多数在2%—8%之间，远低于中国（图5）。受成本上升影响，近年来很多工厂外迁至东南亚、南亚、非洲等劳动力成本更低的地区。此外，随着当前消费需求日益向个性化定制方向发展，发达国家企业靠近市场、快速响应客户需求的优势增强，我国产品低价优势逐步削弱。

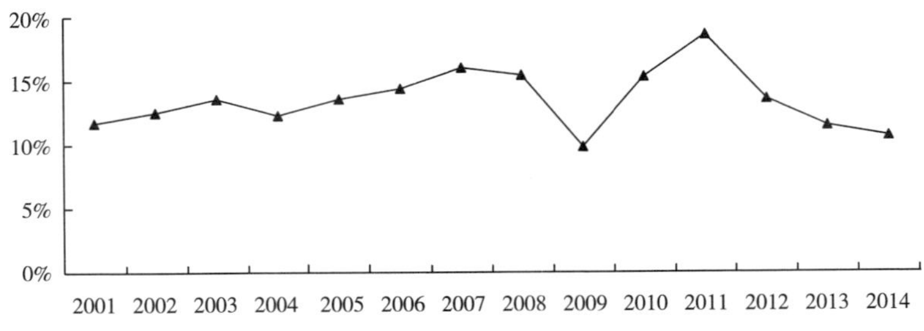


图4　中国制造业平均工资增长率

数据来源：根据相关年份《劳动统计年鉴》、《人口和就业统计年鉴》数据计算得到。

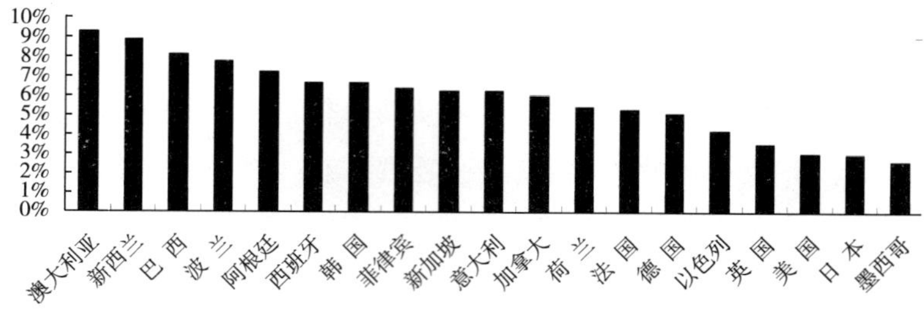


图5　2000—2012年制造业每小时人工成本平均增长率

数据来源：根据2014年《国际统计年鉴》数据计算得到。

我国应紧紧抓住第三次工业革命的机会窗口，加强自主创新，加快推动3D打印、移动互联网、云计算、大数据、生物工程、新能源、新材料等领域的突破创新，加快新一代信息技术与制造业深度融合，推进智能制造，提高我国劳动生产率，扭转因自主知识产权不足、生产成本上升等造成的竞争力下降的趋势。在推动第三次工业革命的过程中，应避免政府越位代替企业和市场进行决策，甚至直接指定技术和项目。技术创新、产品创新高度复杂，需要众多企业在不断试错中才能实现，政府不具备这方面的能力。政府的职责应是创造公平有序的市场环境，激发企业活力和创造力，充分发挥市场的作用，提高资源配置效率。

### （二）转变社会就业观念，吸引青年进入蓝领工作岗位

我国传统上就有“学而优则仕”“劳心者治人，劳力者治于人”等文化，加之过去蓝领工人工作环境差、劳动强度大、收入水平低等社会印象，社会上对蓝领工作岗位存在普遍的偏见，很多青年就业时通常首选进办公室当白领，不得已才去工厂当蓝领。正如前文所述，随着第三次工业革命的推进，蓝领工人的工作将发生质的改变，工作环境会日益变得干净、安全、健康，劳动的负重性明显降低，收入将大幅提高。但是，社会观念一旦形成，就会通过家庭、朋友、同

学等社会圈子不断强化，改变难度通常较大，需要社会各方面共同努力。

一方面政府、学校、媒体应加强宣传。一是打破社会对于蓝领工人工作环境、收入等的旧观念，广泛介绍新型工厂实际情况，更加客观地展示工业机器人、信息网络等给现代蓝领工作带来的深刻改变。二是倡导新的人才理念。社会进步需要各类人才支撑和推动，既需要一流的科学家、企业家、政治家，也要有高素质的工人。特别是第三次工业革命过程中，如果没有一支既具备较高操作技能，又懂得计算机、信息网络等数字技术的蓝领工人队伍，我国很难实现产业升级。三是介绍国际上重视蓝领的经验。例如，2013 年 8 月 19 日《人民日报（海外版）》介绍了我国山东省济南市孝里镇电焊、水电、安装等领域的技术工人到澳大利亚得到高薪工作的事情，引起了较大社会反响。

另一方面企业应更加重视蓝领人才保护和培养。社会观念转变最终有赖于蓝领工人工作实际状况的改善。除了应按照法律制度规定向蓝领工人发放工资、提供各类社会保险和福利外，目前的重点应是改善工作环境和提供职业发展平台。一是对于危险性较高、污染较重的工作场所，应采取必要措施加强工人保护，有条件的应积极引入工业机器人等自动化设备，让工人享有更加安全健康的工作环境。二是帮助蓝领工人设计合理的职业发展规划，给予蓝领工人成才希望。根据马斯洛需求层次理论，当人们满足了基本生理、安全等需求后，将更多追求个人的价值实现。我国新一代青年求职时已经更加看重工作岗位能够提供的学习机会和发展平台。例如，某港口公司采取了“技术比武”“金牌岗位”等人才竞选培养方法，技能冠军、首席员工等称号极大地激发了蓝领工人的荣誉感、成就感，促使广大蓝领工人努力想窍门、练绝招、创佳绩，营造了蓝领工人也能成才的氛围观念。

## (三)建设现代化教育培训体系,加快蓝领人力资本积累

“中产阶级不仅是一个按收入水平确定和划分的概念,同时也是一个按照文化素质确定的概念。不能认为只要有钱而没有文化素质的人会成为社会的中坚力量。中产阶级理应成为社会中坚力量,在这方面不能缺少文化素质这一要素。”[1]无论是提高蓝领工人的收入,还是改善其文化素质,都需要加强教育和培训,提高人力资本。应按照第三次工业革命的发展方向要求,切实改革我国教育培训机制,提高针对性、有效性,奠定蓝领中产阶级成长的基础。

第一,继续扩大高等教育尤其是高等职业教育的规模。高等教育不仅是培养白领的场所,也是培养高级技能人才的重要途径。高等学校对于计算机、信息网络、仪器仪表、工程机械等知识的传授,是蓝领有效运用现代化设备开展工作的重要基础。随着我国产业升级发展,需要越来越多接受过高等教育的人才。通过表 2 可以发现,我国第二产业中资本密集型行业劳动者受教育水平明显高于劳动密集型行业劳动者,尤其是接受高等教育(大专以上)人才的比率高达 3.6 倍。随着第三次工业革命的推进,新型复合材料、纳米科技、云计算、新能源汽车等新兴产业将大规模发展,缺乏高等教育的支撑,蓝领工人难以掌握这些先进的技术,更难以创造性地运用相关知识和设备工具推动技术创新、产品创新。近年来,随着大学生就业困难现象的出现,有人认为应当限制大学扩招,这是一种误解。大学生就业困难主要是因为大学专业设置与就业需求不匹配、高等职业教育力量不足、大学生就业观念未转变等,而不是大学毕业生人数太多。事实上,无论是与国际发达国家相比,还是与相关发展中国家相比,我国高等教育入学率都太低(图 6)。例如,2013 年日本、德国等以制造业立国的国家,高等教育入学率都高出我国一倍。

---

[1] 厉以宁:“论蓝领中产阶级的成长”,《中国市场》2015 年第 5 期,第 10 页。

**表2 2005年城镇第二产业教育水平构成(%)**

| 受教育水平 | 第二产业 | |
|---|---|---|
| | 劳动密集型 | 资本密集型 |
| 小学及以下 | 17.1 | 9.4 |
| 初中 | 63.7 | 46.9 |
| 高中 | 16.4 | 30.3 |
| 大专及以上 | 2.9 | 13.4 |
| 平均受教育年限 | 9.1 | 10.4 |

数据来源:引自蔡昉:《从人口红利到改革红利》,社会科学文献出版社2014年版,第229页。

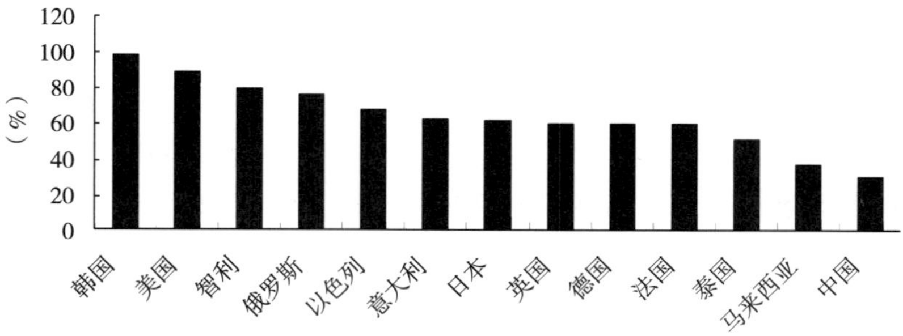


图6 2013年高等教育入学率

数据来源:世界银行:2015世界发展指数(World Development Indicators)。

第二,改革学校教育培养体系。一是要转变教育理念。第三次工业革命需要个性化、创新型、合作型人才,蓝领和其他劳动者都应当具有信息化能力和综合职业能力,具有较高的科学文化素养、跨学科的知识背景、终身学习能力和创新精神,具有较强的团队精神、合作意识和与他人分享的意识。因此,教育不能再简单地围绕着考试分数,更应当突出提高学生综合素质,培养出具有鲜明个性、品德高尚、善于合作、创新力强、社会情绪能力良好的高素质劳动者和创新型人才。二是调整完善课程体系。随着第三次工业革命的推进,大量新兴学科、交叉学科不断涌现，现有的依托于第二次工业革命建立起来的课程体系需要相应的调整来完善，中学和大学的课程应当更多地引入前沿信息、纳米技术、生物科技、地球科学、生态学、系统理论以及各种职业技能。三是改变教学方式方法。第三次工业革命时代的教育将呈现开放化、远程化、网络化、在线化等特点。应充分运用信息网络技术，推广互动式教学、混合式教学、探讨式教学、小组合作学习等以学生为主体的教学方法，以利于激发学生学习的主观能动性和创造性，培养适应第三次工业革命需要的人才。

第三，建设终身学习培训体系。第三次工业革命时代，知识信息更新速度极快，不仅是科研人员，蓝领工人仅靠学校所学知识也难以满足产业动态发展需要。一是加强企业员工培训。实践证明，“干中学”是非常有效的人才培养方法，针对性强、时效性高。美国全国制造商协会就积极倡议，制造业企业应更多地承担起培养人才的责任。因此，企业应根据产业发展方向、设备更新计划等，及时开展员工培训，聘请相关领域专业机构或高级人才采取现场指导等方式，不断更新员工知识技能。二是丰富社会继续教育体系。充分利用新型数字技术，打造各类数字化学校、数字化教师、网络课堂、远程学习、在线教育、云教育、云计算、大数据等虚拟化、扁平化的交互式学习平台等，为家庭教育、企业教育、社区教育等提供丰富的学习教育资源，方便人们随时随地学习。

### （四）完善蓝领创业环境，促进多层次创新体系形成

创新是第三次工业革命的重要标志，是推动社会进步的动力源泉。创新涵盖多个层次，包括科技创新、产业创新、企业创新、市场创新、产品创新、业态创新、管理创新等。蓝领工人处于生产一线，了解现代生产流程、规律，掌握机械设备操作方法，熟悉产品加工制作方法等，有丰富的生产经验。蓝领工人创业，有利于激发他们的创新动力，将实践中对技术、产品、管理、市场等的观察和思考转化

成创新灵感,并通过创业转化成现实生产力。

在我国,蓝领群体人数较多,是"大众创业、万众创新"的重要力量。鼓励蓝领创业不仅有利于提高蓝领收入,更是发挥我国人力资源丰富优势、释放社会创新动力的重要举措。由于我国生产规模和市场规模都很大,即便很小比例的蓝领创业成功,也能带来很大的生产效应和市场效应,对于推动经济转型、实现持续发展都有重要意义。此外,目前我国蓝领总体处于社会底层,收入不高、工作不被重视,成功的蓝领创业典型有利于改变社会观念,有利于蓝领提振信心、增加希望,对于完善社会管理意义深远。

完善蓝领创业环境,首先要转变政府职能。目前,我国很多地方营商环境不佳,工商注册、税务登记、城镇管理等环节手续繁杂,而且环环收费、"三乱"现象时有发生,对于规模较小的蓝领创业者来说,都是沉重的负担。例如,根据国务院发展研究中心 2006 年对农民工创业的一项调查显示,59.6%的人认为"审批企业或立项难",超过 40%的人认为"政府部门乱收费、企业负担重"。因此,应加快取消和下放涉及创业的行政许可审批事项,取消非行政许可审批事项,减少创业投资项目前置审批。加快落实注册资本登记制度改革,优化创业登记方式。全面清理规范政府部门收费,减少创业企业的负担。同时,也应加强创业企业事中和事后监管,加快将创业纳入社会信用体系,建立健全创业市场交易规则和服务监管机制。

第二,构建匹配创业特点的金融服务体系。很多调查都显示,创业的一大难题是银行贷款难。由于蓝领创业通常自有资金有限、规模较小,银行贷款更是难上加难。造成这种问题的原因是多方面的:一是创业企业风险通常较高,与银行审慎经营和严格风险控制原则矛盾。二是创业企业多为中小企业,贷款规模较小,平均管理成本更高,大银行不愿贷给中小企业,而我国中小银行、民营银行发展又不足;三是国有企业、地方政府融资平台公司等有隐性政府背书,信用风险相对更低,从而挤占了大量信贷资源。因此,我国需要多管齐下,构建符合创业尤其是蓝领创业特点的金融服务体系。一是大力发展创业风险投资。很多初创企业有很好的新技术、新产品,前景广阔、成长潜力很大,但市场风险也比较大,创业风险投资最适合此类企业。二是支持发展地方中小银行、民营银行、小额贷款公司等。由于很多蓝领工人创业(如农民工返乡创业)属于传统领域,风险和成长性都比前一种小一些,经营的属地性也比较强,当地金融机构有熟悉情况的优势,风险鉴别能力比较强,能够开发出符合这些蓝领创业需求特点的金融产品和金融服务。三是支持互联网金融发展。现在很多蓝领创业采购、销售都通过网络进行,互联网企业如阿里巴巴、赶集网等能够较容易对它们进行风险评估、信用甄别,从而开发合适的金融产品。四是加大国有企业和政府融资平台公司的改革,实现彻底的政企分离,建立国有企业、融资平台公司有序破产机制,消除政府隐性担保,优化信贷资源配置,支持蓝领创业。

## 参考文献

1. 〔美〕埃里克·布莱恩约弗森、安德鲁·麦卡菲:《第二次机器革命》,蒋永军译,中信出版社 2014 年版。
2. 蔡昉:《从人口红利到改革红利》,社会科学文献出版社 2014 年版。
3. 德勤:"从中国制造到中国智造——中国智能制造与应用企业调查",2014 年 2 月,http://www.wxphp.com/wxd_8wyhf2zjvj507xm0vyn8_1.html。
4. 国务院发展研究中心《农民工回乡创业问题研究》课题组:"农民工回乡创业现状与走势:对安徽、江西、河南三省的调查",《改革》2008 年第 11 期。
5. 黄群慧、贺俊:"'第三次工业革命'与中国经济发展战略调整——技术经济范式转变的视角",《中国工业经济》2013 年第 1 期。
6. 贾根良:"第三次工业革命带来了什么?",《求是》2013 年第 6 期。
7. 〔美〕杰里米·里夫金:《第三次工业革命——新经济模式如何改变世界》,张体伟、孙豫宁译,中信出版社 2012 年版。
8. 厉以宁:"论蓝领中产阶级的成长",《中国市场》2015 年第 5 期。

9. 厉以宁:“打破‘好职业’与‘坏职业’的藩篱”,《人民日报》2015 年 2 月 3 日第 5 版。
10. 吕铁:“第三次工业革命对我国制造业提出巨大挑战”,《求是》2013 年第 6 期。
11. 芮明杰:“第三次工业革命的起源实质与启示”,《文汇报》2012 年 9 月 17 日。
12. 田露露、韩超:“第三次工业革命:历史演进、趋势研判与中国应对”,《经济与管理研究》2015 年第 7 期。
13. 王莹、夏建国:“第三次工业革命与技术创新型人才培养”,《中国高等教育》2013 年第 1 期。
14. 徐梦周、贺俊:“第三次工业革命的特征及影响”,《政策瞭望》2012 年第 10 期。
15. 中国社会科学院工业经济研究所课题组:“第三次工业革命与中国制造业的应对战略”,《学习与探索》2012 年第 9 期。
16. 周洪宇、鲍成中:“第三次工业革命与人才培养模式变革”,《教育研究》2013 年第 10 期。
17. Markillie P. A., “Third Industrial Revolution,” *The Economist*, April 21st, 2012.

（黄国华,财政部）

# 职业教育与蓝领中产阶级的成长

傅帅雄　刘雨青

我国当前的经济已经进入了新常态，增长速度从高速增长向中高速增长转变。经济向新常态过渡，是重塑经济增长动力、重构经济结构，实现转型升级的大好时机。未来的经济增长将更多地依靠全要素生产率的增长，依靠人力资本质量的提升和技术的进步，因此，适应经济发展新常态，实现技术强国梦，必然对职业教育的发展以及蓝领技术人才的培养提出了新的要求。

## 一、职业教育与蓝领中产阶级的成长

### （一）蓝领技工队伍的发展是中国“新的人口红利”

2005 年左右，以“珠三角”为代表的沿海地区出现了“用工荒”，劳动力成本不断上升与企业招工难成为沿海制造业企业所面临的发展瓶颈。然而，这并不必然意味着“刘易斯拐点”的到来、“人口红利”的消失。实际上，直到 2012 年，我国的劳动年龄人口才出现新中国成立以来的第一次环比下降，比 2011 年减少 345 万人。可以说，“用工荒”的本质是“技工荒”，是经济转型升级背景下的结构性人力资源短缺。中国的人口红利也正在从“旧人口红利”向“新人口红利”转变。“旧人口红利”主要依托城镇化这一大的背景，农村大量剩余劳动力进城务工，为我国制造业的发展提供了充裕的廉价劳动力，在产品价格上形成竞争力，实现了农业大国向工业大国的转变。中国的“新人口红利”在于，经过近 30 年的发展，大量外出务工的农民工通过多年的技术培训和经验积累，都成长为制造业发展的中坚力量——技术工人。与欧美发达国家相比，中国技工的整体劳动力成本要远远低于它们的技工劳动成本，中国制造业仍然具备成本优势；与东南亚国家相比，中国技工的劳动力素质和技术水平也要远远高于它们，中国制造业在生产效率上仍有优势。

### （二）中国从制造大国向制造强国转变，需要提升蓝领技工的素质和质量

产业的转型升级，离不开科技进步和技术创新，要实现由制造大国向制造强国迈进，更需要有一支庞大的训练有素的蓝领技工队伍。毕竟科技进步与技术创新向生产力的转化，需要一大批高素质的蓝领技工队伍不断进行消化与应用。而目前我国的蓝领技工不管是从数量还是技术上，都难以满足转型升级实现制造强国的要求。因此，加快职业教育转型发展，创新职业教育培养机制，全面提升蓝领技工队伍的数量和质量，为我国制造业的转型升级提供更加有效的人才支持，对实现中国经济的快速可持续发展具有重要的战略意义。

### （三）蓝领工人的收入不断增加，将与白领一起成为中国的中产阶级

“白领”和“蓝领”主要是根据工作服装衣领的颜色而对从事不同职业人群所进行的划分。“白领职工”主要指以脑力劳动为主的工资收入者，如办公室的职员、教师、商业销售人员、工程科研人员等。“蓝领工人”指的是以体力劳动为主的工资收入者，如一般工矿工人、制造业工人、建筑工人、仓库管理员等。但其实不论“蓝领”还是“白领”，他们都通过劳动付出为社会创造价值，其区别仅仅是职业分工不同。过去，“白领职工”的收入普遍要高于“蓝领工人”，但随着社会分工、产业结构的变化，“白领职工”与“蓝领工人”之间的收入差距正在逐渐缩小。根据北京大学市场与媒介研究中心与赶集网共同发布的《2015 年新蓝领阶层薪酬研究报告》，2015 年新蓝领阶层的平均月薪达到 3163 元，而上海新蓝领的平均月薪已达 4276 元，居全国之首。面对庞大的市场需求，目前严重稀缺的“蓝领高级技工”收入不断提升，随着中国制造业的进一步发展，将有越来越多的蓝领阶层进入中高收入序列，与白领阶层一起成为中国新的中产阶级群体。

### （四）加强职业教育是促进蓝领中产阶级成长的必然选择

受教育程度的高低在很大程度上直接影响着个人的收入水平。在美国和欧洲的一些发达国家，蓝领工人的收入水平与白领职工相比并不低，特别是技术型的蓝领工人，其工资水平普遍较高。这除了市场上蓝领技术工人供不应求这一客观现实之外，国民整体受教育程度较高、多数不同行业的从业者教育水平差距不大也是重要的原因之一。再加上这些发达国家的职业教育发展相对比较成熟，很多蓝领工人可以通过职业技术培训，不断提升自己的专业技术水平，从而实现收入的增加和职务的提升，并成为蓝领中产阶级的一

员。实际上中产阶级作为社会的中坚力量，其概念的划分除了对收入水平的考量之外，还包括对文化素质以及教育程度等方面的要求。因此，大力发展职业教育，提升蓝领工人的技术水平和文化素质，不仅是实现蓝领工人社会垂直流动的上升渠道，也是促进蓝领中产阶级成长的必然选择。

## 二、中国职业教育现状

2013 年，高等职业教育共有学校 1321 所，比 2008 年增加了 137 所；招生数为 318.4 万人，与 2008 年相比增加了 7.8 万人。2013 年共有民办高等职业教育学校 307 所，招生数为 68.03 万人，与 2008 年相比，分别增加了 38 所和 4.36 万人。

**表 1　高等职业教育基本情况（2008—2013 年）**

| 年份 | 学校数（所） | 招生数（万人） | 民办高等职业教育数（所） | 民办高等职业教育招生数（万人） |
|---|---|---|---|---|
| 2008 | 1184 | 310.6 | 269 | 63.67 |
| 2009 | 1215 | 313.39 | 286 | 63.74 |
| 2010 | 1246 | 310.5 | 303 | 60.48 |
| 2011 | 1280 | 324.86 | 308 | 61.88 |
| 2012 | 1297 | 314.78 | 316 | 65.75 |
| 2013 | 1321 | 318.4 | 307 | 68.03 |

数据来源：根据《中国教育统计年鉴》（2008—2013）以及 2008—2013 年全国教育事业发展统计公报数据整理。

2013 年，中等职业教育共有学校 12262 所，比 2008 年减少了 2585 所，招生 674.76 万人，与 2008 年相比减少了 137.35 万人。2013 年共有民办中等职业教育学校 2482 所，招生数为 73.16 万人，与 2008 年相比，分别减少了 752 所和 49.09 万人。

从以上数据可以看出，近五年来高等职业教育不管是学校数量还是招生数量，都呈现出不断增加的趋势，而中等职业教育学校以及招生人数却在不断下降。

**表 2　中等职业教育基本情况（2008—2013 年）**

| 年份 | 学校数（所） | 招生数（万人） | 民办中等职业教育数（所） | 民办中等职业教育招生数（万人） |
|---|---|---|---|---|
| 2008 | 14847 | 812.11 | 3234 | 122.25 |
| 2009 | 14401 | 868.52 | 3198 | 128.04 |
| 2010 | 13872 | 870.42 | 3123 | 113.19 |
| 2011 | 13093 | 813.87 | 2856 | 95.74 |
| 2012 | 12663 | 754.13 | 2649 | 83.75 |
| 2013 | 12262 | 674.76 | 2482 | 73.16 |

数据来源：根据《中国教育统计年鉴》（2008—2013）以及 2008—2013 年全国教育事业发展统计公报数据整理。

2013 年，高等职业教育学校专任教师 43.66 万人，中等职业教育学校专任教师 86.79 万人，专任教师整体素质不断提升，具有本科及以上学历的比例为 87.94%，具有高级专业技术职务的比例为 23.75%。

**表 3　2008—2013 年职业教育经费投入情况**　（单位：亿元）

| 年份 | 2008 | 2009 | 2010 | 2011 | 2012 | 2013 |
|---|---|---|---|---|---|---|
| 全国教育经费总投入 | 14501 | 16503 | 19562 | 23869 | 27696 | 30365 |
| 职业教育经费总投入 | 1852 | 2120 | 2409 | 2889 | 3320 | 3450 |
| 占教育经费总投入比率（%） | 12.77 | 12.85 | 12.31 | 12.1 | 11.99 | 11.36 |

数据来源：根据《中国教育统计年鉴》（2008—2013）以及 2008—2013 年全国教育事业发展统计公报数据整理。

2013 年，高等职业学校生均公共财政预算经费达 9959 元，中等职业学校生均公共财政预算经费达 9320 元，国家对职业教育的财政投入逐年增加。2013 年，职业教育经费总投入约为 3450 亿元，占全国教育经费总投入的 11.36%，与 2008 年相比，职业教育经费投入增加了 1598 亿元，但占全国教育经费总投入的比率却下降了 1.41%。由此可见，目前对职业教育的投入相对减少，还有待进一步提升对职业教育的重视程度和投入力量。

2014 年 6 月，国务院召开新世纪以来的第三次全国职业教育工作会议，习近平总书记对职业教育作出重要指示，明确了职业教育的战略地位、时代重任、发展方向、支持重点和各方职责，强调必须高度重视、加快发展职业教育。李克强总理接见全体会议代表并发表重要讲话，提出要把职业教育放在实现中国经济升级、促进充分就业大局中更加重要的位置，要把提高职业技能和培养职业精神深度融合，要用改革的办法把职业教育办好、做强。国务院印发了《关于加快发展现代职业教育的决定》，对构建现代职业教育体系提出了明确的目标要求："到 2020 年，形成适应发展需求、产教深度融合、中职高职衔接、职业教育与普通教育相互沟通，体现终身教育理念，具有中国特色、世界水平的现代职业教育体系。"教育部等六部委联合发布《现代职业教育体系建设规划（2014—2020 年）》，明确提出职业教育"分步走"战略：到 2015 年，初步形成现代职业教育体系框架；到 2020 年，基本建成现代职业教育体系。《关于加快发展现代职业教育的决定》和《现代职业教育体系建设规划（2014—2020 年）》共同完成了对现代职业教育体系的顶层设计，将极大推动我国教育体制的改革步伐，具有里程碑式的意义。

## 三、中国职业教育目前所存在的问题

### （一）职业教育生源不足，招生难

2013 年全国中等职业教育招生数为 674.76 万人，比 2012 年减少 79.38 万人，降幅达 10.52%。在校生数为 1922.97 万人，比 2012 年减少 190.72 万人，降幅达 9.02%。2013 年高等职业教育招生数为318.4万人，占普通高等教育招生总数的比率较2012年下滑0.2个百分点，至45.5%。在校生数为973.64万人，占普通高等教育在校生总数的比率较2012年下滑0.87个百分点，下滑至39.45%。由此可以看出，目前职业教育招生问题十分严峻。首先，社会普遍对职业教育的认知存在偏差，认为成绩优秀的学生都会选择上大学，只有成绩不好、没能考上大学的学生才会选择职业教育。而且大学文凭仍是社会上不可或缺的通行证和敲门砖，职业教育认证的含金量远不如大学文凭。其次，部分职业教育院校的专业设置有时会滞后于市场需求，导致不少职校学生毕业后很难找到工作。另外，部分职业教育院校教学质量差，师资力量薄弱，职校学生与普通工人相比竞争优势不明显。这些问题都直接制约着职业教育学校的招生规模。

### （二）职业教育体制结构不健全，上升渠道存在天花板效应

高等职业教育与本科及以上教育存在衔接断层现象。按照我国学位条例规定，目前仅设置学士、硕士和博士三种学位制度，职业教育均属于专科学历，也就是说职业教育无法进入学位教育体系，在制度层面存在着天花板效应。如果职业教育想要获得更多的上升空间，唯一的渠道只能从职业教育范畴转出，通过专升本进入本科教育序列。但这唯一的渠道也受到多重限制，根据教育部规定，各地普通专升本的招生规模要控制在当年省属高校、高职专科应届毕业生的5%以内，这5%不但包括了高等职业教育学校，同时还包括了普通高等教育院校，也就是说高等职业教育学校的专科生可以通过专升本的渠道进入本科教育序列的比例将远远小于5%。这种限制高等职业教育上升空间的制度安排，不仅在很大程度上影响了职校学生的学习积极性，使他们容易对未来的发展产生迷茫，上进心受挫，而且这种制度安排还将直接影响到更多高中考生对职业教育的选择。

### （三）职业教育培训的社会认证体系尚未建立

农民工群体是推动城镇化进程的一支重要力量，他们的知识结构、技术水平以及文化素质在很大程度上直接决定了城镇化的速度和质量。因此，农民工的职业教育培训工作意义十分重大。然而，目前普遍存在的现象是，尽管很多地方政府通过财政支持对农民工的培训经费予以优惠和减免，但农民工到职业教育培训学校接受培训的积极性并不高。主要原因有以下几点：第一，来参加培训必然会影响工作，从而直接减少收入；第二，参加的培训多以理论教学为主，感觉对技术提升没有直接显著的帮助；第三，即使接受了培训，在就业以及待遇方面没有显著的改善。这些原因归根到底，在于职业教育培训的社会认证体系缺失，职业教育培训的成果未能得到社会的充分认可，培训的价值未能通过有效的途径予以体现。只有社会对职业教育培训予以充分的认可，培训的价值才能得以体现，农民工参加培训的积极性才会提高，从而为我国的职业教育培训营造一个积极互动的氛围。

### （四）校企合作的体制机制尚不完善，双赢模式有待探索

校企合作过程中，企业表现并不积极。由于学生技术经验不过关，所生产出来的产品“次品”最后还是由企业来埋单。为了避免此类损失，企业往往只会安排实习生到一些技术含量低、以重复简单劳动为主的工作岗位进行实习。在这种情况下，实习生根本得不到锻炼，实践技术水平也未能提高，同时也违背了产教融合和工学结合模式设计的初衷。另外，企业觉得校企合作投入产出低，而且如果投入人力、财力对实习生进行培养，不仅成本太高，当实习生毕业后离开企业，前期的培训投入也得不到长期回报。因此，企业积极性不高。学校方面也存在一些问题，即部分专业设置脱离市场需求，很多学生在实习就业方面渠道过于狭窄。再加上师资薄弱、课

程设计落后，学生的素质与一些大企业的要求存在差距，很难吸引企业合作。更有甚者，一些职业教育学校领导与企业串通一气，将学校学生作为廉价劳动力派送到指定企业实习，并按人数提取回扣。作为职业教育学校不仅在学生的培养实践工作中不作为，而且还利用学生，将其变成自己的敛财工具，这在社会上造成了极大的负面影响。

### （五）职业教育在区域之间发展不平衡

农村地区、民族地区和贫困地区的职业教育基础能力与发达地区相比十分薄弱。发达地区的职业教育院校在师资配备、硬件设施、专业设置以及培养经费方面都普遍强于欠发达地区。另外，发达地区对相关产业技术人才的需求量很大，再加上外出务工人口的大量集聚，发达地区职业教育院校的生源要明显比欠发达地区充裕，而在很多欠发达地区，职业教育院校招生难的问题仍然存在。

## 四、政策建议

（一）通过舆论宣传倡导科学的人才观，创新人才培养理念与机制，在社会上营造一种尊重劳动、崇尚技能的良好氛围，让社会认识和理解职业教育以及蓝领技术工人对我国未来经济发展的重大意义。另外，政府和企业也要积极引导职业教育的发展，鼓励蓝领技术工人通过努力学习，实现自我的提升，并从多个渠道、多种形式对具有示范效应的职业教育学校以及优秀的蓝领技术工人进行嘉奖和宣传。对于嘉奖，特别是对优秀蓝领技术工人的嘉奖，一定要精神嘉奖和物质嘉奖相结合，在提升蓝领技术工人学习进步积极性的同时，更是向社会传递一种信号，即蓝领技术工人通过自己的努力也能成为既有荣誉也有待遇，受人尊重的社会阶层。

（二）积极探索本科及以上层次的高等职业教育，打通职业教育中专、大专到职业教育本科以及研究生的上升渠道，实现学历资格证书与职业资格证书等同，打破职业教育学生向上发展的天花板。同时，拓宽职业教育与高等教育的衔接途径，通过建立学分累计与转化机制，采取单独招生、优秀技术人才免试招生等多种招生方式，增加职业教育学生的选择渠道，让更多的职业教育学生能继续攻读高等教育的本科、研究生，为社会培养出更多既有实践能力又有理论功底的高端应用型人才。

（三）建立并完善职业教育培训的社会认证体系，为参与不同渠道职业教育的蓝领技术工人设计不同的上升渠道，打破社会阶层禁锢，建立通畅的社会垂直流动渠道。建立全国的职业教育培训认证系统，明确不同行业的职业技术资格认证程序和认证标准，并引导企业参照职业技术的等级认证确定蓝领技术工人工资水平，不断激发农民工学习技能的积极性，提高职业教育的含金量和吸引力。

（四）按照产教融合、校企合作的发展要求，围绕市场需求对职业教育的专业设置、课程安排、培养模式进行优化与调整，加强实验、实训、实习和研究性学习环节，在提升职业教育培训质量的同时，不断强化学生的实践工作能力和技术水平。另外，加大政府对校企合作的支持力度，通过培训补贴、减免税收等手段鼓励企业积极参与职业教育培训合作，同时建立相应的绩效考核机制，对校企合作中学生参与实践工作情况进行监督和考察，并根据考核结果执行相应的奖惩措施。

（五）加大对西部地区职业教育的投入力度，加快发展面向农村地区、民族地区和贫困地区的职业教育。职业教育培训是实现农村地区、民族地区和贫困地区人力资本整体质量提升的重要渠道，更是实现当地群众收入提高、脱贫致富的重要途径。因此，要进一步加大对农村地区、民族地区和贫困地区职业教育的财政支持，在完善职业教育硬件设施建设，提高职业教育师资水平的同时，对接受职业教育的学生、技术工人提供学费减免等优惠政策，整体提升当地人力资本的整体质量和技术水平。

## 参考文献

1. 陈鹏、庞学光:“大职教观视野下现代职业教育体系的构建”,《教育研究》2015 年第 6 期。
2. 耿金岭:“对提升高职院校社会服务能力的思考”,《中国职业技术教育》2011 年第 2 期。
3. “国务院关于加快发展现代职业教育的决定”,http//www.gov.cn/zhengce/content/2014-06/22/content_8901.html。
4. 教育部、国家发改委:“现代职业教育体系建设规划(2014—2020 年)”,http//www.gov.cn/publiciles/business/htmliles/moe/moe_630/201406/170737.html。
5. 李振祥、文静:“高职院校学生满意度及吸引力提升的实证研究”,《教育研究》2012 年第 8 期。
6. 厉以宁:“论蓝领中产阶级的成长”,《中国市场》2015 年第 1 期。
7. 罗三桂、蔡忠兵、李晶:“人才培养模式改革创新中的课程体系建构趋势分析”,《中国大学教育》2012 年第 7 期。
8. 王春影:“开放式实践教学平台的构建研究”,《科技创新与应用》2012 年第 33 期。
9. 杨真:“基于高职院校主导的校企协调创新模式研究”,《新课程研究》2013 年第 6 期。
10. 张宇、和震:“职教培养模式转变的路径及推进策略——基于‘校企合作的工学结合’的分析”,《教育发展研究》2008 年第 11 期。
11. 赵宝柱、张佳、郑洁:“新生代农民工职业培训需求取向及其实现策略”,《职业技术教育》2012 年第 31 期。
12. 赵蒙成:“校企合作职业教育模式的现象学反思”,《教育与职业》2012 年第 2 期。

(傅帅雄,北京大学光华管理学院;刘雨青,南昌大学马列主义学院)

# 中国制造2025与蓝领中产阶级的成长

尹俊 杨洪福

## 一、劳动力优势与国际产能转移

所谓产能，顾名思义，是指工业生产能力。工业是一个国家实体经济的基础，是重要的就业市场，是创新的重要领域，也是一个国家国际竞争力的体现。按照现行分类，工业可以细分为39个子行业，其中制造业占30个，采矿业占6个，水、电、气等公共事业占3个，制造业所占比例超过75%，是工业的主体。

回顾历史，自1776年第一次工业革命以来，世界经历了五次大规模的产业转移。

第一次为 18 世纪 50 年代到 19 世纪上半叶，英国是当时的世界工厂，随着国内对劳动力需求的不断加大，劳动力成本逐渐上升。于是，英国把制造业转移到其殖民国美国，利用了美国的低成本劳动力，英国国内则重点发展金融业，培养金融人才，成为世界金融业霸主，而美国逐渐发展成为全球最大的工业化国家。

第二次为 20 世纪 50 年代，第二次世界大战后，德国与日本基础设施薄弱，但是劳动力素质很高，于是美国实施了“马歇尔计划”，将传统的制造业转移到劳动力富余的日本和德国。德国、日本随后成为新的世界工厂。而美国国内则集中力量发展计算机、半导体、通信等技术密集型产业，培养了一大批技术人才，成为全球技术的领先者。

第三次为 20 世纪 60 年代到 70 年代，日本和德国将部分制造业产业转移到劳动力成本更为廉价的亚洲“四小龙”，即新加坡、韩国、中国台湾地区、中国香港地区。

第四次为 20 世纪 80 年代到 90 年代，这次是欧美发达国家、日本、亚洲“四小龙”等地区，将制造业转移到发展中国家，尤其以改革开放后的中国沿海地区为代表。由于中国人口总量巨大，且 80% 是农村剩余劳动力，一时间吸引了全球各地的制造业，“中国制造”也随之风靡全球。

2008 年金融危机至今，开始了第五次产业转移。这次转移的主角是中国，不同于以往四次的产业从发达国家向发展中国家单向转移，这次出现了“双向转移”的现象：一方面，产业高端链条从中国回流欧美发达国家。这是因为受金融危机的冲击，发达国家意识到虚拟经济不能长期脱离实体经济，因此提出“再工业化”战略。比如美国提出了先进制造业伙伴计划，德国提出了工业化 4.0 计划，英国提出了先进制造业发展计划等，其核心都是加强技术创新与产业升级，福特、通用等公司的产业高端链条纷纷回流本土。另一方面，产业低端链条从中国向劳动力成本更低的地区转移，如东南亚、中亚、中东、非洲、拉美等地区的发展中国家。

回顾这五次产业转移，每次产业转移都与劳动力资源的比较优势密不可分。具体而言，传统制造业的转移，往往从发达国家转移到劳动力成本更为低廉的发展中国家，而发展中国家经历一段时间的发展之后，劳动力成本逐步上升，于是就再次转移到劳动力更为低廉的地区。而产业的输出国，转而培养更高层次的技术型人才或者金融人才，推动自身产业升级，从工业大国发展为工业强国。

中国作为第五次产业转移的主角，既面临着难得的机遇，也面临着较大的挑战。

## 二、劳动力优势与中国制造业的发展

改革开放以来，中国利用廉价劳动力带来的人口红利，吸引了来自全球各地的产业转移，推动了制造业的飞速发展。1980年，我国制造业增加值为762亿美元(现价美元)。2010年，我国制造业增加值超过美国成为世界第一，并持续至今。经过多年的快速发展，我国制造业已形成了门类齐全、具有相当技术水平和成套水平的完整产业体系。500种重要工业产品中，有近一半产量占世界第一位。有些重要行业如钢铁、水泥、建材等产业占世界总量的一半左右。

中国制造业有庞大的产能总量，并呈现出如下几个特点：

### (一)大量制造业处于全球产业链中端

2001年以后，中国加入了WTO，一时间"中国制造"风靡全球，但中国出口最多的是依靠劳动力成本优势的劳动密集型产业的产品，技术主要靠引进，虽然通过长时间的引进、消化、吸收、再创新，技术水平逐渐提升，除高铁、核电等产业技术全球领先外，很多行业的核心技术至今还没有掌握，不少关键装备、高档零部件仍依靠进口。因此,中国产业的第一个特点是处于全球产业链中端,即技术处于全球中端水平,劳动力成本也处于全球中端水平,优点是中国制造的产品性价比高,缺点是不可持续。2008 年全球金融危机之后,大型经济体更注重发展制造业,加上东南亚国家卷土重来,非洲劳动力资源猛增,中国传统的低成本人口红利不可持续,出口竞争日益激烈,倒逼企业不断进行技术创新和升级,中国制造业进入了产业升级的关键时期。

### (二)产能面临过剩

从宏观层面来看,产能过剩主要是指由于受到社会总需求的限制,经济活动没有达到正常限度的产出水平,从而使资源未得到充分利用,产能在一定程度上出现了闲置。

中国的产能过剩主要集中在劳动密集型和资本密集型的重化工业领域。随着社会主义市场经济体制的建立,20 世纪 90 年代开始,中国制造业的生产能力大幅提升。进入 21 世纪以来,中国一些劳动密集型、资本密集型的重化工业领域出现了一定程度的重复建设和产能过剩问题。2008 年年末,金融危机席卷全球,并引发了波及实体经济的世界性经济危机。中国经济遭受了剧烈的冲击:2008 年第四季度的实际经济增长率为 6.8%,钢铁、有色金属、水泥等行业更是陷入了严重困境,失业人数剧增。中国政府为缓解经济危机带来的困难,出台了“4 万亿”投资计划、十大产业振兴规划和宽松的货币政策等刺激措施,这给钢铁、建材等行业带来了巨大的市场需求,但同时也带动了这些行业的盲目投资,使得原本由于重复建设引发的产能过剩问题更加突出。

在“十三五”时期,这些产能过剩的问题将面临着更严峻的挑战。据世界银行预测,中国人均 GDP 2020 年预期将达到 12000 美元以上,进入高收入国家行列,而纵观世界,低端劳动密集型产业在高收入国家没有生存空间。也就是说,中国大多数中低端劳动密集型企业如果不主动适应潮流，向低收入国家转移，5—10 年内就将在国内消亡。

### （三）确立了推进《中国制造 2025》的战略思路

随着国内工资的上涨，中国劳动密集型企业的比较优势会逐渐丧失，只有两条出路：一部分企业可能升级为高端制造业，以适应国民收入增加后市场对高端产品的需求；另一部分也是绝大多数中低端制造业企业，不管其产品是内销还是出口，都只能转移到低收入国家去。十八届三中全会要求，适应经济全球化新形势，必须推动对内对外开放相互促进、引进来和走出去更好结合，促进国际国内要素有序自由流动、资源高效配置、市场深度融合，加快培育和引领国际经济合作竞争新优势。

为落实这一要求，推动我国制造业产业升级，国务院 2015 年 5 月印发了《中国制造 2025》行动纲领，这是从国家战略层面描绘建设制造强国的宏伟蓝图，旨在实现制造业由大变强的历史跨越。一是要加强国际产能合作，国务院发布了《关于推进国际产能和装备制造合作的指导意见》，这对于我国制造业产业提质增效升级、提升产业核心竞争力具有重要意义，有利于深化我国与有关国家的互利合作，有利于拓展新的发展空间，更有利于推动我国优势产能规模化向外转移。国际产能合作的战略目标是达到“三方共赢”，即中国的巨大产能与发达国家的先进技术结合，推动发展中国家基础设施建设和工业化进程，从而实现“三方共赢”。二是要进一步增强我国制造业的竞争力，当下之计是要通过劳动力素质的提高，释放技工型人才的人口红利，推动中国制造业技术升级，打造中国制造业的新优势。

## 三、劳动力优势与中国产能合作的优先地区

国务院发布的《关于推进国际产能和装备制造合作的指导意

见》结合我国经济社会发展战略和产业发展现状，对产能“走出去”的方向给出了指导，提出近期应以亚洲周边国家和非洲国家为主要方向，大致可以分为四类地区：

一是走向资源富集地区：对于我国资源对外依存度高和国内冶金产能过剩并存的局面，要积极引导企业加大对能源资源富集国的能矿资源开发和加工领域的投资合作，实现资源开发和产能转移相结合。

二是走向劳动力富集地区：顺应国内产业结构调整优化的要求，鼓励国内优势行业企业扩大境外生产经营，鼓励具有比较优势的电力设备、光伏、风电、工程机械、机床工具、轻工、纺织等行业企业在劳动力丰富的国家（地区）建立生产基地，获取廉价劳动力资源。

三是走向技术先进地区：把握国际金融危机后全球产业调整新机会，加强境外高新技术和先进制造业的投资或并购，以资本换技术，如欧美地区。

四是走向市场需求广大的地区：向市场规模大的国家出发，促进贸易，释放富余产能，把握全球加强合作的新机会，推进全球范围内的基础设施领域投资合作，如一带一路沿线、非洲及拉美地区等。

综合而言，结合世界各地区的经济发展情况，中国国际产能转移的最终目的地应在非洲。

有人提出，亚洲周边国家，比如东南亚国家，也不错，当地有许多华侨，语言容易沟通。但由于中国转移的大部分是劳动密集型产业，东南亚就面临两个难以解决的问题。一是东南亚人口少，柬埔寨总人口约 1500 万，老挝约 650 万，中国产业往这些国家稍加转移，就会导致他们的工资迅速上涨，速度比中国增长得还快。比如 2009 年，越南的工资大约是中国的 1/4，现在已经达到 2/3。二是排华的情绪、民族矛盾的激化不时出现。与此类似，中亚、中东、拉美等地区也存在人口的问题。

相对而言,非洲有10亿人口,2050年非洲人口将达到24亿,和中国改革开放初期情形一样,80%的劳动力是农村剩余劳动力,而且一半是年轻人,许多国家目前工资水平只有中国的1/10。当今世界唯有非洲能承接中国制造业转移并在10—15年内保持工资不上涨。如果非洲的工资水平都上涨了,全世界也不会有工资水平更低的地方了。这些劳动力密集型产业的产品需求是刚性的,必然会继续在非洲生产,不会再往其他地方转移。

此外,近十几年来,非洲经济持续增长,但非洲大多数国家整体工业化水平较低,处于世界产业链的最低端。非洲的出口商品中,大部分为初级产品,导致非洲经济受大宗商品价格影响较大。非洲要实现产业转型,亟须在下一阶段大力发展制造业,这将有利于增加非洲的经济多样化、产品附加值和劳动力就业水平。但是,撒哈拉以南的非洲地区工业产值只占全球的0.7%,若不包括南非则仅为0.5%。大部分非洲国家制造业对国内生产总值的贡献低于15%,有些国家甚至低于5%。

而非洲丰富的能源矿产等自然资源,为工业化发展奠定了良好的基础条件。非洲拥有世界一半以上尚未利用的肥沃耕地和第二大热带森林,还拥有世界10%的石油、8%的天然气和30%的探明矿产资源,其中钴、钻石、铂、铀等矿产储量均居世界第一。但由于非洲落后的技术条件和基础设施水平,大部分的资源并没有得到充分的开发利用,或者仅以初级产品的形式被开采运出,这也意味着非洲的资源潜力尚未完全释放。

正是基于这些背景,非洲各区域组织、各国领导人十分重视工业和制造业发展,非洲基础设施和制造业已成为外资最关注的热点,该领域吸引的FDI比例不断扩大,也是外国产能投入最多的领域。因此,中国在当前要抢占先机,通过国际产能合作,推动制造业提质增效升级。

在国际产能合作中,要充分发挥金融机构的作用。金融机构要规划设计一批综合性产能合作项目:“园区+工程承包+配套企业建厂”的中国企业抱团出海项目,“以大带小”的中国企业合作出海项目,“统筹援外资金、投资、保险等协同支持”的中国企业借船出海项目,等等。要鼓励金融机构设立“定向采购专项贷款”。比如给“一带一路”、支持非洲“三网一化”建设等相关的国家项目贷款时,可以限定生产资料必须向中国采购,推动中国产能走出去。要鼓励金融机构设立低成本的“技术援助贷款”,主要用于三个用途,第一是用于企业走出去前期的可行性论证,第二是鼓励企业进行技术研发,或者引进、消化、吸收、再创新,第三是鼓励企业用于节能环保改造,发达国家经常批判中国输出污染,企业必须提前进行节能环保改造。要鼓励金融机构设立“产能合作专项基金”。2015 年 5 月,李克强总理在拉美设立了 300 亿美元的“中国拉美产能合作专项基金”,金融机构也可以设立多种类的“产能合作专项基金”,充分发挥基金的伙伴式推进器、股权并购、投资等方面的优势作用。要加强商业性金融、政策性金融、投贷债租证各类金融类企业的功能协同,形成推动国际产能合作的金融支持合力。

## 四、蓝领中产阶级的成长与中国制造业的发展

中国制造业的快速发展,主要来自于中国廉价劳动力资源带来的人口红利。在改革开放之后 20 年左右的时间,由于人口众多,中国加工制造业的工资水平没有上涨。然而近年来,中国制造业用工难的现象逐步严峻,劳动力成本普遍上升,包括中西部地区,劳动力成本上升非常快,基本接近东部水平。2008 年全球金融危机之后,世界各经济体更注重发展制造业,东南亚国家、非洲国家利用其更为廉价的劳动力资源,吸引了全球大量劳动密集型企业,中国的劳动力成本优势逐渐丧失。

中国提出建设制造强国的目标是:规模和效益并举,在国际分

工中地位较高,发展潜力大。西方制造强国工业化、现代化的过程和经验已经清楚地告诉我们,制造强国的核心在于强化人力资本,当蓝领的体力劳动者通过培训而成为技工、熟练技工甚至高等技术人才之后,将会发生新型的人口红利优势,推动国家制造业的升级和强大。

中国人口总量巨大,传统的人口红利是廉价劳动力体力的红利,支撑了中国制造业在规模上一举成为世界第一。而当前,需要将过去的劳动力转变为高层次的脑力与体力劳动相结合的技能型人才,发挥新型人口红利的优势,支撑中国走向制造强国。换言之,中国建设制造强国的核心在于推动中国蓝领中产阶级的成长。具体而言,有以下几点建议:

一是加快发展现代职业技术教育。加快发展现代职业教育,目的是要在全社会弘扬劳动光荣、技能宝贵、创造伟大的时代风尚,形成“崇尚一技之长、不唯学历凭能力”的良好氛围。当前中国的教育体系更注重白领人才的教育培养,对蓝领技术工人的培养和职业技术教育不够重视,进而导致技能型人才的稀缺,因此,可以借鉴美国、德国的经验,加快发展职业技术教育,提高有技术水平的技能型人才的比例。此外,还要推进教育政策、产业政策、用人政策的衔接配套,打通职业教育与高等教育的通道,保障技术技能人才的待遇,健全促进职业教育可持续发展的制度和标准。

二是要重点支持大众创业。“大众创业、万众创新”是发挥我国巨大人力资源优势的战略之举。企业在创业过程中,必然对工程技能型人才有大量的需求,会自主招收或培训一批所需要的技能型人才。因此,可以通过重点支持大众创业,激发创业企业自身的活力,培养形成一大批高素质的劳动大军,提高中国制造的创新能力和水平。

三是要充分发挥金融先行的作用。要发挥金融机构的先锋、先导作用。通过国家层面的整体规划,鼓励金融机构发放低成本的贷款，用于支持青年创业，支持企业持续开展劳动力培训，支持各地设立职业技术学校等。

## 参考文献


1. 董小君："通过国际转移化解过剩产能：全球五次浪潮、两种模式及中国探索"，《经济研究参考》2014 年第 55 期。
2. 韩国高、高铁梅等："中国制造业产能过剩的测度、波动及成因研究"，《经济研究》2011 年第 12 期。
3. 韩秀云："对我国新能源产能过剩问题的分析及政策建议——以风能和太阳能行业为例"，《管理世界》2012 年第 8 期。
4. 李洁："中拉产能合作添彩中国制造"，《人民日报（海外版）》2015 年 5 月 30 日。
5. 厉以宁：《中国经济双重转型之路》，中国人民大学出版社 2013 年版。
6. 厉以宁、傅帅雄、尹俊：《经济低碳化》，江苏人民出版社 2014 年版。
7. 林毅夫、巫和懋、邢亦青："潮涌现象与产能过剩的形成机制"，《经济研究》2010 年第 10 期。
8. 王文甫、明娟、岳超云："企业规模、地方政府干预与产能过剩"，《管理世界》2014 年第 10 期。
9. 徐朝阳、周念利："市场结构内生变迁与产能过剩治理"，《经济研究》2015 年第 2 期。
10. 左永刚："金融支持全面铺开重点是 12 大行业走出去"，《证券日报》2015 年 5 月 21 日。


（尹俊，国家开发银行规划局；杨洪福，北京市朝阳区望京街道）

# 发展家庭农场，促进农民职业化进程

陈　骐

随着我国工业化、城镇化进程的不断推进，大量优质农村劳动力流入城市，致使农业从业者严重缺失、农村出现农地抛荒等现象。大量老人、妇女留守农村，这一群体由于文化教育水平较低，进一步限制了农业科技化、现代化的进程。在此背景下，职业农民的出现将是未来解决“谁来种田”问题的重要突破口，而家庭农场经营模式的不断探索，也为农民职业化的发展提供了可能。

厉以宁（2015）指出：“在已经完成农村土地确权工作的地区，农民有了充当家庭农场主，做一个懂得现代农业科学技术和农产品生产、经营、管理水平提升的家庭农场主的愿望。在许多地方,农民提出了要接受有关种植业、养殖业、畜牧业、农业机械化和现代农业管理、营销的职业技术教育的要求。"农民通过学习、培训成为家庭农场主将有能力进行现代农业经营,进一步摆脱农民作为身份的象征,逐步成为职业,成为职业农民。厉以宁(2015)更将职业化的家庭农场经营者划为我国蓝领中产阶级的一部分,指出:"蓝领技工和熟练技工在收入提高后,完全有可能成为中产阶级的一员。家庭农场主也是这样,他们也完全有可能不再以过去的农民的姿态出现于乡村。家庭农场主不仅会以农业、养殖业、畜牧业、林业中的新型市场主体代表者的身份出现,而且还可能以新型农业企业家的面貌出现。他们的收入增长后,同样会进入中产行列。完全有理由把这些务农者称为蓝领中产阶级的一员。"

本文旨在研究家庭农场与农业现代化中农民职业化之间的联系,以期促进我国职业农民的产生,加快我国蓝领中产阶级形成的进程。

## 一、职业农民的定义

目前关于职业农民的学术定义尚未统一,事实上农民应该像教师、工人等职业一样仅是社会职业分工的结果,但是在中国,农民却包含了身份、社会地位等含义。在某种意义上,农民具有一定的贬义色彩,往往与封闭、落后、愚昧等词语联系在一起。

美国人类学家埃里克·沃尔夫在其著作《农民》中对传统农民与职业农民进行了区分,即认为传统农民是与市民相对立的为维持生计而劳作的人民的身份,而职业农民则仅仅是一个职业,是为追求利润最大化而开展农业经营的群体。

邓丰文(2003)认为传统农民具有世袭性,无法选择,而职业农民则具有自主选择性,是市场化自我选择的结果,同时传统农民集中在农村,流动性较弱,而职业农民却是自由流动。当然就二者的技术水平而言，传统农民凭借积累的经验从事生产，而职业农民在经验积累的基础上拥有较高的文化知识水平以及管理能力。付景远(2005)提出，职业农民在流动性、选择权、经营模式等方面较传统农民有显著的区别，是理性人在农业现代化过程中的理性选择的结果。郭智奇(2011)认为，职业农民具有较高的文化素质，能够从事较为专业化的生产工作，并且保持了一定的职业道德，具有市场竞争意识，且将农业作为自身的稳定职业和主要收入来源。

综合国内外对职业农民的研究，本文对职业农民的解释如下：

职业农民就其本质首先应是农民，即凭借土地等农业生产资料长期从事农业生产的个人。农民应具有四个条件：占有土地，主要从事农业，农业为主要收入来源，长期居住在农村社区。职业农民也必须首先符合上述条件，才能与非农民加以区分，但是与传统的农民和兼业农民相比，职业农民有其自身的特点。

1. 市场主体特征明显。传统农民从事农业生产，主要是为了维持生计，是一种自给自足的农业经营模式，而职业农民从事农业则是为了谋取利益，追求利润最大化，根据市场信息生产农业产品。并且通过提高品质、调整结构、延伸产业链条而满足更多消费者需求，以获取较高的收入。

2. 农民职业的稳定性。农业由于其生产周期较长，土地肥力需要长期经营，所以对农业从事者而言，需要长时间的人力资本投入，方能获得可持续发展的可能，这就要求农业从业人员必须具有职业的稳定性，而这正是区别于农业短期投资者的主要特征。农民职业的稳定，将有利于农业生产水平的提升以及农业生产经验的积累，因为农业生产必须根据区域内的气候等因素的变化做出及时判断，而这就要求农民长期经营以积累经验。职业农民往往将农业生产作为一个长期职业甚至是终身的职业追求，这一点也正好符合农业稳定性的需求。

3. 职业农民具有高度责任感。传统农民由于只需满足个人家庭生活需求，所以责任范围仅限于家庭内部。而职业农民由于其利用个人的文化、技术、理念，实现适度规模经营，将农产品供应全社会，所以必须对全社会负责。首先，职业农民应向消费者负责，保障食品安全，提高产品品质；其次，向环境负责，生产过程保障相对绿色，不污染、破坏环境，不滥施化肥、农药；最后，向后代负责，保障农业用地的可持续性利用，不破坏土地结构，维护土地肥力。随着农民职业化的发展，其职责也不断提升，同时社会地位也伴随着责任的扩大而不断提高。

## 二、产生职业农民的环境需求

职业农民的产生受到我国分散化农业经营以及小农经济意识的影响，需要一定的环境因素催化才能得以良好发展，而就当前我国的农业发展现状而言，需要有如下几个条件的改变。

### （一）土地确权、流转创新

适度规模经营是职业农民产生的首要条件，而传统农业长期以来分散的土地经营模式严重阻碍了我国职业农民的产生。由于我国的特殊国情及其土地所有权的属性，使土地经营权流转模式创新成为促进职业农民产生的关键。为实现农地经营权的有序、合法流转，首先需要我国进一步完善和充实土地经营权的内涵，推动全国范围内的“三权三证”改革，确立土地承包权长久不变的法律地位，而只有在此基础上，各地才能因地制宜探索农地经营权的流转模式创新，鼓励农民适度规模经营，营造职业农民的成长环境。

### （二）营造充分的社会尊重

在计划经济体制下，由于我国工业发展所需，政府强行将大量人口固定在土地之上，以保障少数非农人口的生活需求，这造成农业人口收入较低、社会地位低下，并且社会也未给予农民充分的尊重，而这一点也是农村青年劳动力离开农村的主要原因。随着我国人口流动限制的放宽，大量农村青年劳动力涌入城市，并在农村逐渐形成了“没出息的人留在农村”的想法。因此为鼓励有知识、有能力的青年投身农业，推动我国职业农民的产生，社会就必须给予农民充分的尊重，营造重视农业、尊重农民、关心农村的社会风气，以减少农业从业人员的社会压力。

### （三）生产要素城乡双向流动

我国的城乡二元体制是阻碍我国城乡同步发展的重要因素，在很大程度上限制了城乡之间人才的流动。由于我国当前传统农民的知识水平有限，要产生足够多的职业农民，就必须鼓励具有一定知识文化水平的人才从事农业生产，到农村创业，带动农业经济的发展。所以这就需要加快我国的城乡一体化进程，支持大量农民进入城市，融入城市；另一方面鼓励城市人才投身农业，成为第一代职业农民。二者之间相辅相成：大量农民的离开，为农业用地经营权流转创造了可能；而城市人才的进入，也为农业适度规模经营提供了资金以及人力上的保障，为农业现代化注入了活力。职业农民的来源应该是多元化的，可以是传统农民中的佼佼者，也可以是返乡创业的农民，更可以是城市居民甚至大学毕业生。任何投身农业且符合职业农民条件的人员都应获得政府的鼓励和支持。

### （四）建立职业农民的准入机制

农业适度规模化经营后，随着农业现代化、科技化的推进，农业生产对经营者的技术要求也不断提高，急需一批具有一定专业资质以及较强社会责任感的人才进入生产领域。大多数农业发达国家或者家庭农场模式比较成熟的地区,往往建立了一整套完整的农民职业准入体系,德国职业农民不仅必须接受一定的理论学习,还需经过严格的实践劳动锻炼。农业是涉及国家安全和社会稳定的行业,建立完善的职业农民准入体系,有利于提高农民地位,提升农业科技化水平,同时也有利于国家的专项扶持。职业农民准入机制的建立能够有效促进农业职业化培训的开展,帮助农民积累农业生产知识以及相关经验,推动农业不断发展。

## 三、家庭农场有效促进职业农民的发展

家庭农场是职业农民的载体。职业农民的来源多样,其中传统农民的转变是职业农民的主要来源。随着我国城镇化的快速推进,大量年轻劳动力涌入城市,农业用地开始集中于生产大户,为家庭农场的产生创造了客观条件。而家庭农场的产生能够有效促进目前具有丰富农业生产经验的传统农民向职业农民转变,同时家庭农场的丰厚回报也会吸引一批具有一定经济基础的优秀的外出打工返乡者从事适度规模的农业生产。

自 2013 年中央一号文件首次提及以来,各地因地制宜不断探索具有中国特色的家庭农场模式,其中涌现出了浙江宁波模式、上海松江模式、吉林延边模式、湖北武汉模式、安徽郎溪模式五大经典案例。家庭农场是以家庭经营为基础,融合科技、信息、农业机械、金融等现代生产因素和现代经营理念,实行专业化生产、社会化协作和规模化经营的新型微观经济组织,是一种新型农业经营主体,也是农业现代化的重要组织形式。家庭农场较传统农业微观主体有了长足进步,根据农业部 2013 年 3 月对全国家庭农场发展情况的统计调查显示,我国 30 个省、市、自治区(西藏、台湾除外)共有符合条件的家庭农场 87.7 万个,耕种面积达到 0.117 亿公顷,占全国承包耕地面积的 13.4%,平均每个家庭农

场劳动力为6.01个,其中家庭成员4.33人,常年雇工1.68人。我国家庭农场的平均规模为200.2亩,其中经营规模100亩以下的有67.4万个,占比76.8%。

以下将从四个方面论述家庭农场经营模式对职业农民产生的影响。

## (一)家庭农场模式促进农村土地流转

家庭农场生产模式的实行将有效增强经营者、土地承包者以及政府的流转积极性,以促进农村土地流转。农村土地流转对土地承包者以及政府而言有一定的思想包袱。土地承包者若将土地租赁,则往往考虑到这一最后生活保障在其需要时是否能够回归的问题,同时租赁者能否有效保护土地,使其保持长久、高效的生产力也是流出方考虑的问题。政府则担心土地租赁者是否会改变土地用途,造成与农民之间的矛盾,从而引起群体事件,影响社会安定。

家庭农场模式的实行能够有效解决这两方的顾忌。首先,对家庭农场经营者而言,由于其有较为先进的生产技术,单位亩产高于其他普通农户,那么经营者有动力从农民处租赁流转土地经营权,甚至为了获取利润,可能出具比市场流转价更高的价格,以获取足够的农业用地,从事适度规模生产;其次,对于农业用地的承包者而言,家庭农场经营者作为租赁方可能是同村或者邻村乡亲,流出方往往较为了解家庭农场经营者的家庭情况,从而增加了对租赁方的信任,而且可能获取更好的流转金,这一模式能够有效促进农业用地承包者的流转积极性;最后,对于政府而言,家庭农场模式有利于其监控土地用途,便于管理,能够有效保障普通农民利益,也使其有动机促进土地流转。

家庭农场模式有利于促进农村土地流转,从而为职业农民的出现提供了客观条件,解决了我国农业适度规模化中合理流转的问题,能够有效延长流转年限,为专业人员长期扎根农业、研究农业提供可能,进而促进了职业农民的产生。

### (二)家庭农场模式提升职业农民的社会地位

家庭农场模式能够有效增加农民收入,有利于提升职业农民的社会地位。马克思理论认为经济基础决定上层建筑,2013 年我国城镇居民家庭人均可支配收入为 26955 元,而农村居民家庭人均纯收入为 8895 元,长期的低收入环境使得农民的社会地位无法获得认可,容易遭到城市居民的蔑视。家庭农场经营者利用其拥有的先进生产技术,通过适度规模经营,能够有效增加从业家庭的人均收入。美国大型家庭农场的年平均收益为 39.9 万美元,而超大型家庭农场年平均收入达到 130.14 万美元,其收入远高于美国家庭平均收入,已经迈入高收入家庭行列。随着家庭农场经营者的收入增加,社会对其从业者的尊重度将不断提升,促使社会正视农业、正视农村、正视农民,从而将吸引大量人员从事农业生产,不断丰富农业从业者的来源,催化职业农民的产生。

### (三)家庭农场模式加快生产要素城乡双向流动

家庭农场模式有利于农村创业,将吸引大量人才从事农业,进而刺激生产要素的城乡双向流动。家庭农场的高收入将是吸引具备技术、人力、资金等要素的城市人员或者返乡农民工从事农业生产的直接动力。这些人员受到家庭农场的高收益影响,将投身农村,开展以家庭农场为代表的创业活动,从而将大量要素投入农业,推动先进农业技术的使用以及加快农业生产机械化的进程,这也使得家庭农场生产效率不断提高,也进一步保障了农村创业者的收入。家庭农场的经营模式以人才流动为载体促进了反向城镇化的进程,进而加快了其他生产要素的城乡双向流动,为职业农民的产生提供了资金、技术、人员方面的保障。

### (四) 家庭农场模式将有效推进职业农民准入机制的建设

家庭农场模式将减少农业从业人员数量,有利于政府管理、培训、统计,从而能够有效推进我国职业农民准入机制的建设。我国农业人口众多,根据国家统计局的数据,2013 年我国农村人口达 62961 万人,巨大的农村人口,不便于政府的管理。若政府强行建立职业农民准入机制,而又没有能力培训如此规模的农村人口,将会促使大量人员失业,损害农民利益,可能引发全国范围的群体事件。随着家庭农场的发展,农业从业人口不断减少,政府将逐渐有能力给予从业人员一定的培训,以增加从业人员的社会责任感,提升家庭农场经营者的专业资质,进而加快推进农业现代化、科技化。职业农民准入机制也将反作用于家庭农场模式,不断提高我国农业现代化的程度,促进我国职业农民的产生,为其提供有效的充电、学习的途径。

## 四、美国培养职业农民的政策措施

美国根据自身农业发展的需求,以及国内已有的职业农民培育经验,于 2012 年就职业农民培育相关问题修改了该国农业法草案,以期提高农民素质,支持农业科技化发展。

### (一) 发展农业教育加强职业培训

区别于德、法的职业农民准入机制,美国的农民就业完全建立在自我意愿选择的基础之上,能够灵活、开放地实现职业农民来源的多元化。但是据统计美国职业农民中有 75% 以上的人员不具备农业生产背景,这不能满足农业生产的经验需求,为此美国 2012 年的农业法草案将发展农业教育作为提升职业农民技术能力的重要途径。为此,美国政府加大对农业专业的投入力度,扩大农业专业的招生规模，同时鼓励各类型农场开放实习机会，以给予农业专业学生最大限度地积累经验的可能。

### （二）支持农业产业创新

美国虽然没有直接针对职业农民的支持政策，但是会根据农民面临的实际问题通过大型计划的方式推动农业产业的创新。

1. 开展特色农作物计划。职业农民会根据市场需求，自行判断选择最适合自身条件的农作物进行生产，特别是一部分具有特殊技能的职业农民会从事蔬菜或者水果的生产，而美国政府通过开展特色农作物计划，鼓励职业农民进行农业产业创新。2008 年美国农业法案通过后，形成了比较完善的特殊农作物资助体系，计划 2009—2019 年投入 4.66 亿美元开展特色农作物科研研究，而 2012 年新的农业法草案更是将对特色农业的资助扩展到了食品安全以及病虫害防治上。

2. 施行食物本地化运动。美国农业的最大特点就是在全国范围内施行专业化、集中化生产，而这在一定程度上致使农业生产与本土消费市场相脱离，影响了农产品的新鲜度，为此部分职业农民根据市场需求，在区域范围内生产非集约化农作物，以供应当地市场消费。美国政府也出台政策推动食物本地化运动，鼓励消费者购买本地食品。2012 年的新农业法草案制订了本地食品发展计划，加大对本地食品生产、推广的支持力度，以惠及从事该产业的职业农民。

### （三）完善农业补贴制度

美国历来注重对农业经营的补贴，特别是在帮助农民抵抗自然风险和市场波动方面给予了很大帮助，但是美国原先的补助体系却存在分配不均的问题，大型家庭农场经营者往往获取多数的补贴，而一些小型家庭农场经营者或者刚刚进入农业生产领域的人员仅仅能够获取少量补助。据2009年数据统计,直接补贴中,大型家庭农场经营者能够获取41%,平均水平为11793美元,远高于其他经营者的7302美元。新的农业法草案调整了直接补贴、反周期补贴等政策措施,启动了新型的农业价格补贴机制,以满足农场经营者的实际需求。

## 五、政策建议[1]

家庭农场的发展能够有效促进我国职业农民的产生,通过借鉴美国职业农民的培育经验,结合我国农业以及家庭农场的发展现状,未来社会各方应该在以下几个方面做出探索。

1. 政策合力协调配合,推动家庭农场发展。为推动家庭农场的发展,应该提高政策实行效率,合力推动优秀家庭农场的发展。目前我国针对家庭农场出台了大量的优惠政策,但由于政出多门,缺少领军部门,从而政策未能发挥合力。同时某些政策透明度不高,容易成为利益寻租的灰色地带,也影响了政策实施的效率。为此,建议政府针对目前家庭农场的发展形势,确定唯一主管部门,系统性地开展政策扶持,以求政策合力,推动一部分家庭农场先行发展,进而利用标杆典型由点到面、再到立体地带动引领家庭农场良性发展。

2. 土地确权保障农业用地流转。土地权属清晰是土地流转的基础,也是家庭农场发展的基石,但农民对土地所有权、承包权、经营权权属的认识不清,严重影响了土地流转模式的发展。土地权属的不清也影响了家庭联产承包责任制的落实,随意调整承包地的现象时有发生,造成农民因担心土地流转后自身权益受损而不愿意流转。土地确权与"三权三证"的颁发(承包土地的使用权、宅基地的

---

〔1〕 此部分政策建议内容将发表于其他杂志,在此仅做简要论述。

使用权、农民在宅基地上所盖的房屋的房产权，以及与三权对应的三证），能够有效明晰产权，提升农民在土地市场中的议价权，为我国农村土地适度流转和家庭农场的发展提供最重要的支持。

3. 加强农业职业培训，建立职业农民准入机制。为增加家庭农场经营人员的社会责任感，提升家庭农场经营者的专业资质，以促进农业现代化、科技化的推进，各级政府应该首先逐步推动无偿农业培训，以提升农民的素质以及知识文化水平。其次，政府需制定政策和条件对优秀的农民给予激励补贴，每年吸纳一部分农民进入，以此建立职业农民准入的初级机制。最后，待时机成熟，全面推广职业农民准入机制。职业农民准入机制将不断提高我国农业现代化程度，促进我国职业农民的产生，以加快我国家庭农场的发展，同时也为农民提供了有效的充电、学习的途径。

4. 探索新型担保模式，以方便家庭农场经营者贷款。我国家庭农场制度处于起步阶段，在家庭农场经营者缺少充足抵押品，且农村贷款担保机制不健全的前提下，农村金融机构可以根据家庭农场的特点探索新型的担保机制，如订单担保机制。家庭农场经营者为降低市场经营风险，比较倾向于使用订单生产的模式开展经营，经营者将会与收购企业、地区内的龙头企业签署订单合同，从而进行生产。鉴于此，建议农村金融机构可以探索"银行+企业（龙头）+个人"的担保模式，即根据订单，由龙头公司或者产品收购企业进行担保，以便农场经营者能够顺利开展生产，有利于银行控制风险，节约评估成本。若出现风险，可以由龙头企业或者产品收购企业先行进行贷款垫付，而其与家庭农场经营者之间的债务可以平滑至未来几年收入中，这也有利于减轻家庭农场经营者的风险。

## 参考文献

1. 陈丹、唐茂华："家庭农场发展的国际经验及其借鉴"，《湖北社会科学》2015年第4期。

2. 程伟、张红:“国内有关职业农民研究的综述”,《职业技术教育》2012 年第 33(22)期。
3. 邓聿文:“从传统农民到职业农民”,《科技信息》2003 年第 37 期。
4. 费强、许长荣、李宝昌等:“以家庭农场主为代表的新型职业农民培育现状探讨”,《安徽农业科学》2014 年第 42(32)期。
5. 付景远:“破解‘职业农民建设难’的对策研究”,《农业经济》2005 年第 12 期。
6. 郭智奇:“大力发展农民职业教育,培养高素质职业农民”,《中国农业教育》2011 年第 1 期。
7. 李国祥、杨正周:“美国培养新型职业农民政策及启示”,《农业经济问题》2013 年第 5 期。
8. 厉以宁:“论蓝领中产阶级的成长”,《中国市场》2015 年第 5 期。
9. 司洋:“培育家庭农场,夯实发展现代农业的微观基础”,《农民科技培训》2015 年第 2 期。
10. 王妍:“山东省家庭农场培育路径研究”,中国海洋大学 2014 年硕士论文。
11. 熊江:“家庭农场催生职业农民”,《中国农垦》2013 年第 7 期。
12. 张晓山:“家庭农场将培养出一批职业农民”,《农村工作通讯》2013 年第 6 期。
13. 朱启臻、闻静超:“论新型职业农民及其培育”,《农业工程》2012 年第 2(3)期。

(陈骐,北京大学光华管理学院)

# 蓝领中产阶级相关主要理论的历史与发展

王福晗　刘丽文

中国经济的发展，一个不可回避的问题就是由庞大人口基数所带来的就业压力。就业问题始终伴随着中国改革开放的全部进程，也是中国社会面临的最严峻挑战之一。体制和技术的双重变革促使土地释放出更多的劳动力，数以亿计的农村人口涌向城市。20世纪90年代经历了宏观经济低潮之后，国企进行的“减员增效”，使当时的就业问题雪上加霜。但是，中国的城乡体制改革和就业改革，极大地扩大了城乡就业容量，与此同时，就业结构也发生了翻天覆地的变化。进入21世纪，中国劳动力市场迅猛发展，完成了一次重大的历史突破，劳动力市场的资源配置方式实现了从存量到增量的全面覆盖的根本革新。

经过十几年的发展,随着人口红利的逐渐消失,中国劳动力市场又面临一个关键的抉择时刻。在劳动力供给丰富、劳动力资源供大于求的基础上,劳动者在雇佣关系中通常处于不利地位。这一现实,可以从近年来许多社会热点新闻中得到充分的印证。来到城市的农村打工者往往遭受不尽如人意的待遇,打工者权利被侵犯的现象时有发生。如果打工者长期受到不公正对待,容易引发这个群体的不满情绪,并且打工者不满情绪的发泄对象极易从雇主蔓延至整个社会,给社会稳定埋下严重隐患。这一问题若得不到解决,会使国家陷入中等收入陷阱,伟大复兴的中国梦将沦为"南柯一梦"。这方面的反面例子就是南非——因没有处理好就业问题,南非经济长期停滞不前,这个昔日的非洲第一经济体发展难续。

"物不因不生,不革不成。"改革开放后国家在就业调控上取得了举世瞩目的成绩。为了让成就持久延续,需要找到一把完善劳动力市场的钥匙,打通一条社会垂直流动的通道。这把钥匙、这条通道,就是培育和壮大蓝领中产阶级。本文就有关蓝领中产阶级的相关理论进行梳理,以伺对深入研究者能有所启迪。

## 一、劳动力市场——二元劳动力市场理论

### (一)二元劳动力市场理论的产生

重商主义提倡国家干预和市场机制相结合。其理论出发点是大量进口外国商品会冲击本国商品市场,造成本国商品滞销,从而导致本国就业岗位的减少,产生失业。现代经济学创始人亚当·斯密抨击了重商主义,其放任自由思想和劳动分工理论奠定了西方国家自由市场、自由贸易的理论基础。经济自由主义占据主流后,原有的国家干预思想逐渐淡出了历史舞台。另一位经济学大师李嘉图同样认为,市场始终是出清的,充分的生产和就业才是常态,"过

剩是由于一种商品增加了以后,没有与之等值的另一种商品相应的增加”,过剩是短暂的,市场力量总会达到市场出清。马尔萨斯则认为劳工获得的工资不足以消费资本家的全部产品,即商品的有效需求不足,首次强调了消费在就业和生产中的地位。直到凯恩斯时代,主流经济学家始终把劳动力市场看作是竞争性的市场,将劳动力看作是同质的商品,即便有所不同也是天生决定的。经济自由主义在20世纪20年代世界经济大萧条后遭受了普遍质疑,国家干预被重新认识,并在实践中发挥巨大作用,将美国从经济危机中解救出来。然而,当时解决失业的办法,都是从扩大供给或者需求方面出发,有关就业的理论始终没有深入到劳动力市场中去。

直到20世纪60年代,一些经济学家开始放弃新古典理论的劳动力市场分析模型,强调劳动力市场的分割属性,强调制度和社会因素对就业的重要影响。这种理论被称为劳动力市场分割理论。理论的分支较多,其中以二元劳动力市场理论最具代表性。二元劳动力市场理论由皮奥里和多格林在20世纪70年代提出,认为市场被分为两块,即一级市场和二级市场。两个市场在劳动力资源配置和工资决定方面各具特点:一级市场工资较高,工作条件优越,就业稳定,安全性好,作业管理过程规范,升迁机会多;相对而言,二级市场工资较低,工作条件较差,就业不稳定,管理武断且粗暴,无个人升迁机会。

二元劳动力市场理论在工资的决定、人力资本的作用、劳动力本身的素质等方面与传统的劳动力市场理论有明显的不同。(1)工资决定。传统生产力理论认为,边际生产率是决定工资水平的唯一因素;二元劳动力市场理论认为,边际生产率不是唯一的因素,一级市场的一些大公司容易形成内部劳工市场,工资更多地由职位决定,二级市场的一些人也可以胜任一级市场的工作,但制度原因决定了他们没有办法进入一级市场工作。(2)人力资本作用。传统的理论认为,提高人力资本投入可以增加其边际生产率,从而工资水平也相应提高。据此,教育的普及化将导致社会收入水平的缩小。但实际观察发现,收入水平的差距并没有因教育的普及而缩小,持久的贫困依然存在。分割理论认为,教育水平虽然可以提高生产率,但它的信号作用更为明显,更能发挥筛选功能。(3)劳动力本身素质。分割理论认为二级市场对于劳工的要求更低,从而使劳工养成了懒散、缺乏合作精神等特征,最终形成恶性循环,而这种循环的源头是劳动力市场的歧视,是制度因素。

### (二)二元劳动力市场理论的发展

二元劳动力市场理论被提出之初,并不被学界认可,主要是其缺乏实证证据的支持。针对工资决定,传统观点的支持者认为,二级市场中劳工工资低下的原因就是他们的能力低下,这可以从竞争中得到解释;舒尔茨等人的人力资本理论强调教育是提高人力资本的主要手段,卢卡斯、罗默等人的新增长理论也证明教育投入增加是提高国民收入的主要手段,这都与分割理论所认为的教育主要发挥信号作用背道而驰。

直到20世纪80年代末期,一系列实证数据的支持,使得劳动力市场分割理论尤其是二元劳动力市场理论才被人们所重视。狄更斯和郎(Dickens and Lang)在1985年和1988年的两篇实证文章被认为是劳动力市场分割理论复兴的开始。他们将样本局限在上一年工作时间超过1000小时的男性雇工(不包括政府工作)。其实证结果表明,存在着两个独立的劳动力市场,这两个劳动力市场中存在着明显的壁垒,并且这个壁垒是非经济的。里德和罗宾对1974—2000年美国的劳动力市场分割进行了长期的跟踪研究,对种族、性别等对收入产生影响的外生变量都做了分析,结果显示在劳动力市场中,男性优于女性,白种人优于非白种人。狄更斯分析了美国的一级市场和二级市场中教育的收益率,发现在一级市场中收入与教育呈明显的正相关关系,而在二级市场中,这种关系就不明显。此外,还有一系列运用二元劳动力市场理论研究巴西、墨西哥等国的论文,研究发现在这些工业化不发达的国家,劳动力市场分割现象更为严重。例如赫克曼(Heckman,1983)对于巴拿马成年男性收入的研究,发现在不同的人群和不同的地区之间,工资的决定机制存在巨大的不同。

总的来说,劳动力市场的分割理论更加严密,也更具有现实意义。直到今天,有关劳动力和就业的文献,大都是在劳动力市场分割的框架下完成,有关劳动力市场分割理论应用、发展的文献也经常见诸权威经济学杂志。

### (三)中国的劳动力市场分割理论

中国城乡之间、地区之间、行业之间发展不平衡,本身就存在着市场分割的情况,因此劳动力市场也呈现明显的分割状态,并且这种分割产生的原因不仅仅是功能布局、经济发展的不同,更多的是制度造成的分割。在一级劳动力市场,不仅工资高、工作稳定,还可以获得包括社会保障在内的一系列隐性福利;在二级劳动力市场,劳动者缺乏社会保障,其权益也屡受侵犯。人们想方设法进入一级劳动力市场,造成了一级劳动力市场的竞争激烈,使得握有权力的人可以获得"分割性收入",进一步阻碍了劳动力市场的自由流动,阻碍了社会的垂直流动。

中国复杂的国情一经与劳动力市场分割理论结合,劳动力市场分割理论便得到了更加全面和深入的研究发展。

已有很多文献通过实证检验证实了我国劳动力市场分割现象的存在。Gregory 和 Meng(1995)对于 20 世纪 90 年代初的企业员工研究发现,教育对于劳工获得职位有显著影响,对于工资决定没有显著影响。Fan(2001)基于广州市的数据分析表明,广州市的劳工收入与其身份明显相关,而教育水平对其影响次之。Zhao 和 Zhou(2002)研究发现,中国私有部门的教育回报率高于国有部门,从而说明了不同所有制经济部门之间的劳动力市场分割。

对于我国的劳动力市场分割类型,研究者做过多种划分。例如李萍、刘灿(1999)认为我国存在着体制内、体制外的二元劳动力市场;朱镜德(1999)认为,我国的劳动力市场存在着城市不完全市场、城市完全竞争市场、农村完全竞争市场三元结构;张曙光等(2003)认为我国城市之间、农村之间、农村到城市之间劳动力市场都是分割的,城市农民工市场是目前唯一的全国性劳动力市场;张展新(2004)则认为,我国在城乡、部门经济弱化的同时,劳动力市场出现了产业分割;李建民(2002)认为,我国劳动力市场存在着多重的分割,如城乡分割、地区分割、部门分割、正式劳动力市场与从属劳动力市场分割。

总之,我国的劳动力市场分割现象是十分严重的,并且分割形式也是动态的、复杂的,所有新的角度的引入都丰富了我们对于中国劳动力市场的认识,也丰富了劳动力市场分割理论的内涵。

## 二、中产阶级相关理论

中产阶级本身是一个舶来词语,它包含了人们对富裕和高品位生活的遐想和向往。中产阶级体现的是社会主流的价值观和生活方式,对于社会的持续发展和繁荣起着重要的作用。中产阶级的出现有利于改变金字塔形的社会结构,使社会向着更稳定的椭圆形结构过渡,充当着社会稳定器的作用。中国改革开放三十多年以来,无疑已经出现了中产阶级,但目前中国的中产阶级已经构成社会的中坚力量了吗?中国的社会结构已经稳定了吗?只有蓝领中产阶级不断发展壮大,中国的中产阶级才能够真正充当社会的稳定器和经济的助推器。为了清晰了解中产阶级的相关理论,我们下面对有关理论做回顾和概括,以期对中产阶级有更深入的认识。

### (一) 国外的中产阶级理论

中产阶级理论是社会分层理论研究中的重要课题。马克思和韦伯两人的社会分层理论中分别对早期的中产阶级进行了描述，后来者在此基础上不断重构和演进。

马克思主义的中产阶级观：马克思用社会阶级理论来解释整个社会结构，即工业化以后，社会存在两个相互对立的阶级，无产阶级和资产阶级。在论著中，马克思多次提到了处于两个阶级中间的小工业家、小商人、手工业者、农民、医生、律师和学者，他称这类群体为中间阶层、中等阶级、过渡阶段等。马克思分析的出发点是生产资料的占有。马克思的追随者，以希腊学者普兰查斯为代表，进一步发展出了以经济、政治和意识形态三条标准划分的社会阶级，并首次提出“新中产阶级”或者“新小资产阶级”，主要是指后工业社会中靠工资谋生的各种公职人员、管理人员、技术人员和自由职业者。这些人并不占有生产资料，却又不同于工人阶级从事生产性工作。

韦伯的中产阶级观：韦伯认为马克思从经济角度对社会分层是十分重要的，但又是不全面的。韦伯对于社会分层的角度是多元的，除了经济因素，至少还包括社会角度和政治角度。他强调社会的多元性，不同的社会群体追求的社会地位体现也不一样，例如经济界追求财富，知识分子追求声望，而政治人物则追求权力。并且，韦伯认为中产阶级与工人阶级在生存机会、财富占有上都是不同的。新韦伯主义对于中产阶级的理解更多地是在“白领”的界定和社会意义上。

随着西方国家工业化的不断发展，社会并没有如马克思预言的那样走向两个极端，反而是更接近韦伯划分的社会阶层，因此韦伯的思想被后来的西方学者广泛接受。然而，到了 20 世纪六七十年代，这两个学派互相借鉴和影响，解释也逐渐趋同，现在也很难区别完全的马克思主义或者完全的韦伯主义。

其他中产阶级理论:除了马克思和韦伯,还有许多对于中产阶级理论做出重要贡献的学者。例如伯恩斯坦就较早地阐述了中产阶级的理论。他认为收入统计数据的重要性不在于表明高收入人群和中等收入人群数量的减少,反而是表明他们相对比例的增加,并且这种增加趋势明显高于人口的增长。伯恩斯坦预言,社会阶级的对抗会趋于缓和,社会结构将趋于稳定。美国社会学家米尔斯1951年出版的《白领:美国的中产阶级》一书,在整个西方社会引起了巨大的反响,也正是这本书将中产阶级的概念推向了全球,白领与新中产阶级也成为了两个如孪生兄弟一样的词汇为人们所熟知。英国社会学家阿伯克隆比也对中产阶级进行了分析,他认为中产阶级并不是一个统一的群体,在中产阶级内部也是存在分化的,可以分为三等:一是上层中产阶级,如白领;二是中层中产阶级,有一定技能,但受管理人员的控制,有希望得到升迁;三是下层中产阶级包括职员、秘书及一部分熟练工人,虽掌握一定技能,却很容易被他人替代。

西方的中产阶级理论研究是从20世纪20年代开始的,是针对资本主义社会的结构变化而产生的。时至今日,中产阶级理论已经成为社会分层研究的重要组成部分,中产阶级也早已经成为社会稳定的重要基石。

### (二)国内的中产阶级理论

国内的中产阶级研究可追溯到改革开放之初,并且早已不局限于仅仅指代国外概念和新生事物,国内许多学者已经开始用中产阶级来指代中国社会阶层化和社会流动所带来的深刻变化。然而,中产阶级的具体概念以及内涵的界定,一直以来就是一个见仁见智的问题,始终没有一个统一的标准。笔者认为,每个国家和地区的具体情况不尽相同,社会结构也不可能完全一致,对于中产阶级的界定出现不一致也是正常的。下文将介绍国内学界当下关于中产阶级理论研究取得的最新进展。

中产阶级的界定:我国关于中产阶级的界定秉承韦伯的多元分层理论,提出的划分标准主要有职业、收入、教育、消费、社会地位等。

陆学艺在《当代中国社会阶层研究报告》中对中产阶级的界定如下:从事脑力劳动;稳定的家庭消费能力;具有一定的管理权、领导权;具有一定社会地位和社会影响力。陆学艺通过抽样问卷及访谈的方式,认为中国中产阶级比例约为15%。

李春玲(2003)的《中国当代中产阶级的构成及比例》认为,同时满足职业、消费、收入和主观认同四项指数的群体才可称之为中产阶级,并通过抽样的方式研究,得到全国中产阶级比例为4.2%,主要城市中产阶级比例为12%。

周晓虹(2005)在《中国中产阶级调查》中评判是否为中产阶级的指标有身份、教育、消费、生活方式、政治参与,研究得到的结论是主要城市的中产阶级占比为11.8%。

中产阶级的现状:社会资源的配置方式日益多元化,市场正逐渐在资源配置中起决定性作用;影响社会阶层分化的各种因素也在不同时间、不同空间上发挥着不同的作用。不同地区、不同部门、不同行业之间的差距正逐渐显现出来,虽然中产阶级总体上是不断扩大的,但是社会结构并没有完成从金字塔形向椭圆形的过渡,中产阶级在社会结构中占比仍比较小。

中产阶级的政治参与:目前中国中产阶级对于政治参与的态度是暧昧的,但一个共同的特点就是表现出对党和政府的支持。如陈捷等(2014)在《中国中产阶级对待民主的态度及其政治行为》中认为,中国大多数中产阶级对西方式的民主并不支持,但持支持态度的人往往赞成直接参与政治活动。许多研究表明,在制度性的政治参与上,体制内部门的中产阶级是最积极的参与者;在非制度性的权益维护上,下层阶级表现得最为活跃,中产阶级大多选择回避此种表达方式。

中产阶级的特点:第一,中国的中产阶级并没有形成一个统一的群体,没有统一的利益诉求和一致行动的能力。第二,中国的中产阶级分布不均衡,大多集中在国营部门。发展迅速的民营部门虽然催生了大量的中产阶级,但比例还是远低于国营部门。第三,中国的中产阶级成长不合理。新兴中产阶级的兴起应伴随着老一代中产阶级的衰退,然而在当下中国却呈现的是老一代中产阶级和新兴中产阶级同时扩张的面貌,特别是在一些小城市、小城镇,老一代中产阶级的扩张速度甚至快于新兴中产阶级。

### (三)白领?蓝领?——中国蓝领中产阶级

很长时间内,一提到中产阶级,人们想到的就只有白领,这种情况在很大程度上是拜米尔斯的《白领:美国的中产阶级》一书所赐。每个国家有各自不同的国情,例如后工业化国家美国,构成美国中产阶级的主体成员的确是白领,这是由美国的经济结构所决定的。但是即便在美国,中产阶级中也有很大一部分是蓝领阶层。从中产阶级发展的历史来看,最初中产阶级大都是蓝领工人,只是随着社会经济的发展,其成分逐渐发生了变化。一个典型的例子是日本,20世纪七八十年代,只有1.26亿人口的日本号称"一亿总中流",意思是说日本有一亿中产阶级人口。这种崛起归因于战后日本在全面振兴民族工业政策下,制造业全面崛起而培养出的蓝领工人。制造业带动社会经济全面发展,大大改善了蓝领工人的工作和生存条件,使之跨入中产阶级。进入中产阶级以后,蓝领工人自身认同感得到加强,反过来促使他们更加热情地工作,从而推动经济和社会进一步发展。

按照目前中国高等教育的规模,20年也只能培育出一亿数量的白领中产阶级,而中国的人口基数有13亿,可见,要形成稳定的中产阶级,我们必须扩大中产阶级的构成,把扛起“中国制造”大旗的以农民工为主的蓝领工人纳入到中产阶级队伍中来。

我们在讨论中产阶级时,如果只关注精英阶层,而忽略了蓝领工人,不符合我国当下国情社情,也是一种对历史的不负责任。把蓝领工人拒之于中产阶级大门之外,不符合中国社会的发展规律。中国正在经历由计划经济向市场经济、由农业社会向工业社会的双重转型时期,产业工人正处于量变向质变过渡的关键时期,新兴产业工人的诞生也呼之欲出。国营企业中的蓝领工人还算有较为全面的保障;但是民营企业中的蓝领工人几乎全部由农民工组成,他们的劳动方式近乎原始,随着人口红利的消失,这种模式已难以为继。

蓝领工人在西方国家能够进入中产阶级,在中国却只能作为社会底层而存在,是因为西方国家已经进入后工业化社会,而中国还在全面进入工业化社会的过程之中。因此,将蓝领工人纳入到中产阶级这一课题就显得尤为重要,因为在未来很长一段时间,中国还将肩负世界工厂的责任,而由农民转化而来的蓝领工人正是完成这个使命的基础。

## 三、职业教育

个体与劳动力市场之间的关系主要体现在就业和转业两方面。从一般意义上讲,在教育和培训方面的投资可以在两个方面改善个人与劳动力市场的关系:使个体提高就业的可能性和使个体获得更高的工资水平。一般情况下,职业教育作为一种特殊的教育和培训,也具有以上作用。首先,职业教育中宽泛的基础知识和技能培训可以使受教育者的就业可能性大大增加,并保证其在个体工作生涯中持续地受益。专门的知识和技术的培训,可以使受教育者在胜任某一项具体工作之前,做好更充分的准备。其次,自主选择的职业教育可以适应市场经济的动态变化,使个体更容易进入到社会地位更高、工资和待遇更好的职业。

在分割的劳动力市场中,职业教育为劳工顺利地进入劳动力市场增加了可能性,帮助劳工熟练地掌握技能,实现从二级劳动力市场向一级劳动力市场的过渡。因此,职业教育对于提高蓝领工人收入、壮大蓝领中产阶级有重要的意义和作用。

### (一) 国外理论研究

亚当·斯密在《国富论》中认为,劳动者的知识、经验和技能在很大程度上可以提高劳动生产率,促进技术进步,而技术进步又是经济增长的必要因素。19世纪马歇尔在《经济学原理》中多次强调教育对经济发展的重要性,并明确提出"教育是国家投资"的观点,"用于人的教育的投资,是最有效的投资"。此后,许多经济学家试图从数学角度探索教育对经济作用的定量分析。直到20世纪50年代,索洛的新古典理论,完成了技术进步的定量分析。但是索洛将技术进步作为外生变量,得到长期经济增长完全取决于人口增长的结论。

"人力资本理论之父"舒尔茨的研究最为经典。他明确提出,包括教育投入在内的人力资本投资是经济增长的主要源泉。他研究了1929—1957年间美国教育投资与经济增长之间的关系,并做了定量分析,结果显示,各级教育投资的平均收益率是17%,教育投资增长的收益约占劳动收入增长的70%,教育投资增长的收益占国民收入增长的33%。根据分析结果,他得出结论:人力资本投资是回报率最高的一种投资。

20世纪80年代开始,卢卡斯的内生增长模型、罗默的知识溢出模型和斯托齐的干中学模型,都从不同的角度解释了人力资本是如何在国民经济增长中发挥作用的。巴罗1992年通过分析98个国家1960—1985年间的入学率与人均GDP的增长率之间的关系得出结论：一个国家的经济增长率与起始的初中等入学率呈现高度正相关关系，相关系数达到0.73。

但是，具体到职业教育与经济增长之间的研究则相对较少，尤其是定量地研究职业教育与经济增长之间的关系的文献，相对少很多。英国经济学家巴洛夫“以人力资本理论”为基础，在分析非洲一些国家的促进经济发展战略后指出，职业教育和普通教育相比有更高的投资价值。美国学者温斯坦博士在分析西方国家社会经济发展的普遍规律后指出：“一个健全的中等教育和职业教育体系，比高等教育更为关键。”第二次世界大战后德国和日本的发展经验也说明，健全的职业教育体系对于社会经济发展起重要作用。

### （二）国内理论研究

国内的教育对经济贡献的研究，主要分为两类，一类是研究教育对国家或区域经济发展的贡献水平，另一类是研究教育对于个体收入的作用。

教育对国民或区域经济贡献水平研究：郭庆旺等（2009）考察了公共教育支出规模、结构和高等教育可获取性对人力资本投资行为、劳动力的相对供给和相对效率的影响，揭示了公共教育政策对经济增长和人力资本溢价的影响机制。于凌云（2008）证明了在教育投入比相对较低的地区，物质资本投入是拉动经济增长主要原因；非政府方面投入的增长对人力资本积累的效果更加明显；中国的政府和非政府投入对于人力资本积累和经济增长的短期效应更为明显。

教育对个体收入作用的研究：白雪梅（2004）研究表明，教育与收入不平等之间存在密切的关系，并且这种关系是比较稳定的。杨俊等（2008）研究表明，收入分配的不平等导致教育不平等，并且短期就可以实现；教育不平等的改善没能减小收入分配的不平等，并且在长期也不显著。姚先国等（2008）研究发现，劳动力教育水平的提高对地区经济增长有积极影响,并有一定的溢出效应,但是资本投资依然是导致地区经济差异的主要因素。

国内有关职业教育与经济发展的研究,比较多的是关于职业教育提高农民工素质从而推进城市化进程、关于职业教育模式及社会功能的研究。如杨海燕(2008)的《改革职业教育运行机制促进农村剩余劳动力转移》,彭国胜等(2009)的《构建中国特色农民工职业培训体系:理论依据与现实方案》。也有研究职业教育与宏观经济之间的关系的,如沈超等(2006)对职业教育与经济增长之间进行的定量分析,得出人均 GDP 基本上是随着中等职业教育招生规模的增加而增加的结论。此外,还有研究职业教育与农民工个体收入之间的关系的,如胡宝娣(2004)通过实证分析,得出农民工的受职业教育程度和转移具有显著的负相关关系,即职业教育程度较高的农民工离职率较低。韩云鹏等(2005)认为,劳动力市场的实际情况以及潜在的制度性因素,使农民工即使参加职业培训,短时期内也未必能够实现收入的提高。刘万霞(2013)研究表明,职业教育和技能培训有助于农民工从事技术岗位和管理工作,但不同类型的职业教育对农民工就业选择的影响存在较大差异。

加强职业培训,帮助有进取心的劳工更便捷地受到多种形式的培训,将使更多劳工转变为熟练技工,迈入蓝领中产阶级,成为新的人口红利,为我国经济持续繁荣发展做出贡献。开放性的职业培训也将进一步打通社会垂直流动的通道,壮大我国的蓝领中产阶级,加快形成持续稳定的社会结构。

## 参考文献

1. 白雪梅:“教育与收入不平等:中国的经验研究”,《管理世界》2004 年第 6 期。
2. 陈捷、蒋林、陈红慧:“中国的民主化和中产阶级:中产阶级的民主态度”,《国外理论动态》2014 年第 7 期。

3.《当代中国社会阶层研究报告》,"中国社会阶层研究丛书",社会科学文献出版社 2002 年版。
4. 郭庆旺、贾俊雪:"公共教育政策, 经济增长与人力资本溢价",《经济研究》2009 年第 10 期。
5. 韩云鹏、涂莲英:"农民工培训的需求导因、制约因素与对策思考",《职教论坛》2005 年第 16 期。
6. 胡宝娣:"农村富余劳动力转移教育培训问题研究",《农村经济》2004 年第 8 期。
7. 李春玲:"中国当代中产阶层的构成及比例",《中国人口科学》2003 年第 6(5)期。
8. 李建民:"中国劳动力市场多重分隔及其对劳动力供求的影响",《中国人口科学》2002 年第 2 期。
9. 李萍、刘灿:"论中国劳动力市场的体制性分割",《经济学家》1999 年第 6 期。
10. 刘万霞:"职业教育对农民工就业的影响——基于对全国农民工调查的实证分析",《管理世界》2013 年第 5 期。
11. 彭国胜、陈成文:"构建中国特色农民工职业培训体系:理论依据与现实方案",《继续教育研究》2009 年第 9 期。
12. 沈超、李苏北:"高等职业教育收益的评价",《华东经济管理》2004 年第 18 期。
13. 杨海燕:"改革职业教育运行机制,促进农村剩余劳动力转移",《职教通讯:江苏技术师范学院学报》2008 年第 23(10)期。
14. 杨俊、黄潇、李晓羽:"教育不平等与收入分配差距: 中国的实证分析",《管理世界》2008 年第 1 期。
15. 姚先国、张海峰:"教育、人力资本与地区经济差异",《经济研究》2008 年第 5 期。
16. 于凌云:"教育投入比与地区经济增长差异",《经济研究》2008 年第 10 期。
17. 张曙光、施贤文:"市场分割, 资本深化和教育深化——关于就业问题的进一步思考",《云南大学学报(社会科学版)》2004 年第 2(5)期。
18. 张展新:"劳动力市场的产业分割与劳动人口流动",《中国人口科学》2004 年第 2 期。
19. 周晓虹:《中国中产阶层调查》,社会科学文献出版社 2005 年版。
20. 朱镜德:"中国三元劳动力市场格局下的两阶段乡-城迁移理论",《中国人口科学》1999 年第 1 期。

21. Dickens, William T. and Kevin Lang, "A Test of Dual Labor Market Theory," *American Economic Review*, 1985, 75(4): 792-805.

22. Fan C.C., "Migration and Labor-market Returns in Urban China: Results from a Recent Survey in Guangzhou," *Environment and Planning A*, 2001, 33(3): 479-508.

23. Flinn C., Heckman J.J., "The Likelihood Function for the Multistate-Multiepisode Model in 'Models for the Analysis of Labor Force Dynamics'," *Advances in Econometrics*, 1983, 2: 225-231.

24. Gregory R.G., Meng X., "Wage Determination and Occupational Attainment in the Rural Industrial Sector of China," *Journal of Comparative Economics*, 1995, 21(3): 353-374.

25. Lesley Williams Reid, Beth A Rubin, "Integrating Economic Dualism and Labor Market Segmentation: The Effects of Race, Gender, and Structural Location on Earnings, 1974-2000," *Sociological Quarterly*, Summer, 2003, 44 (3): 405-432.

26. Zhao W., Zhou X., "Institutional Transformation and Returns to Education in Urban China: An Empirical Assessment," *Research in Social Stratification and Mobility*, 2002, 19: 339-375.

（王福晗，北京大学光华管理学院；刘丽文，北京大学光华管理学院）

# 实践篇

# 资本市场、小微企业与蓝领中产阶级的成长——兼论河南省多层次股权资本市场建设

周小全　张　青

中国人口老龄化趋势正日益显著，要素规模对经济增长的驱动力不断减弱，经济增长将更多依靠人力资本的质量提升与技术进步。中产阶级，尤其是蓝领中产阶级的成长，不仅是中国经济转型成功的标志，更是经济转型成功的保障。从西方成熟经济体的发展经验看，鼓励有技术专长的体力劳动者开设自己的企业，是实现蓝领中产阶级成长的重要路径。中国政府于 2015 年 6 月也下发了《国务院发布推进大众创业万众创新若干政策措施的意见》，明确了“大众创业、万众创新”是富民之道、公平之计，要通过多手段、多举措推动包括农民工、退役军人、失

业人员在内的各类人群进行创业创新,形成小企业“铺天盖地”、大企业“顶天立地”的发展格局。

河南省小微企业数量众多,2014 年已达到 42.52 万家,当年实现营业收入 3.64 万亿元,实现利润总额 3810.29 亿元。可见,作为农业大省与人口大省,河南省小微企业的成长对区域经济转型及中产阶级的崛起意义非凡。在小微企业的成长中,资本市场的作用正在显现,特别是以新三板为代表的场外市场正日益成为小微企业融资与资本运作的重要平台。不过,由于中国资本市场的发展历程较短,尤其是大力完善多层次资本市场建设更是近几年才明确的政策导向,资本市场还很弱小,对小微企业的服务支持及促进蓝领中产阶级成长还有很长的路要走。河南省资本市场由于起步较晚,问题更加突出。因此,从多层次股权资本市场建设的角度,探讨河南资本市场如何进一步发挥对小微企业及蓝领中产阶级的金融支持作用,不仅对河南具有现实意义,更对其他区域的相关政策制定具有一定启示。

## 一、资本市场与蓝领中产阶级:以小微企业为纽带

蓝领阶层的成长困境在于劳动力市场的分割。由于缺乏良好教育及熟练技术能力,再加上体制性因素,以农民工为代表的广大蓝领阶层主要就业于次级劳动力市场,工资待遇低下,长年不变,并缺乏向一级劳动力市场垂直流动的机会,这就是二元劳工市场结构。完善职业教育体系,提升蓝领阶层的技术技能是打破二元劳工市场的重要举措;除此之外,营造良好的创业环境,鼓励蓝领阶层自主创业,扶持小微企业发展,是促进社会纵向流动、培育蓝领中产阶级的另一可行思路。中国家庭金融调查与研究中心的数据显示,我国小微企业主初中及以下学历的人数占比达到 63.7%。从教育程度看,这类低教育人群是典型的蓝领阶层,很难流入一级劳动力市

场，而之所以选择创业，调查显示有50%左右是因为找不到其他工作或认为创业挣钱更多。[1] 小微企业是创业的起点、事业的摇篮。以小微企业为载体，会促进蓝领阶层的身份角色转变，再无受雇于人之念，无好坏职业之分，这也就自然打破了二元劳工市场的分割，使得蓝领阶层的价值实现有了依托。

然而创业艰难，中国小微企业的存活时间仅为3.7年。[2] 融资难是小微企业发展面临的主要困境。中关村互联网金融行业协会和融360研究院联合发布的《2013中国信贷搜索现状》的研究报告显示，[3]小微企业依然是最难获得金融机构银行贷款的群体。统计发现，每月经营流水在5万元以下的小微企业是经营贷款的主要需求群体，占比高达62%，个体户和小企业主占贷款申请人群总数的25%和17%，然而70%的个体户和55%的企业主并不能从银行得到资金支持。国家统计局河南调查总队的调查数据也显示，贷款难是小微企业资金周转紧张的一个重要原因。调查表明，"有借款需求并全部借到"的企业仅占3.1%。小微企业在间接融资体系下的融资难问题具有内生性。由于银行内部经营制度要求贷款保持理想水平，避免有过大风险，有些小微企业没有土地证、房产证，并且设备陈旧，没有实质性资产，小微企业的贷款形式和银行内部制度不符，因此银行支持小微企业贷款也只是表面现象。[4] 可见，促进小微企业发展，破解小微企业融资难的问题，需要另辟蹊径。

---

[1] 李凤、秦芳："六成以上小微企业主是初中生"，新浪网专栏，2014年6月25日。

[2] 数据来源："小微企业存活率仅3.7年，国家知识产权局出台意见帮扶"，人民网，2014年10月10日。

[3] 融360是一家提供在线金融搜索的公司，该报告基于2013年前三季度86个城市、2亿多次用户搜索以及100万的用户申请样本数据。

[4] 吴建有："小微企业生存现状调查报告之河南篇"，《中国经济时报》2012年10月10日。

多层次资本市场建设有助于打破小微企业的融资瓶颈。中国资本市场正走向金字塔结构，主板、中小板、创业板等交易所场内市场位于金字塔的顶端，新三板、区域股权市场、券商柜台交易等场外市场位于底层，再往下一级还涵盖了众多 PE、VC 等股权投资机构以及越来越多的天使投资者，它们与多层次资本市场体系形成良性互动。[1] 资本市场的多层次性以及不同层级间的差异化定位与转板机制，有效契合了企业的生命周期，为小微企业从孵化到成长再至成熟的不同阶段，提供了资金融通、股权流转、并购重组、股权激励等全程化、立体式的服务与支持。资本市场的发展，还能为小微企业注入新的经营理念。近年来，有越来越多的主板上市企业推出股票期权、员工持股等长效激励机制，充分调动员工的主人翁创业精神。场外多层次资本市场的发展，为小微企业的股权激励模式构建提供了一个平台，而我国 80% 以上的农民工都在小微企业就业。若股权激励、员工持股能得以普及，实际上是为蓝领阶层开启了一扇身份与职业转变，迈入中产阶级的大门。

总之，以小微企业为载体，促进小微企业的发展是培育蓝领中产阶级的重要途径；资本市场的作用在于为小微企业提供立体式、全程化的综合金融服务平台，为小微企业的成长保驾护航。由此来看，要促进蓝领中产阶级的成长，就必须要加快多层次资本市场的建设，加大直投融资体系对蓝领创业的支持力度。

## 二、河南资本市场服务小微企业及蓝领阶层的现状与不足

在河南小微企业发展及蓝领草根阶层的创业过程中，资本市场起到了重要作用。如在股权市场方面，河南省充分抓住新三板全国扩容契机，大力促进区域内企业挂牌，目前挂牌企业已突破 100 家，

---

〔1〕 祁斌："关于多层次资本市场体系的十点思考"，人民网，2014 年 3 月 11 日。

不仅涵盖科技、医药等新兴行业，还涉及农林牧渔、装备制造等传统行业。债权市场方面，截至 2014 年年底，发行中小企业私募债 6 只，募集资金 13.38 亿元；发行中小企业集合债 1 只，募集资金 4.9 亿元；另外郑州银行、洛阳银行已发行 100 亿元小微企业专项金融债，全部用于对小微企业的融资支持。不过，由于河南资本市场起步较晚，基础薄弱，在多层次资本市场尤其是多层次股权市场建设方面仍有诸多问题亟待解决，对小微企业及广大蓝领草根阶层的创业创新支持力度仍旧不够。

### （一）主板上市公司以重资产行业为主，对蓝领创业引领性不强

主板市场位于多层次股权资本市场顶端，上市公司结构与产业布局引领着实体经济转型与小微企业发展的基本方向，是企业实现资源优化配置、做大做强的重要平台。目前河南主板市场存在两个突出问题：一是上市企业数量偏少，证券化率过低。截至 2015 年 5 月底，河南省主板上市企业仅 70 家左右，在中部六省中仅排名第四位，且市值规模普遍不大，缺乏千亿级上市公司，这造成了区域内证券化率水平十分低下。2014 年，河南省证券化率水平仅有 17.23%，显著低于全国 66.50%的平均水平。较少的上市公司数量以及较小的公司规模，也意味着区域内的产业关联效应较弱，不能较好带动相关产业链的小微企业协同发展。二是上市公司过于偏重传统周期性行业，工业、材料、能源等第二产业中的重资产行业上市公司数量合计占比超过 50%，服务业的上市公司数量偏少。而从国家工商总局发布的《全国小微企业发展报告》来看，批发零售业、租赁和商务服务业是小微企业的主要诞生地，占比接近 50%。动态来看，多数企业都是一个从小微企业到中型企业再到大型企业的演化过程，若主板市场过于偏重传统周期性行业，实际上是遏制了小微企业的成长空间，抑制了企业家的创新精神，使小微企业只能继续是小微

企业，实体经济转型、蓝领中产阶级的崛起也就无从谈起。

### （二）新三板融资机制未有效发挥，蓝领创业依旧面临融资难

新三板是中国多层次股权资本市场建设的重要内容，致力于打造中国版的“纳斯达克”。目前新三板挂牌企业已经突破3000家，其中小型企业数量众多，有接近50%的企业营业利润在500万元以下。从行业分布看，除信息技术、生物医药等高科技行业外，还有众多企业来自农业、社会服务、轻工制造等传统行业，吸纳了大量以农民工为代表的蓝领人群。若这些中小企业能借助新三板平台做大做强，不仅会实现创业者自身（他们本身众多就是蓝领阶层）的财富增值，还将带动一大批蓝领阶层的收入与待遇提升。

河南省抓住了2013年年底以来的新三板扩容契机，在新三板企业挂牌数量方面取得积极进展，位居全国第八位，中部区域排名仅次于湖北省。不过，挂牌企业尚未充分挖掘新三板潜能，持续融资机制未有效建立。截至2015年5月底，新三板挂牌企业已定向增发募集资金350亿元左右，但从区域分布看，北京、广东两地增发金额合计占比超过70%，河南省新三板挂牌企业增发募集资金仅4.76亿元，全国占比1.36%。再者，做市转让股票的覆盖比例不高，河南省挂牌企业中仅有不到10%采用做市商交易，众多挂牌企业由于缺乏做市交易导致流动性不足，影响了增发募资及并购重组等核心功能的发挥。

### （三）区域股权市场起步晚，蓝领创业资本平台作用尚未发挥

区域股权交易中心是我国多层次资本市场的重要组成部分，定位于地方政府扶持小微企业发展的综合性政策运用平台。区域股权交易中心的设立，延伸了资本市场的功能，使得广大小微企业也能够借助资本市场实现股权流转、持续融资及资本运作，这迎合了蓝领草根阶层的创业需要，有助于提升资本市场与实体经济发展及

蓝领中产阶级崛起的契合度。自2012年中央提出要规范发展区域股权交易中心以来,全国已有多个省市陆续成立了区域股权交易中心,累计挂牌企业近2.5万家,几乎涵盖了所有行业。河南省区域股权交易中心于2015年下半年才得以组建,与其他地区相比已经落后,这直接导致了有近500家河南省中小微企业在其他省市的区域股权交易中心挂牌上市。河南省亟须加快发展进程,积极借鉴上海、天津等地经验,实施赶超战略,尽快完善区域多层次股权资本市场建设,为区域内小微企业的持续发展及蓝领草根阶层的创业构建资本运作平台。

### (四)私募股权投资发展滞后,对蓝领创业的支持力度不强

私募股权投资对于孵化小微企业具有特殊功效,通过融资与投资的桥梁嫁接,实现了金融资本和产业资本的融合,能够加快推进小微企业的成长壮大。伴随创业板的繁荣发展与新三板的全国扩围,私募股权投资的退出机制不断通畅,盈利模式不断清晰,近年来发展十分迅速。2011—2014年,全国私募股权投资(涵盖PE/VC)已经超过5000亿元,尤其是2014年度投资金额超过2000亿元,创历史新高。从区域分布来看,私募股权投资主要集中于北京、上海、广东三地,合计占比超过60%。河南私募股权投资发展相对滞后,2011—2014年合计投资金额55亿元左右,占比仅1.18%,中部区域中安徽、湖北排名均比河南靠前。此外,政府引导的创业投资基金发展缓慢,尚未形成政府资金对社会资本的示范与撬动效应。小微企业的经营具有较大不确定性,尤其是广大蓝领阶层的创业多集中于农业、商贸零售、加工制造等传统行业,行业发展本身吸引力不够。若仅依靠民间资本,对这类企业的资金投入力度会明显不足,但这类企业的成长壮大又事关蓝领中产阶级的崛起,因此亟须通过政府引导,以创业投资基金作为新型政策与资金扶持手段,通过市场化方式引导小微企业成长。

综合分析，当前河南资本市场发展相对滞后，对蓝领草根阶层的创业创新及小微企业发展的金融支持作用仍有待加强。从中国多层次资本市场的发展态势看，以新三板、区域股权交易中心、私募股权投资为代表的场外市场是未来建设与创新的重点，同时场外市场从功能定位上也主要服务于中小微企业。因此，要完善河南资本市场，发挥对小微企业及大众创业的支持作用，可将场外股权市场建设作为切入点。

## 三、拓展新三板服务链条，打造支持蓝领创业的新模式

当前，河南省在新三板市场建设中仅是在促进企业挂牌方面明显发力，但新三板的功能并非简单的企业挂牌，而在于打通多层次股权市场间的有机联系，提供从挂牌前的券商直投到做市、再融资、并购重组，再至转板的全方位服务，即全产业链模式。这种全产业链模式迎合了广大蓝领草根阶层创业发展的多样化需求，是新三板的魅力所在。

### （一）充分发挥券商直投的引导作用

券商直投的先期介入是拓展新三板产业链条、充分发挥新三板资本平台作用的重要举措。券商直投的优势在于可以充分整合母公司在资本市场的丰富运作经验，通过项目主办及持续督导等手段，识别发展潜力较好、增长空间较大的优质新三板项目，并形成强大的示范效应，撬动社会资本。如中信证券旗下的新三板专项投资基金——青岛金石灏汭投资有限公司于 2013 年 7 月注资皇冠幕墙，以货币形式出资人民币 100 万元入股，占总股本比例为 2.17%，迅速带动天津市千易投资有限公司等机构纷纷跟投，使企业在挂牌前即获得了首轮融资。目前，河南本土券商中原证券正致力于打造新三板全产业链业务，下一阶段将充分发挥公司强大的资本实力，

以直投基金为先导加大对省内优质小微企业的融资支持。

### （二）加快做市步伐，提升挂牌企业的流动性

新三板挂牌企业流动性的提升，是进一步促进挂牌企业增发融资、股权流转、公允价值显现等功能发挥的必要前提。做市商制度的引入，极大提升了新三板的流动性。目前，新三板做市企业数量虽仅占15%左右，但成交规模已接近整个市场的50%。

要加快河南省新三板挂牌企业的做市步伐，首先需要广大草根创业者充分认识到做市制度的巨大优势与发展前景，做好企业经营，突出亮点、优化公司治理机制，让做市商有充分意愿为企业提供做市服务。其次，券商作为做市商主体，除积极遴选后备做市股票，加大资源库建设之外，还需要不断完善做市制度的流程建设。券商做市需要投放大量资金，购买库藏股票，与PE投资有类似之处，因此券商需要加强对做市股票的深度基本面研究，综合分析备选公司的行业前景、增长潜力与竞争优势，高度重视风险控制。最后，鼓励非券商类金融机构参与做市商业务。2014年年底，证监会发布了《关于证券经营机构参与全国股转系统相关业务有关问题的通知》，明确提出要支持基金管理公司子公司、期货公司子公司、证券投资咨询机构、私募基金管理机构等机构在全国股转系统开展做市业务。鉴于此，河南省可考虑出台相关扶持政策，积极引导非券商类金融机构参与省内新三板挂牌企业做市业务，从金融供给层面推动挂牌企业做市。

### （三）采用多元化手段，构建蓝领创业的持续融资机制

新三板市场挂牌企业的融资方式正在走向多元化。股权融资方面，新三板建立了“小额、快速、灵活”的发行制度，挂牌公司股票发行以事后备案为基础，不设财务条件，也不限制发行间隔。2015年以来新三板股票发行融资持续井喷，仅4月份就已完成115次定

向增发,募集资金54.34亿元,同时4月份还有281家挂牌企业宣布拟发行股票,拟募集资金101.46亿元。[1] 债权融资方式,截至2015年5月底,已有超过30家新三板企业在沪深交易所发行中小企私募债,合计募集资金15亿元左右。2014年8月,证监会明确了"允许全国中小企业股份转让系统挂牌公司发行中小企业私募债",目前新三板已配套制定了挂牌公司发行私募债的相关业务规则,并报请证监会批准,私募债未来有望在新三板实现挂牌交易。质押贷款方面,新三板已经和多家国有商业银行、股份制银行建立了合作关系,将为挂牌企业提供专属的股票质押贷款服务。2014年年底出台的《关于证券经营机构参与全国股转系统相关业务有关问题的通知》,更是明确提出新三板做市商可以试点开展新三板股票质押业务。此外,从新三板的发展规划看,可转债、优先股等其他多融资方式也会陆续出台。

为充分利用新三板市场拓展融资渠道,河南省一是要加大对挂牌企业多元化融资方式的宣传培训。通过集中培训、媒体宣传等方式,不断提升省内企业利用新三板融资的意识,尤其要加大对农业、商贸零售、轻工制造等传统行业的宣传培训力度,这些行业中的企业科技含量不高,多由蓝领草根阶层创办,相较高新技术产业,对资本市场的意识更加薄弱。可以参考上海、北京等地做法,充分利用区域内学术研究资源,结合河南省产业结构特点加强对新三板的市场研究,支持学术研究机构、金融市场、金融机构和企业之间开展深入的业务协作和产品开发,构建良性合作机制。二是要做好证企对接服务,为证券经营机构、基金公司与实体企业牵线搭桥。河南省这几年一直在加强这方面的工作。2014年7月举办的证券对接会上,达成意向融资68.5亿元。下一阶段,河南省要全面总结、借鉴

---

[1] 数据来源:"新三板交投降温,定增如火如荼,4月份挂牌企业完成115次股票发行",《证券日报》2015年5月11日。

过去几年的成功经验，进一步扩大“证企对接”活动范围，可考虑针对蓝领阶层较多的传统行业，如涉农企业举办新三板专项证企对接洽谈会，深入挖掘这类新三板挂牌企业的融资需求，引导证券经营机构充分发挥资本中介功能，设计开发适应河南省新三板企业需要的证券化产品，支持实体经济发展及大众的创业致富。

### （四）积极筹划向主板转板，拓展蓝领创业的成长空间

从微观企业层面看，以蓝领为代表的草根阶层的成长过程，其实就是其所创办的企业由小到大的发展过程。新三板转板机制的构建，正是为了拓展企业的持续成长空间。目前，新三板向主板的转板通道正在不断打通，IPO 转板、兼并收购曲线上市业内都已有案例，下一步制度建设的重点就是实现挂牌企业直接向主板转板。虽然境内资本市场目前尚未有这方面的案例，但在成熟市场，多层次资本市场间的互联互通已经相当成熟，如港交所在 2008 年就显著简化了创业板企业向主板的转板程序。从新三板发展趋势看，直接与主板市场的对接将成为日后转板的主要模式，新三板的资本运作功能更加凸显。当前，河南省在新三板挂牌的广大创业企业可考虑抓住日后注册制的推出契机，优化治理机制，苦练内功，伺机采用 IPO 方式向主板转板，或者主动与主板企业合作，通过兼并收购、定向增发等资本运作手段实现曲线上市；此外，还应密切关注新三板主板转板机制的政策动向，做好先期研究准备，待政策有所放开时率先实现向主板的直接转板。

## 四、加快发展河南区域股权交易市场，构建蓝领创业的大舞台

与新三板市场相比，区域股权交易市场的定位更加侧重于支持大众创业，是资本市场对接小微企业、服务蓝领草根阶层的理想平

台。目前河南省区域股权交易市场已经组建完毕,下一步要加快扶持政策的出台与落地,积极吸引省内优质小微企业进行股权托管、挂牌转让、持续融资、并购重组等一系列资本活动。

### (一) 加大政策扶持力度,激发蓝领草根企业挂牌积极性

河南省区域股权市场建设起步较晚,导致省内众多优秀企业外流至其他区域的股权市场挂牌转让。为此,河南省需要实施赶快战略,采用多种手段积极拓展培育挂牌企业,争取在一个较短的时间内实现挂牌企业在数量上的突破,发挥交易中心的企业集聚效应。一是考虑出台各级政府对挂牌企业的专项财政扶持与奖励政策,降低企业挂牌成本。浙江有 80 多个市、县、区级政府出台政策支持本地企业到当地股权交易中心挂牌,对挂牌企业的奖励在 30 万—100 万元不等,安徽、湖北等地也有类似做法。河南省可充分借鉴这些区域的成功经验,由各地县根据区域内实际情况出台相应的财政支持政策,对企业改制、挂牌培育期所发生的各项费用给予适当补贴,对企业因评估资产增值而补缴的相关税收给予适当减免,积极鼓励支持本地企业到河南股权交易中心挂牌,尤其是对于那些由农民工、城镇下岗职工等创办的优质小微企业可给予重点补贴,形成蓝领创业的示范效应。二是对挂牌承办机构给予一定奖励,充分调动中介机构的业务拓展积极性。如浙江对挂牌前 100 位的企业,按每家挂牌企业 20 万元的奖励标准,由浙江区域股权交易中心对推荐机构予以奖励,奖励费用由省财政予以专项补助。三是建立增信机制,安排财政资金与股权交易中心共同建立“小微企业发债的增信资金池”,为蓝领草根创业企业利用债务工具融资提供增信手段,通过完善的制度建设,激发企业挂牌区域股权交易中心的积极性。

### (二) 积极引入优质投资者,提升股权交易中心的流动性

交易量少、交投不活跃是各地区域股权市场面临的共同问题,

这会严重影响挂牌企业的股权流转、增发融资、并购重组等功能发挥作用。要突破这个瓶颈，就一定要高度重视投资者的引入工作，积极吸引优质投资者入驻。首先，要做好股权交易中心的宣传工作，通过筹备会议、举办论坛、组建联盟、开展培训咨询、公开发布研究报告等多渠道向投资者推介股权交易中心。其次，大力引入私募、风投等机构投资者参与，重点考虑引入由财政和社会资本合作成立的产业引导基金，按市场化运作原则投资挂牌企业，充分发挥引导基金的示范效应，撬动社会资本。最后，完善区域股权交易中心的信息披露机制，减少信息不对称与内幕交易，同时做好风险揭示与教育工作，引导投资者理性参与投资。

### （三）加大产品创新，提升股权交易中心对蓝领创业的支持力度

场外市场的优势在于机制灵活、监管宽松、金融创新的政策空间较大。从实际运作看，多个区域股权交易中心均推出了较具特色的创新型投融资工具。如上海股权交易中心推出了知识产权质押融资、PE 份额转让报价系统、金融衍生品交易系统等产品；浙江股权交易中心推出了资产权益转让业务；齐鲁股权交易中心与山东信托合作，发行了国内首只参与区域性股权交易市场的信托产品等。总之，各地区域股权交易中心的创新发展正如火如荼，河南省股权交易中心要积极借鉴其他省份的做法，深度调研本地需求，积极开发切合本地草根小微企业需求的创新产品，打造差异化竞争优势，有效支持蓝领创业。2015 年 7 月，证券业协会下发了《证券公司开展场外股权质押式回购交易业务试点办法》，明确了券商可以为符合条件的区域股权交易中心挂牌企业提供股权质押服务。河南区域股权交易中心以本土券商中原证券为主导，公司资本金实力雄厚，在开展此业务方面具有得天独厚的优势，这是下一步对接河南小微企业融资需求、推动蓝领草根阶层创业创新的重要着力点。

### （四）加强与其他区域股权交易中心的合作，实现共赢发展

各区域股权交易中心在业务发展模式及产品创设上各有不同，既是一种竞争关系，也存在潜在的合作空间。河南省区域股权交易中心由于起步较晚，竞争优势尚未建立，可考虑采用与其他区域股权交易中心进行合作，共同加强技术系统建设，实现市场间的信息共享、信息互通，利用互联网、大数据等手段充分挖掘实体企业需求，为小微企业提供一揽子、全方位投融资服务，更好地支持蓝领创业，实现多方共赢。同时，积极探索区域性股权交易市场与场内市场的对接机制，推动多层次资本市场的互联互通。

## 五、发展各类风投基金，形成社会资本支持蓝领创业的良性机制

风险投资的介入，为广大蓝领草根阶层创业提供了第一桶金，在一定程度上弥补了间接融资体系下对小微企业的金融供给不足的问题。为鼓励各类风险投资基金发展，有效对接小微企业的融资需求，首先要积极贯彻落实河南省《关于促进创业投资和产业投资基金健康发展的意见》，鼓励发展各类创业投资和产业投资基金。可借鉴天津滨海新区股权投资基金的发展经验，设立地方政府引导的创业投资基金，聘请专业基金管理机构进行管理，吸引更多社会资金投入，实现政府资金的杠杆效应；同时抓住郑州航空港建设的有利时机，积极试行科技成果转化，采用科技金融改革创新等专项奖励与政策优惠方式，鼓励各类风险投资基金发展，打造河南省风险投资发展的重要实验区。其次，大力发展互联网金融，引入股权众筹模式。股权众筹以互联网为媒介，向全社会筹集资金，这大幅降低了融资门槛，为蓝领草根阶层创业提供了公平的资源配置机会。2014 年年底，《股权众筹融资管理办法（试行）》出炉，标志着股

权众筹进入到规范发展时期。为促进河南省股权众筹行业的发展，本土券商中原证券要发挥先导作用，从互联网金融发展的整体战略层面推动股权众筹平台的构建，将股权众筹作为支持河南蓝领草根企业创业创新、促进蓝领中产阶级崛起的重要手段。

## 参考文献

1. 李凤、秦芳："六成以上小微企业主是初中生"，新浪网专栏，2014 年 6 月 25 日。
2. 祁斌："关于多层次资本市场体系的十点思考"，人民网，2014 年 3 月 11 日。
3. 融 360 研究院：《2013 中国信贷搜索现状》。
4. 吴建有："小微企业生存现状调查报告之河南篇"，《中国经济时报》2012 年 10 月 10 日。
5. 肖钢："区域性市场功能定位应体现在四方面"，中国证券网，2015 年 3 月 7 日。
6. 杨晓嘉："新三板是资本市场最大的创新"，财经网，2015 年 6 月 25 日。
7. 杨晓嘉："新三板出现三大拐点"，《上海证券报》2015 年 5 月 25 日。
8. 中国证券业协会：《中国证券业发展报告（2015）》。
9. 周小全、邓淑斌："我国证券公司业务转型路径之思考"，《金融理论与实践》2012 年第 11 期。
10. 周小全："利用资本市场缩小地区差距"，《中国金融》2012 年第 8 期。
11. 左永刚："新三板交投降温，定增如火如荼，4 月份挂牌企业完成 115 次股票发行"，《证券日报》2015 年 5 月 11 日。

（周小全，中原证券股份有限公司；张青，中原证券股份有限公司）

# 中国制造 2025 背景下蓝领中产阶级培育与职业教育转型——以重庆市永川区为例*

王志杰　王　睿

人力资本积累不仅是促进经济持续增长的关键要素，也是推动产业结构调整的重要基础。随着我国经济总体步入以“增速换挡、结构优化、动力转换”为主要特征的新常态，劳动力整体素质和技术水平的提升，已经成为经济进一步发展的迫切要求（厉以宁，2015）。中国作为一个全球性制造业大国，其制造业正处于由产业链条末端向中高端迈进的新阶段，“中国制造 2025”计划提出了中国制造强国建设三个十年的“三步走”战略，先前的低端劳动力将逐步向高素质劳

* 中国博士后科学基金资助项目（2012M520087）。

动者和技能型人才转变,这成为了蓝领中产阶级成长的产业基础。当前,我国制造业的快速发展与技能型人才的供给不足之间存在着巨大差距。据统计,我国2.25亿第二产业从业人员中,技能劳动者仅1.19亿人,其中高技能人才约3117万人,仅制造业高级技工缺口就高达400余万人。以我国电子信息产业为例,技师、高级技师占技术工人的比例仅为3.2%,而发达国家一般在20%—40%(柯进,2014)。其主要原因在于职业教育与制造业发展的不匹配以及劳动力市场二元化分割。制造业是职业教育服务的主要领域,职业教育的主要任务是培养和提高各类技能型人才的综合素质和职业能力,只有进一步提高劳动生产率,打破劳工市场二元分割的现状,释放劳动力存量,才能为实现我国从制造业大国向制造业强国的转变提供战略支撑,真正培育起蓝领中产阶级。

## 一、发达国家"再工业化"战略与职业教育发展

职业教育是增强国家竞争力的重要支撑。2008年国际金融危机以来,发达国家将完善职业教育作为实现"再工业化"和发展实体经济的战略选择,力求在新一轮国际竞争中重新树立人才和技术优势。德国是全球制造业中最具竞争力的国家之一,这主要得益于其独有的以双元制为特征的职业教育,即在职业学校和企业单位共同接受专业知识的学习和实习技能的培训。德国的职业教育形成了一套相对完备而且不断调整的法规体系,保障了以双元制为主要特征的职业教育长期稳定的发展,在德国每年约计60万年轻人开始接受双元制职业教育,约占同龄人数的2/3。在再工业化过程中,德国政府意识到拥有高素质劳动者和技能型人才是工业4.0战略能否取得成功的关键因素。因此,该计划明确提出要把培训和持续的

职业发展作为八项优先行动领域之一。结合工业4.0计划，德国实行了市场和政府的双重调节，对职业教育法规进行了修订，制订了一系列"模块化"教育方案，进一步打通职业教育和高等教育之间的转换通道，并在培训类型、课程内容等方面不断进行调整和优化。可看出，结合当前新一轮的科技革命和产业革命，新兴行业的不断涌现使得新的工业岗位需求大量增加，德国的职业教育更强调对产业工人技能需求的"弹性化"，注重知识宽度的掌握以及各门类知识的综合运用。

为应对金融危机，美国提出了"工业互联网"战略，意在依托其在互联网和ICT技术的绝对优势，通过新一代信息技术与材料、工艺、装备等工业领域的高度融合来带动美国制造业竞争力的全面提升，重塑其在全球产业链的领先地位和产业布局。在职业教育方面，社区学院是实施职业教育的主体，通过成立社区职业学院、推动退伍军人职业资格认定、开展学徒计划等举措，加快推进先进制造人才培训。其中在学徒计划方面，美国政府将投入7亿美元用于制造工人的技能培训，使之适应现代化制造业的发展需求（田洪川，2015）。受老龄化等诸多因素影响，日本重新将制造业作为产业政策的核心，并将"再工业化"的重点聚焦于本土制造业的再发展，特别是在工业智能化领域。而日本职业教育体系主要由学校教育、社会教育和企业培训等构成，包括短期大学、高等专修学校及企业内的职业训练等不同层次，企业培训是日本职业教育中最具特色的部分。随着"再工业化"进程的推进，日本政府加大了对职业教育的改革力度，进一步强化企业培训与公共职业培训的紧密结合，增加教育培训方面的经费投入，不断创新企业培养技能型人才的模式，各职业教育机构也根据未来产业的发展趋势以及自身特点，对教育课程和培训内容进行了调整，既满足学生对基础知识和学科种类的需要，又能在实践中灵活运用技能。

## 二、我国职业教育发展与蓝领中产阶级培育

劳动者工资收入水平很大程度上决定于人力资本积累，参加职业教育或培训则是解决熟练技术工短缺、提高劳动者收入和人力资本积累的有效手段，职业教育和培训不仅能直接通过提高劳动生产率增加劳动者收入，还能通过间接影响劳动者生产活动参与率来提高劳动者的收入水平。与此同时，人力资本投资结构中职业教育投资占整个教育投资的比例越大，经济增长率将会越高。这表明当经济增长，产业结构发生转型，经济发展所需的技能型人力资本增加，职业教育投资在整个教育投资中的比重提高时，才能更好地为经济服务（刘万霞，2014）。随着刘易斯拐点的来临和人口红利的逐步丧失，我国具有比较优势的劳动密集型产业将向资本和技术密集型产业转变。大量新兴产业和新型岗位的涌现，会引起劳动力供给结构性暂时“错配”和工资水平的显著增加。由于对具备专业技术能力的青年劳动力的需求量大且供给缺乏弹性，劳动力市场中各类就业岗位不断变化，劳动力质量逐步替代劳动力数量，技能型劳动力替代简单劳动力，随之带来岗位的收入水平随着需求的增加而上升，并且增加幅度明显高于低端劳动力市场的工资水平。与此同时，由于二元劳动力市场的存在，在职业教育的推动下，具有相关职业技能和较高素质的劳动者能够实现从低端劳动力市场向高端劳动力市场的转移，以获得更多的就业机会和更高的收入。这意味着，先让蓝领工人成为技工、熟练技工或者有专长的工作者，他们就有可能跨过从次等劳工市场转到上等劳工市场之间的门槛，成为上等劳工市场中的一员（厉以宁，2015）。

“十二五”以来，我国职业院校为各行业输送了近 5000 万高素质劳动者和技术技能人才，其释放的人才红利，有力促进了经济转型升级和民生改善（刘延东，2015）。特别是 2014 年国务院

出台了《关于加快发展现代职业教育的决定》进一步明确了未来发展的方向，为职业教育的又好又快发展植入了强劲动力。根据教育部相关资料显示，2014 年，包括技工学校在内的全国中等职业学校毕业生人数达到 577.70 万，就业人数为 558.54 万，就业率为 96.68%。其中，普通中专、职业高中、成人中专学校毕业生总数为 471.24 万，就业人数为 454.85 万。以农民工为例，在全国 2.7亿农民工中，2014 年接受过技能培训的占 34.8%，比上年提高 2.1 个百分点。其中，接受过非农业职业技能培训的占 32%，比上年提高 1.1 个百分点；接受过农业技能培训的占 9.5%，比上年提高 0.2 个百分点；农业和非农业职业技能培训都参加过的占 6.8%，比上年提高 0.4 个百分点。[1] 随着职业教育的大发展，蓝领工人的收入水平也在显著提高，根据赶集网与北大联合发布的《变——2015 年新蓝领薪酬报告》显示，2015 年新蓝领平均月薪为 3163 元，同比 2014 年增长4.3%，在某些行业甚至超过了白领的收入水平。

## 三、职业教育发展与蓝领中产阶级培育实践：永川的做法

永川区地处重庆西部，是长江经济带、成渝经济区、成渝城市群重要的战略支点，在重庆五大功能区域发展战略中属于城市发展新区，是重庆工业化和城镇化的主战场、集聚新增产业和人口的重要区域，也是重要的制造业基地，是工业化、信息化、城镇化和农业现代化同步发展示范区。

### （一）永川蓝领工人发展现状分析

永川区现有蓝领工人 36.3 万人，主要分布在建筑类机械加工

---

〔1〕 数据来源于《2014 年全国农民工监测调查报告》。

及制造和服务业等行业。其中,技能型人才总量有 18.32 万人。其中,初级工 5.44 万人,中级工 10.97 万人,高级工 1.47 万人,技师 0.32万人,高级技师 0.12 万人。高技能人才 1.91 万人,占技能型人才的 10.43%。按行业分布,电子信息技术占34.72%,机械加工、制造占 23.82%,服务业类占 14.34%,汽车维修占 13.51%,其他行业占 13.61%。从行业来看,永川区蓝领工人主要分布在采矿业(煤炭开采和洗选)、机械加工制造、电子元器件制造等三大行业,其中采矿业以农民工为主,文化层次低。机械加工制造和电子元器件制造职业院校毕业生就业较多,文化层次较高,平均年龄约 30 岁。机械加工制造工人相对稳定,流动较小。电子元器件制造工人流动性大。从企业分布来看,国有企业工人约占 7%,民营企业工人约占 78%,外资企业约占 15%。其不同行业间的收入差距明显,主要表现在:区域经理,财务主管、工程师、数控车工等技能型工人收入较高,薪酬大约在 4000—10000 元;而文员、服务员等第三产业及生产性企业的一线普工等工人收入较低,薪酬在 1500—5000 元;相比平均收入差距在 2000 元左右。可见具有一定技术性的岗位比非技术性的岗位具有更大的收入增长潜力。随着永川产业发展以及职业培育的深入,大多数企业为了吸引技能型人才,普遍提高了企业员工的薪资待遇,月薪涨幅在 100—1000 元不等,对有专业技能、技术含量较高的岗位更是高薪聘请,以满足企业自身的发展壮大。永川区作为机械制造加工业的聚集地之一,针对如机械加工、模具制造、汽修等专业技能人才相当紧缺的情况,如果求职者在满足企业基本要求后,担心自身技术不够,但又看重企业前景并有明确规划,企业也会有专门的培训,以提高员工的技能,使其更好地适应工作岗位。随着用人单位自身发展的不断壮大,对高素质、高学历人才需求量也逐步增大,在招聘岗位中岗位设置要求大专及以上学历的岗位也逐步增多,适合高校毕业生的就业岗位越来越多,而招录高校毕业生的用人单位数量也较往年大幅度提高。

## （二）永川区蓝领中产阶级培育特点分析

### 1. 产业转型升级步伐加快为蓝领中产阶级培育提供了产业基础

永川区按照五大功能区域发展战略定位，抢抓“中国制造2025”和“互联网+”等机遇，立足打造全市重要的现代制造业基地，深入推进“工业强区”和“产业兴城”战略，着力培育机器人及智能装备、轨道交通、汽车及零部件、城市矿产、纸业、通用航空和软件及信息技术服务七大百亿级产业集群。2014 年，三次产业结构由 9.8∶55.1∶35.1调整为 8.7∶57.3∶34.0，第二产业比重较上年提升 2.2 个百分点。目前，全区规上工业企业达到 364 户，规上工业总产值实现 825.1 亿元，增长 23.8%；规模以上工业增加值实现 195 亿元，增长 12%；机械装备、电子信息、纸业产值分别增长 24.5%、42.2%、40.6%，园区集中度达到 72%。加快淘汰落后产能，倒逼企业转型升级，完成 32 个企业技改升级，增加先进设备在生产中的使用，使传统产业占比由最高时的 66%下降至 2015 年上半年的 32%，全员劳动生产率由 2010 年的 174945 元/年上升至 253680 元/年。产业结构和劳动生产率进一步优化和提升。

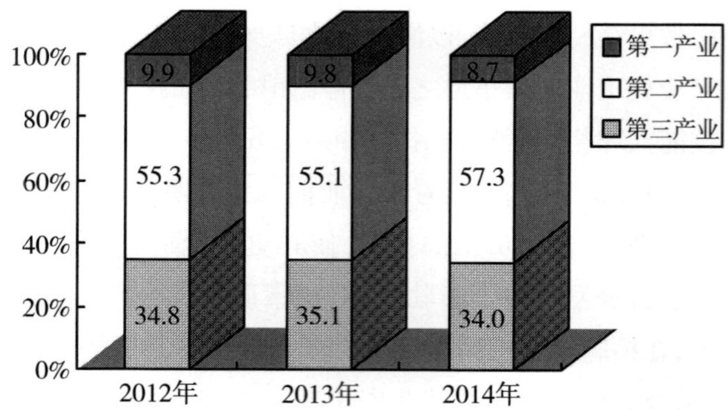


图 1　2012—2014 年三次产业结构对比图

2. 职业教育快速发展为蓝领中产阶级提供了技能提升空间

永川区作为西部最大的职教基地，早在“十五”、“十一五”和“十二五”规划中就明确提出“建设渝西职业教育园区”、“加快建设重庆职教基地”和“打造中国西部职教高地”，把职业教育与城市建设、经济发展和产业升级结合起来优先发展。近年来，永川区不断推进职业教育改革发展，深化“城校互动”模式内涵，将职教基地的建设与城市扩张、经济发展进一步结合。目前，辖区内现有普通高等本科院校2所，高职院校5所，中职学校8所，成人高等教育机构2所，17所院校中公办10所，民办7所，在校学生11.9万人。短期职业技能培训机构22个，年培训量4万余人。

永川区职业教育积极推动职教集团化、产业化和品牌化发展，围绕软件与信息服务外包、机器人与智能装备等主导产业，深化校企合作，促进产教融合发展。近三年，新增客户信息服务、软件外包服务、物联网应用技术、计算机网络技术等60余个专业。采取“引企入校”、“办校进企”等方式，建立了8个软件与信息服务外包和3个机器人及智能装备人才培养基地，引进30余个企业进校建设生产实训基地，开设120余个校企合作培养班，为辖区企业输送技能人才8000余人。建立职业技能公共实训示范基地，成立公共实训管理中心，面向全社会提供示范性技能培训和鉴定服务。开设专业涵盖了劳动技能鉴定部门能鉴定的500多个工种，累计培育机械制造、汽车、电子技术、数控技术等具有中级及以上技术职称的“永川技工”3.2万人，组织开展职教学生职业技能鉴定8.26万人次，就业率稳定保持在96%以上，实现了职业教育、产业经济、城市发展共赢共进。与此同时，积极创新产教对话协作机制，着力建立“政府搭台、校企唱戏”的政校企合作机制，教育、人社和产业园区成立校企合作服务机构，引进专业企业成立人力资源公司，为园区企业和职业院校提供人才培养、实习实训、认证、就业等服务，搭建起院校与园区企业互利共赢桥梁。另外，永川区还积极推进职业教育与普通教育协调发展,在2008年率先在全国实施免费中职教育,中职与普高比例保持在4.6∶5.4左右,基本实现高中阶段教育普职大体相当。

3. 政策体系的完善为蓝领中产阶级培育提供了坚实保障

永川区把培育蓝领中产阶级作为全区的重要工作之一,先后出台了《关于加快建设中国西部职业教育高地的意见》、《重庆市永川区公共租赁住房管理实施细则》、《关于进一步加快发展职业技术教育的决定》等多个文件,相关部门也相继推出了多个配套实施办法,构建与经济社会发展相适应的促进蓝领中产阶级培育的政策体系。与此同时,通过改善技能型人才待遇,倡导有条件的企业建立内部技能型人才津贴制度,对具有高级工及以上职业资格证书的在岗高技能型人才可按月发放岗位技能津贴。完善技能型人才工资福利政策,对企业和职业院校培育的技能型人才给予职业技能培训补贴、企业职工职业培训补贴、就业适应性培训补贴等多元化的奖励机制,促进蓝领工人向蓝领中产阶级转移。另外,针对蓝领工人流动性大等特点,在现有城镇社会保障体系,特别是城镇职工社会保险框架基础上,有序推进户籍迁移、医保、社保等城镇社会保障体系的全覆盖,并明确将符合公租房准入条件的蓝领工人作为公租房申请对象,从制度上将蓝领工人纳入保障范畴。在医疗保障方面,开通蓝领工人就医绿色通道,建立了社区卫生服务中心,让蓝领工人在身边就能享受到便捷、安全、高效的医疗卫生服务。与此同时,还进一步加强职业病防治,对存在铅、苯、锰、氨、粉尘等职业病危害的蓝领工人加强健康教育,开展岗前、岗中和离岗体检。

### (三)永川区蓝领中产阶级培育与职业教育转型的探索

永川区职业教育通过构建以应用本科为引领,以高职为主体,以中职为基础,中职、高职、应用本科有机衔接,职前职后一体化的现代职教体系，探索职业教育转型，为蓝领中产阶级培育提供职业教育的基础和实践。

1. 改革培养模式，增强职教服务能力

推进教育教学改革，重点探寻有效教学，全面推行以项目教学、案例教学、工作过程导向教学等教学模式改革。进一步加强实践教学，推动教学过程与生产过程对接。开展现代学徒制试点，探索地方实施现代学徒制的支持政策和保障措施，以创新招生制度、管理制度和人才培养模式为突破口，支持辖区内职业院校开展现代学徒制试点，统筹辖区内职业院校和企业，立足辖区内职业教育资源和企业资源，合理确定试点专业和学生规模。构建全面融通的人才培养体系，推进辖区内中等和高等职业院校在培养目标、专业设置、教学过程等方面的有效衔接。推动专业设置与产业需求、课程内容与职业标准、教学过程与生产过程对接，通过校企融通、课程融通和课堂内外融通，制定并实施“校企方案共定、课程共建、人才共育、过程共管、成果共享”的校企协同育人方案。

2. 加强专业建设，突出职教办学特色

实施专业动态调整，围绕重庆、永川的主导产业和新兴产业，建立专业动态调整机制，根据企业用人标准、岗位要求和区域产业结构调整需求，调整专业结构及课程设置等，形成与产业结构相适应的专业布局。每所职业院校对接有区域优势的特色产业，集中人财物，重点建好一两个大类专业。打造现代装备制造、智能电子信息、服务外包、交通物流、服装制作、水利电力、土木建筑、财经商贸、汽车维修、现代农业十个专业集群，调整、优化和新增一批专业。加强重点专业建设，以精品课程建设为主线，着力打造具有品牌优势的国家级和市级示范专业以及紧缺急需专业，构建与区域产业发展需求相适应的专业体系，重点建设30个示范专业、50个精品课程，实现专业与产业、企业、岗位对接，专业课程内容与职业标准对接，教学过程与生产过程对接。

3. 深化校企合作，促进产教深度融合

建立校企深度融合的人才培养平台，完善政府主导、行业指导、企业参与、学校主动的校企合作运行机制，建立起政、产、学深度融合的战略联盟。依托职教集团、职教学会、就业联盟等平台，按照“专业建设紧盯产业需求，人才培养对接企业实际，学校办学紧贴区域发展”的思路，建立学校对接企业、人才培养对接用人要求、课程对接岗位、教材对接职业标准与技能点、教学过程对接生产过程的工学结合人才培养机制。建立产教对话协作机制，建立由行业企业专家和学校专业教师组成的专业建设指导委员会，指导职业院校依据企业需求改革专业、按照企业“订单”组织招生培养，校企共同组织实施人才培养全过程，校企联合开发一批系统、完整、丰富的课程资源，全面推进“引企入校”、“办校进厂”、“企业办校”、“校办企业”等深度校企合作模式，建立校企“双主体”培养人才机制。建立“校地”及“产学研”合作机制，整合学校和企业的技术、设备设施、市场信息、智力等资源，建立“数控技术”、“机器人应用”、“软件与信息服务外包”等技术工作站。进一步促进校企协同创新，强化“校地合作”，推动职业院校与相关部门、园区及各企业共建科技产业园，促进科研成果有效转化。

4. 推进多元互通，构建人才培养立交桥

推进中高等职教衔接，以推进各层次职业教育有机衔接为重点，探索国家示范中职学校、高职院校、应用型本科院校，开展五年一贯制、“3+2”、“3+4”等分段系统培养等模式，大力培育应用工程师、项目工程师、创业工程师。建立中高职、应用型本科衔接专业教学协作组，研究并修改审定各院校人才培养方案，推进培养目标、专业设置、教学内容及教学过程等的沟通与衔接，开发中职、高职、应用型本科教育相衔接的课程体系。推进普职融通发展，鼓励普通中小学开设职业启蒙、职业劳动体验课程，开展以职业引导、职业体验等为主要内容的职业预备职业教育，推进职业教育与普通教育互通融合，形成多元选择课程体系、灵活多样的教学管理和富有成效的就业指导，促进普通高中与职业学校合作办学，实行学籍流动和学分互认，促进职业教育实训基地、课程和师资向普通中学开放。

5. 建设智慧职教，提升职教现代化水平

推进数字校园全覆盖，实现"每个专业有一个网站，每门课程有一个平台，每个教师有一个空间，每个教室有一个终端，每位教师有一套现代办公工具"的现代教育教学模式。设立网络公共实训平台。以现代服务业为重点，建设集理论学习、工作流程教学、资料查询、实操实训、实操考核、理论考核、记录查询和结果统计等功能为一体的网络公共实训平台。建设就业服务平台，依托永川网、永川人力资源网、永川教育城域网等网络资源，搭建集就业动态、素质测评、职业图谱、创业项目、职业培训等功能为一体的就业"一卡通"服务平台，建设集互联网、触摸终端屏、户外电子屏、数字电视以及现场招聘会五位一体的电子人才市场，实现求职者"在家里、在社区、在市场"都可以自主求职就业。建立优质资源共享库，加快引进和开发普惠适用、开放共享的职业教育专业精品资源共享课、专业精品视频课以及相关专业特色教学资源。以专业教学和实习实训的重难点为关键环节，开发具有专业特点的典型教学案例，构建"专业建设+课程学习+继续教育+教学研究"四位一体的共享型专业教学资源库。

6. 加大扶持力度，激发创新创业活力

顺应"大众创业、万众创新"的新趋势，加速构建蓝领工人创新创业的生态系统，不断完善创新创业辅导体系。通过对资金、技术、人才、政策等各类要素的聚集，为蓝领工人提供全方位全过程的专业服务。充分发挥蓝领工人特别是高技能和创新型人才的带动引领和示范作用，面向蓝领工人开展“创新能手”和“金牌蓝领”评选。积极为创新创业活动提供孵化空间，支持企业设立“劳模工作室”。构建市场化、专业化、网络化的众创空间，设立机器人及智能装备产业众创空间、软件及信息技术服务“互联网+”众创空间、种苗·云港星创天地等创业服务基地，培养和扶持创客，促进各类创业平台和孵化器之间的合作与资源的开放共享。

尽管做了一些有益的探索，但目前在蓝领中产阶级培育方面仍存在一些问题：一是现有职业教育发展与区域产业需求矛盾突出；二是蓝领中产阶级的成长通道还不尽完备；三是培育蓝领中产阶级的“市场化”机制有待形成；四是“创新创业”在培育蓝领中产阶级的作用有待提升；五是蓝领中产阶级的培育缺乏“工匠精神”的有效支撑。

## 四、对策建议

### （一）加快区域产业发展转型与职业教育的相互融合

尽管我国整体上已进入工业化中后期，但各区域间工业化发展水平依旧不平衡。各区域间经济发展阶段以及产业结构的差异决定了对人才类型以及人才结构的不同需求。围绕区域制造业发展的重点方向，特别是战略性新兴产业、生产性和生活性服务业的需要，职业教育应着眼于区域产业发展趋势，加快建立与区域产业体系相适应的职业教育体系，进一步增强主动对接经济和服务社会的能力，增强技能型人才培养的产业适应性，提高职业教育与产业协调发展的融合度。以区域产业发展对人才的需求为依托，因地制宜确定人才培养的目标，以产业和就业为导向，根据区域产业发展的变化适时调整专业设置情况和招生规模。进一步做好专业建设规划，在有条件的地区，可探索产业园区、产业集聚区与职业院校同步规划建设模式，重点加强支撑区域支柱产业的技能型人才培养，有效提升办学适应性，确保为产业发展提供必要的人力支撑。与此同时，各地区在产业规划中也要把职业教育作为促进产业转型升级以及实施“中国制造2025”战略的重要手段，从政策设计、资源配置以及保障措施等方面“多管齐下”，把技能型人才的培养作为区域人才战略的重要内容优先谋划。

### （二）发挥市场在培育蓝领中产阶级中的引导性作用

进一步发挥市场在劳动力资源配置中的决定性作用，加快改善劳动力资源优化，不断深化劳动力市场化进程，利用市场手段消除限制蓝领中产阶级发展的各种障碍。通过建立完善的劳动力市场机制，打破劳动力市场的制度性分割以及城乡、地区间的“二元分割”，推动蓝领工人在劳动力市场上的公平就业。利用大数据、云计算等前沿科技，加快劳动力市场的信息化建设，实现劳动力市场状况与蓝领工人的信息匹配，促进蓝领工人从低收入部门（行业）向高收入部门（行业）合理流动。以需求驱动为导向，探索技术工人市场化供给机制，改善供给路径，扩大供给总量、提高效率和质量。以市场化推进办学体制的多元化，鼓励和支持各类社会力量兴办职业院校和实训基地，实现供给的多样性和针对性，采取“订单合作”、“联合培养”、“见习实践”等方式，加快职业院校与企业间的有效互动，增强蓝领工人在市场中的适应能力。

### （三）将“大众创业、万众创新”作为培育蓝领中产阶级的重要抓手

高度重视创新创业对于培育蓝领中产阶级的作用；蓝领工人的创新活动直接来源于一线实践，能快速实现生产力的有效转化，应

积极创造条件,以企业技术改造和技术创新为切入点,提高蓝领工人的素质能力,通过劳动竞赛、技术革新、创新创业沙龙等各类形式,引导和动员蓝领工人从事各类创新创业活动。进一步降低创新创业门槛,加快对现有创新创业基地的功能整合和业务拓展,围绕创新驱动和转型升级需要,加大创新创业培训和指导,将创新创业引入职业教育和培训体系,强化蓝领工人的创新创业热情和意识,打造蓝领工人技能积累与创新创业载体,推动科研院所的实验室、工程技术研究中心、协同创新平台向其开放,构建各具特色的众创空间,创办技能人才创新创业工作室,为其提供资金支持、名师指导、政策扶持、金融服务、实验设备等便利化的综合服务平台,促进创新创业项目成果转化与市场需求和社会资本的有效对接。不断壮大蓝领中产阶级主体。

### (四) 以改革的力量打通蓝领中产阶级的成长通道

规范和完善职业技能开发体系,确保蓝领中产阶级的形成和职业教育的可持续发展。进一步发挥政府主导作用,编制适应中国制造 2025 的制造业人才发展规划,强化对职业教育以及蓝领中产阶级在资源配置、政策措施等方面的统筹管理和分类指导。改革职教和普教招生模式,探索实现两类人才、两种模式高考,促进职教和普教发挥各自特长,互补发展。综合施策,深化收入分配制度改革,逐步提高技能型人才的收入水平和合理增长机制,确保蓝领工人有机会拥有畅通的职业上升通道和收入提升保障,为培养蓝领中产阶级提供空间和环境,让蓝领工人逐渐成为中产阶级重要组成部分。破除鄙薄职业技术教育的偏见,尽快修改唯学历要求的政策文件,积极营造尊重技能型人才的社会环境,充分动员教育、人社、科技等部门,协同推进蓝领中产阶级培育,完善当前选人用人制度和待遇政策,打破并改变目前无论职务晋升、职称评定、工资待遇、落户政策等方面都以学历而不是技能为主的现状,破解蓝领工人职业晋升“天花板”难题。促进职业资格证书和学历证书互通互认,探索其与积分落户等挂钩的可能性,通过户籍、社会保障、教育等系统性制度改革,消除城乡、行业、身份等影响蓝领中产阶级培育的制度性障碍,确保蓝领中产阶级成长的稳定性和持续性。

### (五)培育蓝领中产阶级的“工匠精神”

在职业教育中重塑蓝领工人“工匠精神”的价值观,让“工匠精神”成为蓝领中产阶级培育的重要内涵,推动蓝领中产阶级工匠精神的回归。通过加强培训、管理、奖励等多种措施,强化对“工匠”的激励机制,让“工匠”价值得以充分施展。将工匠精神纳入职业教育的办学理念,大力实施“现代学徒制”制度,提高蓝领工人技术能力的培训比重,广泛开展各类职业技能竞赛,培养蓝领工人“精益求精”的职业素养,激发蓝领工人钻研业务的动力。进一步创新培养模式,把工匠精神的培养和职业能力培养紧密结合,注重除技能技术培育以外的职业精神、文化素养等方面的培养。积极营造“三百六十行,行行出状元”的舆论氛围,消除对“工匠”固有的社会偏见,在全社会形成尊重蓝领、推崇“工匠精神”的良好环境,使蓝领中产阶级获得除技能之外的职业尊重。

## 参考文献


1. 赶集网、北京大学:《变——2015新蓝领阶层薪酬研究报告》,2015年5月。
2. 国家统计局:《2014年全国农民工监测调查报告》,2015年4月。
3. 厉以宁:“论蓝领中产阶级的成长”,《中国市场》2015年第5期。
4. 刘万霞:“人力资本投资结构与地区经济增长——对职业教育发展的启示”,《中国人口资源环境》2014年第S1期。
5. 刘延东:“推动职业教育发展实现新跨越”,在深化职业教育改革创新座谈会的讲话,2015年6月。

6. 柯进:“职业教育如何与经济转型‘对表’”,《中国教育报》2014 年 6 月 20 日。

7. 田洪川:“从先进制造战略到工业互联网,美国掀起再工业化浪潮”,《世界电信》2015 年第 4 期。

（王志杰,北京大学光华管理学院,中共重庆市永川区委;王睿,重庆大学可持续发展研究院）

# 农业发展方式转变与农民职业化

## ——以北京市为例

于䴕隆　韩振华

随着我国城镇化、工业化、信息化和农业现代化的推进，农业的从业主体——农民也必将向职业化转变，也将与其他行业的从业人员一样，具有相对均衡的收入水平，享受均等的社会保障。目前，北京的城市化率在86%以上，第三产业占地区生产总值的比重在77%以上，处于城市化、工业化的高级阶段，280万农民中只有50万从事农业，种养大户、家庭农场等新型经营主体不断出现，城乡基本的养老、医疗等社会保障制度逐步实现统一，农民与市民之间收入的相对差距不断缩小。政府各部门完善政策，加大对职业农民的培训力度，一方面让农民从一产转移出来向二三产业就业，另一方面让从事一产的农民逐步向职业化转变。

北京农林牧副渔经济总量占全市地区生产总值虽然不足 1%，但其地位作用却十分突出。北京是全国政治和国际交往中心，常住人口超过 2150 万，对各类农产品存在巨大的市场需求，拥有巨大市场优势，具有发展都市型现代农业的有利条件。北京农业发展受资源环境影响较大，农业发展已经到了提升都市型现代农业发展水平的重要阶段。北京农业用地面积约 1649 万亩，主要是生态林占地，耕地 348 万亩，约占全市 14%，人均耕地只有 0.18 亩，是全国的 1/8，世界的 1/20。[1] 北京人均水资源量只有 100 多立方米，是全国的 1/20，世界的 1/72。[2] 种植面积在 5 亩以下的家庭经营比例达到 67%，因此分散经营不利于提高生产效率，也不利于管理。[3] 2014 年 2 月 26 日，习近平总书记视察北京并做重要讲话，明确要求北京要少种大田作物，多种树，发展节水农业。市委、市政府研究出台了《关于调结构转方式发展高效节水农业的意见》，在坚持都市型现代农业大方向的基础上，着力在做大做强农业的生态服务功能上下功夫，让都市农业在首都城市建设中发挥更大作用。随着北京都市型现代农业的发展、结构调整和发展方式转变，北京郊区的农民也产生了分化，未来亟须培养高素质的职业农民，解决首都农业“谁来种地、谁来护绿护地”的问题。

随着北京农业向“节水高效、生态功能优先”的方向调整，传统种养业规模逐渐调减，占农业户籍人口仅 1/7 的农业从业人员将进一步分化，让留在一产的从业人员的收入水平逐渐提高到与其他行业基本均衡的收入水平，进而形成一个依靠规模化、专业化经营和

---

[1] 数据来源：北京市国土局 2012 年土地变更调查数据。

[2] 数据来源：《京津冀协同发展规划纲要》，2015 年。

[3] 数据来源：北京市农业局 2013 年农业规模化经营调查报告。

高附加值农业生活的职业农民阶层。与此同时,政府要加快统一城乡社会保障制度,把职业农民和城镇职工一样纳入到社会保障体系中来,享受到相对均等的养老、医疗、失业、低保等社保水平,在农村土地制度特别是宅基地制度改革完善的基础上,建立职业农民的住房保障制度,让职业农民可以像城镇职工一样自由选择居住地。

## 一、北京都市型现代农业发展现状

### (一)北京农业是现代农业

当前,农业发展进入了高投入、高成本、高补贴、高价格时代,这在北京体现得更为明显。在耕地面积不断减少、劳动力成本明显提升的情况下,要想提高北京农业的综合效益,必须加快转变农业发展方式,依靠科技进步,挖掘生物遗传潜力,强化农业新品种、新技术的推广应用,大力发展设施、籽种、会展、观光等新型农业业态,推动农业规模化、园区化、标准化发展,大幅度提高土地产出率,推动农业向高质化、高效化发展,确保农业综合生产能力稳步提高。2014 年北京农林牧渔业总产值 420.1 亿元,农民人均纯收入达到 20226 元,连续六年超过城镇居民增速,城乡居民收入比例下降到 2.17 : 1。从生产要素方面看,土地、水、劳动力、化肥等传统生产要素投入总量下降,科技、信息等现代生产要素作用明显。京郊冬春季农田覆盖率提高到 90%以上,累计实施科学测土施肥 100 万亩,推广有机肥、配方肥等五万余吨,减少化肥用量 25%以上;重点在蔬菜种植基地推广生物、物理防治和科学施药技术 20 余项,减少化学农药用量 25%以上。“十二五”期间,北京市深入推进农业科技体制机制创新,不断提高自主创新能力,研发出一批重大成果并实现产业化应用推广,对北京乃至全国农业的转型升级发挥了重要支撑作用。据 2013 年测算,北京市农业科技贡献率近 70%,高出全国平均水平约 16 个百分点,接近发达国家水平。

### （二）北京农业是都市型农业

近年来，北京农业的服务功能进一步拓展，呈现很强的都市型农业特征。从农产品保障供应看，2013 年，全市设施农业面积 35.5 万亩，蔬菜播种面积 90 多万亩，全年蔬菜总产量 260 多万吨，稳定供应 1/3 的需求量，肉、禽、蛋、奶自给率已达 31%、63%、54%、56%，控制率达 83.3%、69%、67%、79.7%。从农业的生态保障功能看，北京农业生态服务价值超过 1 万亿元，与北京 GDP 总量大体相当。建设宜居城市是北京发展的重要目标，宜居离不开生态，生态离不开农业。从生活服务看，目前，全市农业观光园 1300 多个，民俗旅游经营户 8000 多户，每年可接待游客接近 2 亿人次，在提升居民生活服务方面发挥了重要作用。[1] 2014 年北京地区生产总值超过 1.8 万亿元，人均 GDP 超过 1.3 万美元，达到了中上等国家收入水平。随着收入水平的提高，首都市民消费观念、消费结构正在发生显著变化，北京农业的生活服务功能将不断加强。

### （三）北京农业是生态安全农业

近年来，农产品安全事件多发。党中央、国务院高度重视农产品安全问题，李克强总理对北京市打造高端农业品牌寄予厚望，希望北京在食品安全性、高端化方面发挥引领示范作用，做大做强三元等农业品牌，打好北京“安全农业”品牌，走高端、绿色、生态发展道路。北京围绕安全农产品品牌建设，大力推动农业标准化生产，全面加强社会化农业服务体系建设，进一步扩大“三品一标”优质农产品覆盖范围，切实保障农产品安全可靠供应。所谓“三品”是指无公害、绿色和有机农产品，“一标”是指地理标志。北京市实施“安全农业”品牌战略，健全农业标准化体系，初步建立了农产品质量安

---

[1] 数据来源：《2014 北京市统计年鉴》。

全保障体系、从农田到餐桌全过程监管控制体系、食用农产品质量安全追溯系统。北京创建菜篮子标准化基地1200余家,标准化生产覆盖面不断提高;实施农业地方标准1600多项,种养业主导产品的标准覆盖率达90%以上,"三品"(绿色、有机、无公害)认证产品占农产品生产量的近40%,生产基地农产品合格率处于全国前列。同时,加强动物疫病防控,构建重大动物疫情应急指挥平台,投资2亿元建设北京市动物疫病预防与控制中心,北京重大动物疫病防控工作步入科学化、规范化轨道,有效阻击高致病性禽流感,成功扑灭亚洲I型口蹄疫疫情,连续多年未发生区域性重大动物疫情。北京市自产畜禽产品的瘦肉精等主要药残抽检合格率已连续6年保持100%。

### (四)北京农业是高效节水农业

按照市委、市政府制定的《关于调结构转方式发展高效节水农业的意见》,**在退出方面:**将地下水严重超采区和重要水源保护区确定为重点控制区域,该区域面积3113平方公里,在该区域内逐步退出小麦等高耗水作物种植,采用宜林则林、宜草则草、宜果则果、宜休耕则休耕的方式恢复水源涵养功能,粮田由2013年的170万亩调减到80万亩左右。未达到规模生产的散户养殖有序退出,生猪年出栏量调减1/3,稳定在200万头左右;畜禽年出栏量调减1/4,稳定在6000万只左右;奶牛存栏量稳定在14万头左右;蛋鸡存栏量稳定在1700万只左右;水产养殖面积稳定在5万亩左右,推广工厂化、温室循环、标准化的节水池塘养殖和生态养殖。**在调整方面:**高耗水作物退出后,重点发展籽种田30万亩,旱作农业田30万亩,生态景观田20万亩。菜田占地由2013年的59万亩增加到70万亩左右。观光采摘果园占地稳定在100万亩左右,升级改造其中的低效果园。继三年完成100万亩大规模平原造林任务之后,增加绿化面积38万亩以上,其中规模化苗圃10万亩以上,利用砂石坑、撂荒地、荒滩荒地等实施绿化 10 万亩,“一绿”、“二绿”地区增加绿化面积 15 万亩。**在节水方面**:按照“地下水管起来、雨洪水蓄起来、再生水用起来”的原则,实施四大节水工程,即设施节水、农艺节水、机制节水、科技节水;推广六种节水模式,即细定地、严管井、上设施、增农艺、统收费、节有奖;采用 30 项节水技术,明确设施作物年用水量控制在 500 立方米/亩左右,大田年用水量控制在 200 立方米/亩左右,果树年用水量控制在 100 立方米/亩左右,农田灌溉水有效利用系数要从 0.7 提高到 0.75,农业用新水从 2013 年的 7 亿立方米左右降到 5 亿立方米左右。[1]

## 二、北京农民分化及职业化

随着我国改革开放的推进,“农民”这一概念的内涵和外延都发生了很大变化。计划经济时代,农民要想转变身份,只有考学、入伍提干、工厂临时工转为正式工等非常有限的途径,农民与居民之间在社会福利待遇上有着非常大的差距。随着市场经济改革的深化,农民转变身份的途径更加多样化,农民与居民之间在社会保障制度上逐步统一,在计划生育、宅基地等有些福利和权利待遇上,农民甚至要优于城市居民。北京作为大都市,目前农民仅有 280 多万,其中从事一产的人口仅有 50 多万。北京农民随着城市化推进、农业结构调整,主要分化为城市化农民、务农农民、绿岗就业农民、非农就业农民及外来常住农民。

### (一)城市化农民

可以分为被动城市化农民和主动城市化农民两种。全市 3938 个行政村中,有 400 多个村位于“规划城镇建设用地范围”内,主要

---

〔1〕 数据来源:北京市农委、市农业局及市水务局《关于调结构转方式发展高效节水农业的意见》。

为城乡接合部地区，应该实现城市化改造，这些农民的土地将逐步被全部征收为国有，农民获取一定的经济补偿和楼房实物补偿，并享受与城镇职工一样的社会保障，农业户口转变为城镇户口，这些农民被一些专家称为失地农民，也被另一些专家称为“食利者阶层”，成为被动但获利较高的城市化农民。这一群体不再拥有耕地，也不再从事农业生产，他们成为新市民，全市大概有 40 万人左右。还有很多村庄，比如大兴区西红门镇、昌平区郑各庄村等，走主动城市化的发展路子，保留集体对土地的所有权，村集体自主开发建设，农民分享土地开发的长期收益，这些地区的农民尽管没有将农业户口转为城镇户口，但也不再从事农业生产，成为主动城市化的农民。还有一些农民选择自主创业，成功后也不再从事农业生产，成为农民企业家，带动全家主动城市化。

### （二）务农农民

北京全市有 2000 多个村庄完全在城市扩张边界之外，集中在九大基本农田范围内，这些村庄还有大片耕地，无法转移到非农产业的劳动力主要从事一产，他们分布在远郊区县和偏远山区，总体上年龄较大、没有其他就业技能。从统计数据来测算，目前全市一产从业人员共有 55 万人左右，北京户籍农民大概有 40 多万人左右，仅占全市农村常住人口的 1/7。从农民收入来看，近年来，工资性收入已经成为北京农民收入的主体，占 60%以上，2014 年更是达到了 64.6%；家庭经营性收入逐年下降，2014 年降到了 867 元，仅占 4.3%，其中来自一产的纯收入仅为 258 元，来自二三产的纯收入为 609 元。从全市农民的收入构成看，这也与一产从业人员占比低相吻合。

### （三）绿岗就业农民

北京越来越重视农业的生态功能，大力推进百万亩造林、山区低效林抚育等生态工程,不断调减农业种植面积,扩大林业面积,因此需要越来越多的护林员、护水员。近年来,北京启动了绿色就业行动计划,努力开发从事环境和生态保护工作的直接性绿色岗位,从事绿色产品生产和服务的间接性绿色岗位以及从事治理污染等领域的绿色转化岗位,市园林绿化局制定的养护管理办法要求招收本地农民的比例不低于60%作为养护单位参与养护的前提条件。各区县有针对性地开展本地区的绿色就业工作,并取得了较好的效果。如顺义区坚持“农民不离土地,就近就业”的原则,积极推进农民一产就业员工化管理模式;昌平区以世界草莓大会为契机,发展规模特色产业带动就业,实施精品服务促进就业;朝阳区大力发展绿色生态农庄、现代休闲农业、特种养殖基地、绿色食品配送基地等都市型现代农业,提供了大量的绿色就业岗位等。近些年,林业的大发展及绿色就业岗位的增加,让一部分农民向林农转变。

### (四)非农就业农民

工资性收入正成为京郊农民收入的主要来源,占到农民总收入的60%以上。北京市近五年内有30多万农民迫切需要转移到二三产业就业。近年来,北京市不断加大农民就业技能培训力度,对农民实施定向培训,增强他们的就业技能。北京市政府已连续多年将农村富余劳动力培训工作列为为群众办的实事之一。北京市农委用于农村富余劳动力培训的投入达1000万余元;北京市科委、北京市教委也投入1000万余元,支持所属成人学校、星火富民学校购置教学仪器和实训设备;各区县投入农村富余劳动力转移培训资金达2500万元。2014年全市完成富余劳动力转移培训15.2万人次,5.5万农村富余劳动力实现了就业。全市还确定了68个农村富余劳动力培训示范基地,各基地将坚持对农民实施长期不断的“动态培训”。同时,培训基地将与各类企业、用人单位联系,帮助受培训农民实现就业。

### (五) 外来务农人员

北京作为大都市,本地农民不少都有不俗的分红与租金收入,无须以务农为生。但在属于他们的土地上,还种着蔬菜和粮食,这是因为雇用了外来务农者。社科院等机构的研究报告指出,北京目前至少有 12 万外来务农人员。北京外来务农人员大多来自河北、河南、山东等邻近北京的省市,也有一部分来自安徽、湖南、湖北等中部省份。其流出地的农业生产自然条件往往较差,人均耕地面积较小。在都市郊区务农人群中,绝大多数年龄介于 35 岁到 60 岁,缺乏从事其他工作的劳动技能,无法顺利被二三产业吸纳。外来务农者已成为发达地区及城郊农业的新生力量。

## 三、北京农业"调转节"对培育职业农民的新要求

新型职业农民是指以农业为职业、具有一定专业技能、收入主要来自农业的现代农业从业者,他们是北京发展都市型现代农业的基本力量和重要基础支撑。加快培育新型职业农民,是发展现代农业,解决好"谁来种地"、"如何种好地"等问题的基础性工作,过去几年的中央一号文件对此都提出了明确要求。

目前,北京郊区都市型现代农业发展进入了一个突出生态功能、突出高效优质、突出多产业融合的发展阶段,必须加快培育与之相适应的新型农业经营主体,而无论是种养大户、外来的农业生产能手,还是家庭农场,无论是合作社,还是龙头企业,其发育成长都有赖于职业农民的培育。这意味着,当前培育新型职业农民比过去任何时候都更为迫切。

### (一) 加快培育从事高效种植业的职业农民

为实现节水高效生产,北京市提出,按照打造"三田"(旱作田、

籽种田和景观田）、提升“三力”（综合生产能力、生态服务能力和景观服务能力）、发展“四种农业”（节水农业、籽种农业、旱作农业、景观农业）的思路，未来京郊将着力打造首都 80 万亩生产性绿色空间和优美田园景观。根据农业规模经营的要求，未来家庭种植 30 亩以上农田的农民将成为主体，因此，培育一批新型种养大户和家庭农场所需的生产技术和经营管理人员，才能适应新形势的要求。

从目前实际看，土地流转成本高是制约北京农业规模化经营的主要困难。据调研，北京农业用地流转成本大都在 1000 元/亩以上，是外省市的 2—3 倍，要让规模化经营能够赢利并让农民获得足够高的收入比较困难，必须发展高附加值的种植业，这对职业农民的生产技能及经营管理才能提出了更高的要求，政府也必须加强对这些职业农民的常态化培训和市场辅导，建立推广农业保险制度，在遇到市场大幅波动或自然灾害时，要让农民的损失降到最低。唯有建立较为完善的配套制度，在北京从事种植业的职业农民的培养才具有可持续性。

### （二）加快培育从事“菜篮子”生产的职业农民

按照“增面积提升蔬菜产业保障能力，转方式推进蔬菜提档升级，强监管确保蔬菜产业优质安全”的思路，北京市提出适度增加菜田面积，并按照规模化发展、园区化建设、标准化生产的要求，稳定“菜篮子”自给率。为提高蔬菜质量，保证蔬菜生产的安全性，未来所有蔬菜种植人员均应通过参加培训取得相关证书，成为新型职业农民，并实现规模经营。

北京作为超大型城市，必须保证一定的蔬菜等鲜活农产品的自给率。目前北京正在划定 70 万亩的基本菜田，引导郊区发展满足城市需求的蔬菜等鲜活农产品。由于北京土地和人力成本较高，北京必须发展品牌化的蔬菜种植，多种植绿色、有机、无公害的蔬菜，探索物联网销售、直售以及会员制、订单式的销售模式，抢占中高端市场。职业农民不仅会种菜,还要会销售菜,尽可能分享产业链各个环节的利润。

### (三)加快培育从事林业的职业农民

林业中面积最大的是生态涵养林,其中有山区林业,也有平原造林。林业养护中的技术人员、管理人员要有较高的能力和水平,应该全部培育为新型职业农民,以满足生态涵养林技术指导和管理的要求。北京郊区的鲜果林具有一定的面积,按照规模经营的要求,未来鲜果林种植面积在20亩以上的农户将成为主体,这就需要培育一批适应林果业生产经营大户要求的生产技术和经营管理人员。此外,北京还有一批花卉、种苗、养蜂业从业人员,其中大部分具有一定的经营规模,需要将其培育为新型职业农民。

随着产业结构的调整、全市耕地面积的减少以及林下经济的发展,林业对农民就业增收发挥的作用越来越大。高效果园、林下养殖、种植业的发展以及采摘旅游等为农民增收拓宽了渠道,出现了林菌、林禽、林药等十余种林下经营模式。未来北京农民从事林业经营大有可为,应该在现有基础上培养壮大从事林业经营、依靠林业致富的职业农民群体。

### (四)加快培育从事观光休闲与民俗接待的职业农民

观光休闲与民俗接待是郊区服务城市居民多样化需求和农村经济发展的新增长点,是京郊农民就业的新领域。要扩大规模,提高质量,突出特色。近年来,北京市在郊区已经认定了一批观光休闲农户。随着大休闲时代的到来,未来观光休闲产业还会有一个大发展,需要培育一批适应民俗接待和休闲观光农业发展要求的新型职业农民。

观光休闲与民俗接待是农业与旅游业相融合的新型产业模式,能够提供采摘、住宿、体验、娱乐等多种服务。未来的职业农民要把自家的农田、院落打造成一体化的旅游设施和景点，必须先合理配置种植作物，掌握旅游服务知识和营销技能，才能提升乡村旅游业的发展档次。

### （五）加快培育从事规模化畜牧水产业的职业农民

北京市提出，畜牧水产养殖业要控制新增规模，疏解现有总量，发展节水型养殖业和渔业，提高养殖水平。京郊畜牧养殖业结构调整的目标是：调减生猪和肉禽，稳定奶牛和蛋鸡，通过建立标准化、规模化、无害化的生产与繁育体系，重点发展养殖场、良种场与屠宰场，把畜禽养殖业做优。未来需要将符合规模养殖条件的畜牧养殖户所吸纳的就业人员培育成新型职业农民。稳定水产养殖规模，以池塘改造、温室循环养殖为主，推广工厂化、温室循环、标准化节水池塘养殖和生态养殖技术，重点发展籽种鱼、休闲鱼、精品鱼，做优调精水产养殖业。未来需要将水产养殖业的从业人员全部培育成新型职业农民，以满足水产业的新要求。

### （六）加快培育从事农业社会化服务的职业农民

除以上生产领域的新型职业农民培育以外，按照农业社会化服务发展的需要，在郊区农村还需要一批社会服务型的新型职业农民，可为农业生产提供农资、农机、植保、兽医、农产品销售、合作社服务等，他们是京郊农业生产发展和农村经济繁荣不可忽视的力量，也应纳入新型职业农民培育工作范畴，给予高度重视。

## 参考文献

1. 北京市委、市政府：《关于调结构转方式发展高效节水农业的意见》，2014年。
2. 北京市统计信息网：http://www.bjstats.gov.cn。
3. 国家林业局网站：http://www.forestry.gov.cn/Zhuanti/content_stwm/767624.

html。

4. 江晶、史亚军:“北京都市型现代农业发展的现状、问题及对策”,《农业现代化研究》2015 年第 2 期。
5. 梁晓声:《中国社会各阶层分析(增订版)》,文化艺术出版社 2014 年版。
6. 马俊哲:“京郊需要什么样的新型职业农民”,《京郊日报》2015 年 4 月 13 日。
7. 许恒周:《农民阶层分化、产权偏好与农村土地流转研究》,经济科学出版社 2013 年版。
8. 杨继绳:《中国当代社会阶层分析》,江西高校出版社 2013 年版。
9.《2014 北京统计年鉴》。

(于骛隆,北京市政府研究室;韩振华,北京市政府研究室)

# 能源蓝领发展之路探索——以扬州供电公司人才培养为例

童光毅　程志超

## 引　言

国家电网扬州供电公司成立于1962年，是国家电网江苏省电力公司所属的国有大一型企业，主要负责扬州市境内的四县及三区的供用电业务。截至2015年6月底，扬州供电公司系统用工总人数6342人（其中：全民2062人、集体7人、农电2836人、劳务派遣1437人），全民员工中具有专业技术职称的1380人（其中：高级职称157人、中级职称447人、初级职称776人），高级技能人才1386人（其中：高级技师519人、技师489人、高级工378人）。

2014年，扬州供电公司拥有220千伏电网的主干输电网，管辖4个县级供电公司、64个基层供电所，共服务电力客户210余万户；拥有35千伏及以上变电站162座，变电总容量1835.65万千伏安；35千伏及以上输电线路358条，线路长度约4558.11公里。2014年，扬州全社会用电量204.36亿千瓦时，同比增长3.54%；售电量为172.74亿千瓦时，同比增长5.76%；用电最高负荷为349.13万千瓦，同比增长2.09%。

为了公司自身更好地发展，扬州供电公司结合扬州的"人文、生态、精致、宜居"城市发展理念和国家电网的"诚信、责任、创新、奉献"的核心价值观，提出了"精致、匠心、创新、求实"的蓝领工人发展理念，并依此开发了适合本企业发展的蓝领工人培训开发体系和职业化评价体系等；从资金、场地、时间各方面支持员工实现自身价值、提升自身素养，建立小型图书馆，组建各类技术创新小组，开展道德课堂等活动。同时，打破国有垄断企业的"大锅饭式"的同工同酬模式，建立了基于成就导向的宽带薪酬体系和KPI绩效管理指标体系，充分发挥成就导向绩效评估的作用，实现"多劳多得、优劳多得"的良性竞争局面。同时，本着技术立国的指导思想，扬州供电公司突出强调蓝领工人的重要地位并将其体现于薪酬体系设计中，改变了我国数十年"蓝领低薪"的现状，极大地激发了蓝领工人的工作积极性和工作创造性。

此外，扬州供电公司在工作标准化的基础上，将各岗位工作流程具体化，形成了系统的工作规范、行为守则和相应的罚责措施，为员工的自我提升、自我约束提供了可靠的参考依据。与此同时，为了激发全员的创造力，扬州供电公司积极开展各类技术比武比赛，选拔业务精英，鼓励刻苦钻研，突破技术瓶颈，实现技术创新，树立精致匠心的蓝领文化，有效地提高了能源蓝领工人的业务技能和职业素养。

扬州供电公司学习国内外成功经验，建立了战略性人力资源管理体系,完善了人性化的管理制度,引入积极竞争机制,细化工作流程,鼓励技术创新,为企业的运转提供了有效保障。

扬州供电公司在生产、经营、基建、精神文明等各项工作中都获得了不菲的成绩,成为国家电网体系中典型标杆企业,为我国能源蓝领工人的培育与成长之路的探索提供了可借鉴的成功典范。

## 一、能源蓝领工人是我国能源产业升级的主力军

2014年12月中央经济工作会议在北京召开,会上明确地做出了中国进入新常态经济发展阶段的判断,要求把经济工作的着力点放到转方式、调结构上来,推进新型工业化、信息化、城镇化、农业现代化同步发展,逐步增强战略性新兴产业和服务业的支撑作用,着力推动传统产业向中高端迈进。

新时代背景下,身为产业的中坚力量,蓝领工人的革新是适应和实现我国经济转型和产业升级的必备条件。他们处于产业价值链的直接增值环节(如图1所示),分布于研究与开发、生产与制造、销售与服务等环节,其技能水平、创新能力等决定了最终交付产品

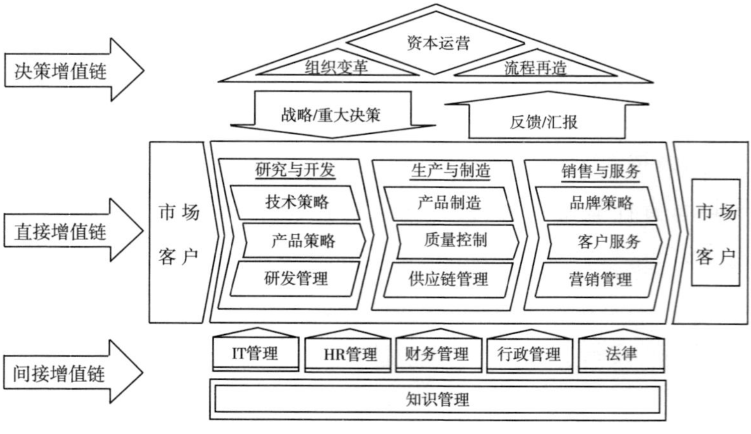


图1　产业价值链(蓝领工人处于价值链核心环节)

或服务的性能、质量和效率，进而影响产业升级水平。传统产业的升级对蓝领工人提出了更高的要求，如创新常态化、工作精细化、团队协调化、决策战略化、纪律严格化等，使新蓝领工人成为富有创造力的、卓越的产业升级主力军。

当前，信息爆炸、产品生命周期缩短、技术进步速度加快、技术融合加剧都对蓝领工人技能素养、创新能力提出了全新要求。对能源蓝领工人的培育不仅包括技能、创新能力的培养，还包括创新精神和文化理念的培育。精神培育可以指引发展方向，通过强化学习意愿，提高凝聚力，提高劳动生产力，更好地促进新型蓝领工人的成长。

作为能源产业的载体，能源企业承担着对能源蓝领工人的重要培育责任。为使企业能够获得并保持竞争优势，蓝领工人应不断学习新技术、新观念，使企业在生产工艺、产品开发等环节能够不断改进，设计、开发和制造出性能先进、质量优异的产品。以国家电网为例，除了发电环节，国家电网以建设和运营电网为核心业务，承担着保障更安全、更经济、更清洁、可持续的电力供应的基本使命，经营区域覆盖全国 26 个省（自治区、直辖市），覆盖国土面积的88%，110（66）千伏及以上输电线路109.5万千米，110（66）千伏及以上变电设备34.3亿千伏安，供电人口超过 11 亿人，城市供电可靠率99.967%，农网供电可靠率99.878%。公司员工总量约186.73万人，2014 年营业收入3333.865亿美元。在国家电网系统中生产技能人员比例偏大，而高级技术人员占比较低，这使得国家电网公司对新型蓝领工人的培育责任显得尤为突出。据不完全统计，2010 年年底，我国技能劳动者1.12亿人，占从业人员的比例不足13%，高技能人才仅为 2863 万人，技师、高级技师仅占技能劳动者的 5%。这一数据表明，我国急需高技能人才。（数据来源于《全国新闻联播》）

新时期，企业人力资源管理已不同于以往（如图 2 所示），21 世纪的人力资源管理是一种人力资本管理，即将人力资源视为可以实现价值增值的人力资本。企业应通过高度的信息技术的应用以及对员工相关知识和技能的培养，强化蓝领工人的信息共享能力，并不断提升其学习能力和创新能力，使蓝领人力资本的升值能够为企业创造更高的价值增值。

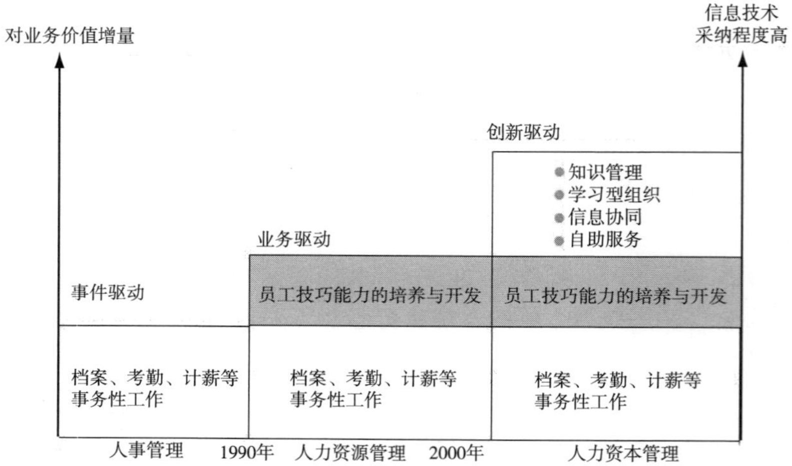


图 2　人力资源管理的三个阶段

## 二、从扬州供电公司看能源蓝领工人成长与提升之路

蓝领工人的培育效果，关键在于建立良好的培养机制（如图 3 所示）。基于国家电网公司的人才培育理念，扬州供电公司在蓝领工人的培养机制上进行了积极的尝试，树立了全面的人力资源战略目标，即坚持终身学习、全员培训的思路，通过构建符合公司实际的牵引机制、激励机制、约束机制和竞争机制，形成分层次、分类别、多渠道、大规模的人才培养新格局，努力培养和造就一支政治素质好、经营业绩好、团结协作好、作风形象好、富有创新精神、能够防范经营风险、应对复杂局面的经营人才队伍，一支职业素养好、市场意识强、熟悉电网企业经营管理业务、坚持并实践公司发展战略、执行力

强的管理人才队伍,一支理论扎实、作风严谨、具有技术创新和科技攻关能力的技术人才队伍,一支爱岗敬业、技能精湛、勇于实践、一专多能、作风过硬的技能人才队伍。

图 3　新型蓝领工人培育机制

## (一) 牵引机制——新时代能源蓝领工人成长与提升的向导

牵引机制是指通过明确组织对员工的期望和要求,使员工能够正确选择自身的行为,最终组织能够将员工的努力和贡献纳入到帮助企业完成其目标、提升企业核心能力的轨道中来。牵引机制的关键在于向员工清晰地表达组织和工作对员工的行为和绩效期望。因此,牵引机制主要依靠以下人力资源管理模块来实现:企业的文化与价值观体系、职位说明书与任职资格标准、KPI 指标体系、培训开发体系。

1. 企业匠心文化与价值观体系

扬州供电公司将国网公司的"诚信、责任、创新、奉献"核心价值观与当地的"精致"文化相结合,形成本企业蓝领工人的"匠心"文化理念,在扬州供电公司的配电运检室弘扬着"干中学,学中干,总结、提炼、提升"的产业工人精神。

自2013年以来,配电运检室围绕"一流配电网建设",不断挖掘一流电网改造过程中发现的问题,积极开展提升配电网施工工艺标准的探索和研究。

第一,在近88平方公里示范点的标准化改造过程中,细心的运维人员发现导线搭接处仍存在裸露带电部位,存在异物短接的隐患,为此配电运检室研制出系列接头绝缘保护罩,能够满足任何形式接头安装的需要,同时该保护罩运用了新材料使得在温度达到120℃度时产生收缩变形,便于运维人员及时发现接头过热的故障。工人们在改造中还发现了部分封堵胶泥已风化脱落、起不到封堵效果且外形不美观的现象。配电运检室采用绝缘高分子记忆材料研制了拉链式绝缘密封罩,替代了原先的封堵胶泥,不仅封堵效果好,而且外形美观便于检修。

第二,在配变台架安装方面,检修人员发现传统配变台架进出线电缆存在大幅度弯曲,容易损伤大截面电缆,且安装中施工工艺控制困难。配电运检室针对上述难题研制了景观型装配式柱上配变台架,配变各附属部件采用模块化安装,避免了进出线电缆的弯曲,提高了安装效率。同时又根据扬州园林"漏窗"的特点,专门设计了窗棂式箱体,外形简洁美观,与环境协调。

第三,在配电自动化示范区改造时,检修人员发现配电自动化开关的二次线缆沿电杆表面施放,不仅严重影响登杆作业,且容易被损坏。为此配电运检室研发了柱上配电自动化开关二次线缆安装新工艺,将二次线缆用对扣管固定保护,多余的二次线缆盘用余缆盘整理收纳,既方便了施工人员登杆检修,同时设计了对扣三通,避免了通信光缆做中间接头的高昂费用。

上述工艺创新无疑是新蓝领工人们匠心文化的最好体现,这些创新产品大幅度提升了一流配电网改造的效果,使得配电线路安全可靠且简洁美观,与环境相协调。

2. 培训开发体系

身先为师，身正为范。扬州供电公司将多年传承下来的“传帮带”培训方法进一步科学化、精细化，结合对蓝领工人的职业生涯规划或者技术等级发展规划编制了完善的培训计划。

A. 编制一套翔实的“传帮带”实施方案。每一个生产技能类的新进职工都会有一个具有丰富现场经验和较高技能水平的老职工作为导师，发挥优秀员工“传帮带”的作用。

B. 规定师傅应主动了解徒弟的培训需求；制定师带徒培训计划与目标，认真执行培训计划，包括：安全教育；结合现场传授岗位技能知识；协助制订师带徒期间考评方案；在工作和生活上关心徒弟，成为徒弟的良师益友。

C. 徒弟应服从师傅教导，按照培训计划认真学习理论知识，不断提升技能水平，及时总结学习情况，加速实现培养目标。

D. 建立督导人机制。督导人是师带徒培训的监督与指导者，由所在单位负责人或专职担任，负责监督师带徒培训工作的开展；指导师傅制定带徒目标与培训计划；定期与师徒开展交流并检查培训效果；参与师带徒培训合同期考评。

除了本班组内的师带徒，扬州供电公司还设计了完整的培训体系，以对公司内每个蓝领工人职业技能的成长与提升加以引导。主要分为岗前培训、岗位培训、待岗培训和职（执）业资格培训四个类别：

A. 岗前培训。对各类新录用人员、转岗或晋级员工，必须按照岗位规范要求进行专业知识和技能培训，培训考试合格、符合上岗条件后方可上岗。

B. 岗位培训。主要包括脱产培训、现场培训、网络培训和在岗自学四种形式。

C. 待岗培训。对已在岗人员，依据岗位责任体系要求进行岗位能力考试考核，考试考核不合格，须离岗接受不少于半年的待岗培训,培训合格后,方可重新竞聘上岗。

D. 职(执)业资格培训。从事国家规定实行就业准入制度的职业和工种的员工,必须取得相应职(执)业资格证书,方可从业。生产一线员工参加职业技能鉴定前,应按照国家有关要求,参加相应工种的职业资格培训。

### (二)激励机制——新时代能源蓝领工人成长与提升的动力

根据现代组织行为学理论,激励的本质是激发员工去做某件事的意愿,这种意愿以满足员工内在需要为前提条件。因此激励的核心在于对员工内在需求的把握与满足。激励机制主要依靠以下人力资源管理模块来实现:薪酬体系设计、职业生涯规划与升迁异动制度、分权与授权系统。

1. 职业生涯管理

扬州供电公司结合本企业特点设计了一套翔实的员工职业生涯培养方案,从员工新进公司到逐渐成长,实行着一套梯次培养计划。在新员工培养过程中实施"一年入职、二年入行、三年成熟、四年成才、五年拔尖"的梯次培养计划,晋级阶段划分为中级工、高级工、技师、高级技师。将企业要求和个人需求紧密结合,系统开展新员工培养,通过制定具体的培养目标,引导和督促新进员工有方向、有目标地健康成长、顺利成才,为其职业发展晋级打下坚实的基础。这一细则的实施由人力资源部、运维检修部、营销部(客户服务中心)、电力调度控制中心、安全监察部、党群工作部、企协工作部、新员工所在单位、教育培训部共同承担。员工在每一梯次上的成长都由这些部门共同考核并提出意见,梯次培养计划也促使着职工有一个清晰的职业生涯规划,激励职工级级递进,逐步成长为企业所需人才。

2. 薪酬体系设计

在国网薪酬体系框架内,扬州供电公司有导向性、针对性地设计了有自己特色的薪酬结构,全面构建以岗位绩效工资制度为基本模式,与岗位价值、绩效贡献、能力素质三个要素相挂钩，由岗位薪点工资、绩效工资、年功工资、辅助工资四个单元构成，适应公司发展战略的差异化薪酬分配体系。其中绩效工资占总收入的50%左右。

### （三）约束机制——新时代能源蓝领工人成长与提升的规范

有激励机制就要有约束机制,约束机制与激励机制相辅相成。所谓约束机制,其本质是对员工的不良行为进行限定,使其符合企业的发展要求。约束机制使得员工的行为始终在企业预定的轨道上运行。标准的约束机制主要有三个关键要素,即以企业 KPI 指标为核心的绩效考核与管理体系,以任职资格体系为核心的职业化行为评价体系以及具体化的员工基本行为规范与员工守则。

1. 以企业 KPI 指标体系为核心的绩效管理体系

扬州供电公司人力资源部基于“诚信责任、创新奉献”的核心价值观,联合其他相关部门,建立了一套可持续改进的绩效管理循环系统,包括公司的绩效目标、绩效计划、绩效实施、绩效考核、与员工定期的绩效反馈、管理沟通六大要素。绩效目标、绩效计划、绩效实施、绩效考核、绩效结果五大要素之间环环相扣,管理沟通则贯穿整个过程,最终实现并提升绩效目标(如图 4 所示)。这套完善的绩效评价体系,涉及范围从新员工实习培训到老员工退休,使绩效管理贯穿于员工的职业生涯始终,充分发挥绩效管理的作用。

图 4　绩效管理循环系统

例如,隶属于变电检修室的二次系统检修班,现有员工 11 人(其中男员工 10 人,女员工 1 人),主要承担着市区 43 个变电站(其中 110 千伏变电站 37 座,35 千伏变电站 5 座)二次系统装置的调试、抢修、消缺等工作。该班组将员工自身安全和高质量完成工作视为同等重要的绩效目标,并依此分别制订了年度、季度、月度和每周的绩效计划。同时该班组罗列了一系列考核内容及对应的关键指标和考核标准,例如劳动纪律、安全风险控制等(如表 1 所示)。通过严格的绩效考核,该班组实现了 0 次安全事故,并在日常检修工作甚至在紧急情况发生时都能够高质高效地完成检修任务,合格率达到 100%。2014 年,该班组被评选为"标杆班组"、"安全生产先进班组"等。面对已有成绩该班组没有骄傲,反而对自己提出了更高要求,在内部开展了相关学习活动,以提升自身的创新改造能力。该班组不菲成绩的取得,离不开扬州供电公司完善的绩效管理系统。可见,持续改进的绩效管理系统为现代新蓝领工人树立匠心精神、提升创新意识、实现自我价值提供了良好的秩序和氛围,是新蓝领工人不断前进的驱动力。

**表 1　二次系统检修班考核内容(举例)**

| 序号 | 考核内容 | 关键指标 | 考核标准 | 考核周期 |
| --- | --- | --- | --- | --- |
| 1 | 劳动纪律 | 出勤率 | 没有无故缺勤 | 一个月 |
| 2 | 安全风险控制 | 工作票合格率 | 100% | 一个月 |
| 3 | 安全风险控制 | 安规考试 | 合格 | 一年 |
| 4 | PMS 系统记录维护 | 完整率 | 100% | 一个月 |
| 5 | 消防器具周期检查维护 | 完成率 | 100% | 三个月 |

2. 以任职资格体系为核心的职业化行为评价体系

古人云,"术业有专攻。"职业化行为评价体系的建设是提升中国蓝领工人职业素养的必然要求,也能有效弥补中国蓝领工人在技能方面的缺失。对蓝领工人来说,职业化行为评价体系主要包括职位说明书、任职资格标准、任职资格等级制度、职业发展计划等方面,并辅以考试认证。

扬州供电公司的每个岗位均有详细的职位说明书及相应的任职资格标准、等级制度(如中级工—高级工—技师—高级技师)等。此外,扬州供电公司建立了系统的职业发展路径。例如,为培养优秀的新蓝领工人,扬州供电公司开展了"梯次培养计划",帮助新员工完成从新员工实习到技师认证的成功转变。扬州供电公司的职业发展体系为每一位蓝领工人设计了独特的、符合其自身特点的职业发展计划,有效改变了现阶段中国蓝领工人职业迷茫的现状。

3. 员工基本行为规范与员工守则

员工的行为是企业价值观的直接体现,制定合理、易实行的行为规范和守则是落实企业文化的关键。将工作每一个细节做到极致,爱岗敬业,是现阶段我国蓝领工人所缺乏的"精致匠心"的精神。扬州供电公司针对不同岗位的员工,都设置了一系列的基本行为规范及守则,如岗位道德规范、安全生产管理标准等,以保证公司各部门互相协调、共同发展。以二次系统检修班为例,该班组为了保证工作质量,追求完美的目标,将工作流程中每一个细节都列入"指导书"、"规范"等固化下来,以达到卓越的标准。

该班组工作流程中明确提出在对新建变电站进行二次设备安装调试作业时,要严格按照《生产技术改造工作管理标准》、《电力系统二次回路控制、保护装置用插箱及插件面板基本尺寸系列》等规范的要求操作,使工程质量100%达到《电气装置安装工程施工及验收规范》的要求。二次系统检修班组以实际行动落实"精致匠心、创新求实"的发展理念,为自身的发展奠定了坚实的基础。除此之外,该班组还要求定期清理所辖卫生区的环境卫生、物品管理要与定置图相符等,从一点一滴培养精致匠心的价值观。

### （四）竞争机制——新时代能源蓝领工人成长与提升的鞭策

企业不仅要有正向的牵引机制和激励机制，不断推动员工提升自己的能力和业绩，而且还必须有反向的竞争机制，将不适合组织成长和发展需要的员工释放于组织之外，同时将外部市场的压力传递到组织之中，从而实现对企业人力资源的激活，防止人力资本的沉淀或者缩水。扬州供电公司作为国有大一型企业，也曾受到国有企业特有风气和意识的影响，例如缺乏自主意识、吃大锅饭等。为了打破“国有”头衔对企业活力的束缚，扬州供电公司建立了岗位竞争与淘汰机制，主要包括择优竞争上岗和技术比武两个方面，取得了很好的效果，为其他国有企业改革树立了成功的典范。

1. 制定竞聘上岗制度，培养竞争意识

竞聘上岗是市场经济对企业的内在要求，通过与激励机制的相互配合，激发员工的工作积极性，提高员工的创新能力。扬州供电公司依据“能者上、庸者下”、“人人平等”等原则，组织各领域考官对员工进行考核，以德、才、能、识、体的标准全面衡量选拔员工。

扬州供电公司从新员工实习开始抓起，培养员工的竞争意识。例如《新进大学生转正定级考核实施细则》指出，新进大学生完成入职培训、生产过程见习、专业岗位见习三个阶段后，经所在单位就政治思想、道德品质、组织纪律、劳动态度、团队合作、业务水平和工作能力等方面综合评定后，实习满一年，应参加公司组织的转正定级考核，转正定级考核分为转正定级答辩和中级工技能鉴定两个环节。对于转正定级考核，该公司改变以往单一试卷考试模式，从综合面试答辩、国网培训考核和中级工鉴定三个方面（转正定级考核成绩=面试答辩成绩×40%+国网培训成绩×20%+中级工鉴定成绩×40%）进行考察，从而增强了员工对技能灵活应用的重视。未通过中级工鉴定考试的人员按考核不合格处理，延期转正。

作为新员工的参考样本，老员工的竞争意识更不能少。对已在岗人员，扬州供电公司依据岗位责任体系要求进行岗位能力考试考核。考试考核不合格，须离岗接受不少于半年的待岗培训，培训合格后，方可重新竞聘上岗，以保证企业高效率运转。

2. 建立比赛平台，树立领域模范

为了切实提高蓝领工人的业务技能和职业素养，国家电网建立了一个较为全面的技术比武平台，制订详细竞赛活动计划，建立专题网站，完善工作例会制度，定期分析、总结相关工作，并按照工种（如电力调度自动化厂站端调试检修员、变电站值班员、送电线路工等）开展不同种类的竞赛，包括岗位竞赛、技能竞赛等。通过各项比赛，选拔了各领域的业务精英和道德模范，并对其进行表彰和宣传。技术比武平台的建立，提高了国家电网体系内各模块的竞争意识，激活了员工的工作积极性和创新性，为公司的有效运转提供了有力保障。

扬州供电公司不但积极参与国家电网体系内的各项比武，还在本公司内部开展以基层工作任务为内容的技术比武，授予"排头兵"等称号。同时，扬州供电公司建立了专利成果展示平台以及优秀班组展示间等，全面覆盖了整个公司各个工作模块的优秀人才，并将比武比赛结果、称号、专利成果等与绩效相结合，使这些优秀人才能在其领域内起到模范带头作用，更好地激发员工创新求实的积极性。

作为公司的"标杆班组"，变电二次检修班得到了全公司的认可。扬州供电公司为变电二次检修班设立了展示间，展示了检修班所有成员的优秀业绩，还设立了"兄弟连"称号和"攻占一切不可能"的口号，并设计了独特的"兄弟连"标签，增加了员工的荣誉感、归属感和忠诚度。特别是，展示间摆放了很多该班组成员的工作日记、学习感悟等，为其他班组的学习提供了切实可行的参考路径。该班组还在内部开展了"党员突击队"、"争当排头兵"、"向我开炮"等活动，通过内部带头、内部竞争、自我批评等流程，使该班组成为一个自身不断成熟发展的成长性班组。

扬州供电公司在能源蓝领工人的培育过程中积累了大量的有益经验，探索出了一条较为成熟的、可兹借鉴的蓝领工人成长与提升之路。扬州供电公司以科学发展观和科学人才观为指导，坚持以人为本、企业与员工共同成长的社会责任准则，视人才资源为第一资源，尊重劳动、尊重知识、尊重人才、尊重创造，抓住培养、吸引、使用等关键环节，以能力建设为核心，以高层次人才和创新型人才培养为重点，大力开展全员培训，提高队伍整体素质，培养和造就结构合理、素质优良的经营人才、管理人才、技术人才和技能人才队伍。扬州供电公司以出色的蓝领工人队伍切实保障了社会持续发展的用电需求，为促进扬州实现绿色发展、循环发展、低碳发展，做出了杰出贡献。

## 三、能源蓝领工人的新纪元

能源蓝领工人的培育，无论对我国能源产业的升级，还是对能源企业竞争优势的构建，都具有重要意义。通过技能素养和精神素养的培育，蓝领工人可以实现自我充实和提升，开阔自身职业生涯的发展方向。

二元劳工市场理论认为，劳工市场分为上等劳工市场和次等劳工市场，上等劳工市场的工作，被看成是“好职业”，次等劳工市场的工作被称为“坏职业”。长期以来，蓝领工人处于次等劳工市场，收入水平与上等劳工市场相差较大，而且由于技术水平和职业发展通道的限制，他们很难由次等劳工市场上升至上等劳工市场。这种劳工市场分裂现象被称为二元劳工市场。能源蓝领工人培养体系的建设有助于打通二元劳工市场，为能源蓝领工人创造自我提升和职业晋升的通道，从而提高能源蓝领工人在我国劳动力市场中的价值和地位。

国家电网扬州供电公司以国家电网总公司的总战略为导向，融合扬州市整体发展理念，根据能源蓝领工人的现状，打造了独树一帜的能源蓝领工人发展理念，即"精致匠心、创新求实"，创建了较为完善的人力资源战略体系和管理系统，探索出一条以创新求实为基础的、体系化、知识化、规范化的能源蓝领工人培育之路，为我国能源蓝领工人的成长和培育树立了良好的典范。

**参考文献**

1. 蔡昉:《中国人口与劳动问题报告》，社会科学文献出版社 2009 年版。
2. 陈涛、李廉水:"德国高级蓝领培养与培训体系的经验分析"，《技术经济》2005 年第 5 期。
3. 蒋如意:《新生代蓝领员工离职研究》，清华大学博士论文，2013 年。
4. 厉以宁:"论蓝领中产阶级的成长"，《中国市场》2015 年第 5 期。
5. 厉以宁:《中国经济双重转型之路》，中国人民大学出版社 2013 年版。
6. 厉以宁、孟晓苏、李源潮、李克强:《走向繁荣的战略选择》，经济日报出版社 2013 年版。
7. 戚刚:"高级蓝领短缺与社会保障问题研究"，《北方经贸》2014 年第 1 期。
8. 叶剑峰:"面对廉价用工时代的终结"，《中国人力资源开发》2012 年第 9 期。

（童光毅，国家能源局；程志超，北京航空航天大学经济管理学院）

# 中小微企业政策与蓝领中产阶级发展——以安徽省阜阳市颍东区为例

刘焕性　刘俊礼　刘中升

改革开放尤其是20世纪90年代以来，中小微企业在我国的经济发展中的作用越来越大。不仅创造了巨大的社会财富，而且还成为蓝领中产阶级成长壮大的重要推手。[1]

---

〔1〕“中产阶级”（Middle Class）一词，最早出现在近代欧洲，而其作为一个社会阶层的产生，则与18世纪的工业革命有着密切的联系。早期的中产阶级由大小不等的商业和工业资本家构成，他们对财富孜孜以求，借以实现社会地位的提升，这些人被认为是“老式中产阶级”的代表。一般而言，工业化过程中企业雇佣的从事管理和技术的人员被称为白领，从事体力劳动的人员被称为蓝领。现在的中产阶级，根据厉以宁教授的说法，中产阶级不仅是一个按收入水平划分的概念，同时也是一个按文化素质确定的概念，不能够认为只要有钱就一定有文化素养，就会成为社会的中坚力量。蓝领中产阶级将越来越成为文化方面有修养的人，有道德修养的人。他们和白领的中产阶级一样，都将成为社会的中坚力量。

根据有关数据，截至 2013 年三季度末，全国工商注册的中小企业总量超过 4200 万家，比 2007 年增长了 49.4%，占全国企业总数的 99%以上；同时，中小企业也贡献了 58.5%的 GDP，68.3%的外贸出口额，52.2%的税收和 80%的就业岗位[1]。这表明我国的中小微企业已成为国民经济和社会发展的重要力量，在繁荣经济、增加就业、推动创新、改善民生等方面，发挥着越来越重要的作用。中小微企业的发展壮大造就了一大批蓝领中产阶级，但由于农民工和普通工人与白领中产阶级之间存在着收入差距，而且受教育状况也存在着差距，因此蓝领中产阶级在打破阶层僵化、推动底层社会向上流动等方面具有重要意义。它清楚地告诉我们"蓝领"作为体力劳动者的称号，并非永远被定为在社会的下层，这种地位是可变的。在法治社会潮流之下，只要机会均等，只要劳动者勤于工作，努力学习，走自行创业的道路是会有收获的。未来的前途要靠本人的努力，而并非依靠门第家庭出身和父母留下的遗产。[2]

作为社会主义市场经济主体的重要组成部分，中小微企业也是当前释放改革红利、刺激经济发展的关键领域和薄弱环节。近些年来，安徽省阜阳市颍东区根据自身实际情况，相继出台了一批旨在促进中小微企业发展的扶持政策，为中小微企业的发展和蓝领中产阶级的壮大插上了腾飞的翅膀。

## 一、颍东区中小微企业概况

颍东区地处黄淮海平原，是阜阳的重要窗口和门户。作为传统

---

〔1〕 参见"企业职工收入差异化问题不容忽视"，《中国企业家报》2014 年 3 月 21 日。

〔2〕 参见厉以宁："论蓝领中产阶级的成长"，《证券日报》2014 年 12 月 21 日。

的农业区，它也是国家级贫困县（区），二三产业底子薄，企业技术含量和经济效益不高。但是它的区位优势明显，立体交通四通八达，是全国著名的综合交通枢纽；物产富饶，是全国重要的粮棉油肉商品生产基地，素有“百亿江淮粮仓”的美誉；劳动力资源丰富，是远近闻名的人力资源大市；商贸物流业发达，是安徽省政府确定的皖西北商贸物流中心；煤炭资源已探明可采储量80多亿吨，是华东地区新兴的煤电能源新城。

近年来，颍东区委、区政府依托这些资源优势和禀赋，审时度势，大力发展食品及农副产品深加工、煤化及新型建材、机械电子、文化及印刷包装、纺织服装和医药卫材等为主导的六大工业体系，实施“三化联动，一化优先”（即坚持新型工业化、城镇化和农业现代化“三化”联动发展，突出工业主导地位）的工业突破战略，加快发展区域经济，不断壮大综合实力。把促进工业发展作为推动经济持续较快增长的第一引擎、财政增收的第一源泉、劳动就业的第一渠道，以及推进城镇化的第一动力。以工业发展的地位树立颍东的发展地位，以工业发展的形象树立颍东的发展形象，全力打造区域经济发展的“升级版”。

加快经济发展的推力在企业，加快工业发展的动力在投资。中小微企业是提振县域经济的生力军，也是缓解社会就业压力的稳定器。在发展大企业“顶天立地”的同时，也要使小微企业“铺天盖地”。颍东区委、区政府以推进“大众创业、万众创新”为基础，全力帮扶中小微经济发展。2014年全年共完成投资107亿元，为中小微企业的发展创造了良好的硬件环境。截至2014年年底，颍东区共有规模以上工业企业129家，其中食品及农副产品加工业39家，占比30%；煤化及新型建材业23家，占比18%；机械电子制造业21家，占比16%；文化及印刷包装业18家，占比14%；纺织服装加工业18家，占比14%；医药卫材制造业11家，占比8%。全年共完成规模工业产值190.5亿元，实现工业增加值71.5亿元，在阜阳市8个区县里名列第3位[1]。

## 二、颍东区中小微企业从业人员概况

随着安徽全省各地逐步重视小微企业的发展和《安徽省人民政府办公厅关于扶持小型微型企业健康发展的实施意见》等一系列扶持政策的出台和实施，以及中小企业公共服务平台的建设与完善，安徽省开始将小型微型企业纳入中小企业扶持资金支持范围，重点支持“专精特新”企业、产业集群专业镇重点企业、成长性小型微型企业及中小企业服务平台建设，小微企业不仅可以少缴税，还能享受专项资金扶持并吸纳就业的补助等，这些都进一步推动了小微企业和从业人员的发展壮大。

截至2014年年底，颍东区中小微企业从业人员共计2.6万人，主要来源于颍东区及周边的7个县市区，另有来自阜阳市以外的人员约1000人，大部分是外来投资者和企业管理人员。从业人员中，年龄在18—30岁之间的占总人数的19%，年龄在31—45岁之间的占总人数的57%，年龄在46岁以上的占总人数的24%。

从学历结构情况来看，具有小学文化水平的从业人员占总人数的6.2%，具有初中文化水平的从业人员占总人数的54.4%，具有高中文化水平的从业人员占总人数的27.8%，大专及以上文化水平的从业人员只占总人数的11.6%。

从所从事的工种情况来看，食品及农副产品加工业、文化及印刷包装业、纺织服装加工业这些劳动密集型行业员工占据了从业人员总数的85%左右，他们多从事技术要求简单的操作工作，一般在上岗前由人力资源部门或企业组织，进行一到两个星期的短期培训后即可上岗。这些行业的检验检测、企业管理及财会人员约占本企

〔1〕 参见《颍东区2014年统计年鉴》。

业用工总数的5%，对外联络和营销人员约占10%左右。煤化及新型建材业、机械电子制造业、医药卫材制造业的员工多为技术工人，占本企业用工总数的90%以上。专业技术院校的毕业生，多从事技术含量较高的工种如产品设计、（数控）机床操作等。阜阳市中小微企业员工的平均工资大约在2300元左右，而颍东区上述企业的普通操作工月薪大约为2200—2500元，专业技术工月薪大约为2600—4500元，企业管理人员月薪大约在2500—4000元，与专业技术工收入水平大致相当。

从用工方面存在的问题来看，一是劳动力成本上升较快，部分中小微企业感觉压力很大。根据调查，28.3%的企业认为当前最突出的问题是劳动力成本上升，企业成本增加。一些企业开始通过改造机械设备、增加自动化流水线或机器人来降低劳动力成本。二是企业用工出现困难。在全区纳入规模统计的工业企业中，有三成多的企业用工遇到困难，其中一半是缺少技术工人。主要原因是少数高粉尘、高噪音企业，工作环境差、劳动强度高、工资待遇低，工人不愿意应聘；部分需求技术工人的企业，直接从社会上招聘的人不能满足生产需求，如果招进来培训，对企业来说又有一定的成本和风险，这就加剧了技术工人供需矛盾，尤其是小微企业招工形势不容乐观。

## 三、颍东区委、区政府的扶持政策

颍东区始终把优化发展环境作为加快中小微企业发展的头道工序和核心工程，严格按照“服务零距离、管理零收费、客户零投诉”的总体要求，实行窗口服务制、首问负责制、一次告知制、限时办结制、跟踪服务制、首错不罚制等制度，先后出台了招商引资、工业发展等一系列优惠政策，并努力打造益于兴业、益于发展的良好环境。颍东区中小微企业除享受国家、省、市规定的优惠或扶持政策外，还出台了一系列适合本区实际情况的优惠政策，主要分为四类：

第一类，主要为来颍东区投资的中小微企业提供政策支持。比如《阜阳市颍东区鼓励外来投资暂行办法》、《颍东区引进外来投资奖励暂行办法》等，细化了全区产业发展、优惠政策、投资服务、政策审定、政策兑现、投资运营审查等内容，结合颍东实际，对鼓励外来投资工作提出了具体规定，在规划、建设及相关手续审批帮办等方面提供优质服务。

第二类，主要在税收方面给予中小微企业补贴或奖励。比如《颍东区工业企业城镇土地使用税和房产税奖励办法》、《阜阳市颍东区鼓励外来投资暂行办法》等，其中规定给予建成企业"三免两减半"政策，即投产后前三年，按企业实缴税给予同数奖励；之后两年，按企业实缴税额的一半给予奖励。

第三类，主要为中小微企业提供金融支持。比如出台了《颍东区重点小微工业企业助保金贷款管理暂行办法》、《颍东区鼓励企业进入全国中小微企业股份转让系统和区域性股权交易市挂牌交易暂行办法》、《颍东区商贸流通扶持办法》、《颍东区对外经贸扶持办法》、《颍东区委、区政府关于推进工业经济跨越发展的实施意见》、《颍东区委关于进一步促进非公有制经济和小微企业又好又快发展的实施意见》等，并成立了颍东区人民政府金融工作办公室、中小微企业担保中心、颍东区东盛建设投资有限公司，这些文件或机构主要为全区的中小微企业融资提供政府担保，或为企业进入股权交易市场挂牌融资提供帮助和奖励。

第四类，主要是为中小微企业发展营造良好环境。比如，《颍东区纪委关于实行涉企检查审批备案制度的通知》、颍东经济开发区企业反映问题月报告制度等，进一步控制和规范涉企检查行为，为中小微企业减轻负担，营造和谐、宽松的发展环境。颍东区人社局还专门负责为中小微企业提供人才培训和招聘服务，解决企业用工难问题。

## 四、颍东区蓝领工人的境遇以及向上流动情况

颍东区对中小微企业的各项支持，再加上国家、省、市出台的多项优惠扶持政策，构成了立体式、全方位的扶持中小微企业政策框架，使全区中小微企业得到迅猛发展，效益不断提高，企业员工从中也受益很大。比如，工资待遇逐年提高，技术工人年均收入已接近4万元，年均增幅达10%以上，企业为职工交纳各类社会保险比率达到60%，职工生活水平得到不断改善。据统计，2014年，全区工业企业投入40.4亿元，进行技改、扩建工程，不断更新换代装备设备，改善工作环境，使职工健康状况得到充分保障。

在企业效益提高的同时，部分企业还拿出资金开展技术培训、技能评比和企业文化创建等活动，激励职工钻研岗位技术，不断提高个人职业技能和素养，并考取必要的从业资格证书。一些企业还组织员工定期外出考察和旅游，在学习同行业先进技术的同时，也让职工在心理上感受到企业的人文关怀，增强员工对企业的认同感。目前全区特殊技术岗位从业人员持证上岗率达100%。2014年专利申请量277件，同比增长37%；授权量246件，同比增长60%。

根据近三年来的统计，每年都有140名左右的企业职工因为工作业绩突出或专业技术精湛而走向了企业中层管理岗位，有超过300名的职工被本市、本省或外省的企业高薪挖走，有200名以上的职工利用业余时间在职业技术学院或电大学习，并成为企业的业务和技术骨干。区政府也在加快制定和实施让技工富起来的方略，以应对世界性新产业、新技术、新工艺的变革，在加快"中国制造"向"中国创造"的转换之中，造就以技工为主体的中产阶层。这种向上的成长和流动性，正如厉以宁教授所讲的"意味着'金字塔形'的收

入分配结构正在向‘橄榄形’或‘鸡蛋形’的收入分配结构转变，这是符合发展规律的。”[1]

## 五、思考和建议

颍东区蓝领中产阶级人数增长速度较快，在过去的10年间，由原来的个别现象发展到现在的近两千人，但是放到全区65万人口里，大约只占全区人口的0.3%，所占的比重仍然偏低。而且蓝领中产阶级的职业构成比较特殊，只分布在一些特定的行业，比如烟草、电力、机电、煤炭、石油等。特别是在煤化及新型建材业和机械电子制造业的蓝领中产阶级占了全部蓝领中产阶级人数的80%以上，分布极不均匀。再加上由于当前用工较为紧张，虽然颍东区地处千万人口大市——阜阳市，每年都有260多万人在外打工，但阜阳市本地反倒成为劳动力资源稀缺的地区。为了能正常生产，部分中小微企业只能将一些年龄偏大、文化水平相对较低的人员招进来，并付出相对较高的薪酬待遇，才能留住工人。为推进颍东的经济社会发展，不断壮大蓝领中产阶级的队伍和实力，现提出以下几点建议：

一是保持经济稳定健康发展。经济的发展是扩大中产阶级人数比重的根本，只有经济发展了才能从总体上提高居民收入，提供更多就业岗位。未来发展方向上应该以提高居民可支配收入为准，而非以GDP增长率为评价标准。颍东区资源禀赋优势明显，今后除了着力抓好食品加工、印刷包装两大优势产业，加快食品工业园、省级文化产业示范区建设，扶持壮大骨干企业之外，还应运用先进技术改造传统产业，做大做强医药卫材、纺织服装产业，争创知名品牌，加快培育电子信息、机械装备制造等科技型产业。特别是应充

---

[1] 参见厉以宁：“论蓝领中产阶级的成长”，《证券日报》2014年12月21日。

分发挥颍东区方圆150公里有5000万人的优势，大力发展生产和生活类服务业，提高产品的附加值和企业的经济效益。目前，阿里巴巴颍东产业带已经上线运营，这是阿里巴巴在安徽建立的第一个县域性产业网络销售平台。该平台充分整合颍东及周边地区农产品、食品加工、印刷包装、医药卫材、机械电子等优势企业，将颍东制造和颍东品牌的优质产品作为重点在全国范围内进行推广，有力推动颍东传统企业触网转型，加快颍东电子商务建设步伐。此外，阜阳电商快递产业园也正在建设之中，该园是颍东区人民政府与阜阳市交通局、阜阳市邮政管理局共同引进的一家现代邮政物流园区，对进一步整合快递产业资源、建立公共物流平台、支撑电子商务发展、打造皖北快递集散中心具有重要意义。园区立足服务阜阳市民、大型商圈、批发市场、专业市场和各经济开发区，辐射皖北、豫东南，为商品贸易、电子商务、产品制造企业提供运输、配送、仓储等服务，兼顾市县、城乡物品快速交换等功能于一体。[1] 预计到2020年，园区从业人员将超过3000人，其中新增就业岗位1000人，业务收入将达到8亿元，对颍东经济发展的推动和潜在引领作用很大。

二是优化产业结构，稳步推进城镇化。在国家产业结构转型升级的大形势下，颍东区也应继续通过投资补贴、加速折旧、税收减免、提供长期政府贷款和优惠利率等措施，倾斜扶持主导产业，以市场为导向，引导小企业主动进行战略性调整。淘汰落后产能、工艺、技术和设备，加强主导产业分行业规划和指导，推动工业产品结构由初级为主向中高端和高附加值转变，产业结构由原材料为主向高加工度转变，发展新型环保产业，坚持走新型工业化道路，促进传统

〔1〕 据统计，阜阳顺丰、汇通、韵达、申通、宅急送、全峰、圆通等多家快递企业已经在阜阳建立快件中转分拨中心，部分快递企业总部计划在阜阳建设分拨中心，其中顺丰快递企业计划在阜阳建立顺丰优选淘宝基地。阜阳电商快递产业园建成后，初步确定上述多家快递企业将以分拨中心的形式分批进驻快递产业园。

产业升级,提高高技术产业在工业中的比重,发展方式由资源消耗为主向创新主导型转变。积极发展节能工业,增强节能减排的紧迫感、危机感和责任感,尽快走出能耗高、经营粗放的生产方式,走上绿色经济发展轨道,从而促进产业结构不断转型升级。引导小微企业与大中型企业联盟,在共同发展过程中通过向小企业提供技术和进行管理技术培训,解决小企业缺技术、缺人才的问题。只有在产业发展的基础上,城镇化才会有坚实的基础,才不会出现"空城计"和农民"被上楼"的现象,才能使更多的进城农民实现"市民化"。[1] 截至2014年年底,颍东区的城镇化率还不到50%,还有着很大的推进空间,在此过程中,应注重大力解决就业问题。包括进一步调整产业结构,加快发展第三产业,比如教育、文化、传媒、旅游、餐饮娱乐休闲等行业,同时加大出台优惠政策促进中小微企业发展,鼓励创新、鼓励创业,使城镇化建立在产业基础上,形成坚实的产业支撑。

三是努力扩大非工资性收入。鼓励资本、技术、土地、厂房等生产要素参与收入分配。资本、技术、土地、厂房是与劳动力一样重要的生产要素,要改变人们只重视劳动不重视资本、技术、土地、厂房的偏见。它们作为生产要素,在生产中也发挥着不可替代的作用,因而也应参与分配,实行按劳分配与按生产要素分配相结合。也就是说,人们不仅可以用劳动参加分配,也可以用资本、技术、土地、厂房等生产要素参加分配获得收入。国家不仅要保护合法的劳动收入,也要保护合法的生产要素收入,以扩大中产阶级的收入来源。

---

[1] 据国家统计局发布的数据,改革开放以来,我国城镇化水平已大大提高,从1978年的18%提高到2014年的54.77%,但仍低于75%的发达国家水平。继续推进城镇化,让更多的人进入城市,使进城农民工变成市民,是改变弱势群体家庭代际复制、促进底层农民工向蓝领中产阶级流动的重要途径。参见:国家统计局:"2014年中国城镇化率达到54.77%",中国经济网,2015年1月20日。

颍东区有 20 多万人在外打工,有 300 多名千万元以上资产的富裕人群,应采取各种支持措施,鼓励他们回乡创业或投资家乡。同时,颍东区有一大批在国企、外企和大型民营企业从业的技术骨干,应鼓励他们在遵守知识产权保护法的前提下,以高精尖技术入股家乡的中小微企业,提高企业的竞争力,增强蓝领中产阶级的知识技能和个人收入水平。

四是完善社会保障制度,解除蓝领中产阶级的后顾之忧。在税收上适度提高个税起征点,减少对蓝领中产阶级的征税额度,使其有更多可支配的收入。加快城市基础设施建设,推进城乡公共服务的一体化建设,增强城市对蓝领中产阶级的容纳力,推进农民工住房等福利保障体系建设,在教育、医疗、养老等方面,切实解决民众关心的涉及自身切身利益的问题。特别是在颍东这样的国家级贫困县(区),政府更应努力担负这方面的责任,尽可能地减少蓝领中产阶级的支出,以提高其可支配收入。因为蓝领中产阶级的快速成长不仅要依靠其自身的努力,也要依靠政府良好政策的支持和引导。另外,企业也要改善策略,留住员工、留住人才。除采取一般的诸如增加工资、奖金,持有公司股权、期权以及提供特殊福利待遇等策略以外,还要创新企业人力资源管理的体制机制,设定正确的战略目标,建立完善的激励制度,公正地评价每位员工,公平地给予报酬,让良好的激励制度在公司内部生根发芽。

五是注重职业技能培训,提高从业人员素质。人的知识总是有限的,但新技术、新工艺的出现却是不断的。有些员工离职和跳槽,就是因为他们在企业中没有培训和持续提高的机会。如果不跳槽,长此以往,也就等于丧失了生存的能力。因此应当建立与产业发展相适应的职业技能教育培训体系,解决对农民工职业技能培训的激励问题,增强农民工的职业竞争力。就颍东区内的中小微企业而言,除了让员工了解企业的发展战略、规章制度、企业文化、市场前景,以及如何节约成本、控制支出和提高效益外,更重要的是要让员工熟悉和掌握自己的岗位职责和岗位技能,能按计划、按流程、按标准、高质量地完成自身所承担的工作。同时,强化企业创新主体培育,扩大蓝领中产阶级群体。设立创新发展基金,扶持优势成长型企业和小微企业的发展壮大,支持企业自主创新、创优品牌、提升发展空间。小微企业的发展壮大,新行业的健康成长,不仅会给本企业原有蓝领工人带来更多的培训与提升机会,更为一些从事技术、管理及营销的工人提供更大的晋升空间,从而为蓝领中产阶级队伍的壮大提供有利条件。

## 参考文献

1.〔美〕艾伦:《中国梦——全球最大的中产阶级的崛起及其影响》,孙雪、李敏译,文汇出版社 2011 年版。
2. 刁鹏飞:《中产阶级的社会支持网》,社会科学文献出版社 2010 年版。
3.〔英〕劳伦斯·詹姆斯:《中产阶级史》,李春玲、杨典译,中国社会科学出版社 2015 年版。
4. 李春玲主编:《比较视野下的中产阶级形成》,社会科学文献出版社 2009 年版。
5. 厉以宁:《中国经济双重转型之路》,中国人民大学出版社 2013 年版。
6. 厉以宁、吴敬琏、周其仁等:《读懂中国改革:新一轮改革的战略和路线图》,中信出版社 2014 年版。
7. 厉以宁、吴敬琏、周其仁等:《读懂中国改革 2:寻找改革突破口》,中信出版社 2014 年版。
8. 厉以宁、吴敬琏、周其仁等:《读懂中国改革 3:新常态下的变革与决策》,中信出版社 2015 年版。
9.〔瑞典〕洛夫格伦、弗雷克曼:《美好生活:中产阶级的生活史》,赵炳祥、罗杨等译,北京大学出版社 2011 年版。

(刘焕性,全国政协经济委员会;刘俊礼,安徽省阜阳市颍东经济开发区;刘中升,对外经济贸易大学国际经济贸易学院)

# 中小企业发展与新蓝领阶层

## ——打造新蓝领大学城

张全升　林淑君

## 一、引言

中小企业，尤其是规模以下企业，是我国最具活力、数量最大的企业群体，在推动中国经济增长、增加税收、促进社会就业、改善民生等方面起着重要作用。2014 年统计数据显示，中小企业占全国工商注册企业的 99%，提供了 80% 的城镇就业岗位，创造了 70% 的发明专利，其产值和利润分别约占 60% 和 40%。专业型技术人才对中小企业的发展起着重要作用，他们加快了产业的优化升级，提高了企业竞争力，推动了技术的创新。

中小企业的发展,尤其是科技型中小企业,促进了新蓝领阶层的发展。“新蓝领阶层”指的是,参加过系统性的培训,具备一定的技术水平,并且拥有较为丰富的相关职业经验的人群,他们一般工作、生活在二线(或以上)城市,是维护着城市日常运转的基层工作者,包括快递员、保安、房地产经纪人、销售、美容师等职业,也涵盖了部分基层白领工作者,但不包括传统的建筑工人、工厂工人等。首先,中小企业的发展为新蓝领阶层提供了大量的工作岗位,网购催生了快递员等新兴职业的发展,E-保洁、E-美容等类型的互联网公司整合了各方资源,为新蓝领阶层提供了更多的工作机会;其次,中小企业的发展促使有技术的新蓝领阶层的工资不断提高,甚至有部分蓝领收入已经超过了白领阶层,为新蓝领阶层步入中产阶级提供了条件。

新蓝领阶层的发展促进了中小企业的发展。一方面,新蓝领作为消费者,具有广阔的市场前景,新蓝领阶层不仅仅关注衣食住行,也更加重视生活品质,愿意花钱娱乐、学习充电等。新蓝领的人口以及消费能力远远高于白领,但是市场上针对蓝领阶层的品牌却寥寥无几,市场缺口巨大。随着新蓝领的崛起,围绕新蓝领的各种创业产品肯定会爆发。另一方面,新蓝领阶层的发展能够源源不断地为中小企业输送技术人才。有关资料表明,在我国数千万技术工人中,高级工只占3.5%,技师和高级技师更是稀缺,而发达国家的高级工比例将近40%,我国还有很大的上升空间。新蓝领阶层的发展能够为企业提供高级技术人才,缓解企业“用工荒”现象。

中小企业与新蓝领阶层之间互相促进,共同发展,而新蓝领阶层的发展,最重要的是对其进行职业教育培训。为蓝领阶层提供良好的职业教育,不仅能够提高蓝领的收入水平,提高其消费能力,还为中小企业提供了技术人才,促进了中小企业的发展。

## 二、中小企业与新蓝领阶层

### (一) 中小企业的发展促进了新蓝领阶层的崛起

中小企业的发展促进了新蓝领阶层的崛起:第一,中小企业的发展催生了新的工作岗位,提供了更多的就业机会。网购的快速发展催生了快递员、网店摄影师、网店装修师、网络砍价师等新职业,这些新职业的月收入颇为可观,为蓝领阶层提供了更多的工作岗位。互联网的发展还为更多的蓝领提供了低成本的创业机会,只要一笔不高的初始资金便可在网上开一家网店,自己当店主的同时,还能促进更多的人就业。中小企业的发展使更多的新蓝领阶层有机会步入中产阶级。

第二,为新蓝领阶层提供信息平台,减小信息的不对称。随着互联网的发展,更多的中小企业借助"互联网+"的优势,创建了 E-保洁、E-美容、E-按摩等形式的公司,为新蓝领阶层提供了很好的就业平台。这些企业借助互联网的优势,直接面对消费者,在使更多的人有机会享受上门服务的同时,也为更多的蓝领阶层提供就业机会,减少信息的不对称性。

第三,拓展新蓝领的交友圈,提高其生活质量。绝大部分新蓝领背井离乡,在陌生的工作环境下,交际圈狭窄,缺乏朋友,因而手机上网便成为新蓝领们认识朋友、获取信息等最方便的途径,30%新蓝领的日均手机上网时间超过了 5 小时。他们通过手机上网,在"同乡"、"同城"等圈子里找到了朋友。这些中小型互联网企业的发展,使得新蓝领在扩大其社交圈的同时还能相互交流工作经验,分享就业信息。

由此可见,中小企业,尤其是科技型企业的发展促进了新蓝领阶层的崛起,在为新蓝领提供更多就业机会,提高其工作收入的同时,还能提供交友平台、信息平台,提高其生活质量。

### （二）新蓝领阶层的发展

1. 新蓝领阶层的现状

新蓝领阶层是中国经济坚实的基础，他们正经历着中国经济的转型，从事服务行业的新蓝领不断增多，与城市的发展也更加紧密。2015 年上半年，新蓝领阶层的平均月薪达到 3163 元，比 2014 年的 3033 元增长了 130 元，增长比例为 4.3%，略高于 2014 年全国 CPI 增长幅度 2%。虽然新蓝领阶层的收入不错，但他们往往面临着较高的工作压力，缺乏社会保障。半数以上的新蓝领一周工作时长超过 50 小时，1/5 的人每天工作超过 10 小时。只有 42.67%的新蓝领与雇主签订了劳动或劳务合同，而一半以上的新蓝领没有签署相应的劳动合同，这使得他们难以通过法律维护自己的合法权益。[1]

与传统产业工人不同，大部分新蓝领进城不再仅仅为了生存，而是希望通过自身努力来获得更好的工作和生活条件，成为真正的城里人。但是落户、社保养老、子女教育等问题，使得新蓝领群体很难扎根城市，使其成为城市的边缘人群。新蓝领阶层由于学历较低，每天重复单一的工作，缺乏职业培训机会，很难获得上升通道，垂直流动渠道狭窄。新蓝领阶层如果想要提高收入，获得晋升空间，融入城市生活，必须要不断提高自己的专业技能，接受职业培训。

2. 新蓝领职业培训的需求

职业技能既是新蓝领阶层高薪的敲门砖，却也是希望获得职业发展的新蓝领们的绊脚石。新蓝领阶层是否能获得高薪，不是取决于其背景或者学历，而是更多地取决于其职业技能。在 2012 年大

---

〔1〕 数据来源：2014 年，赶集网和北京大学媒介与市场研究中心一项针对 36 个城市的 58681 份问卷调查。

谷打工网针对基层打工者的一项调查中，对于“你最想参加的技能培训”中，有18%的参与者选择了花式调酒，排在其后的为西点制作（10%）、服装设计与裁剪（9%）、美甲培训（9%）、化妆造型（9%）、蛋糕设计（8%）等。但刚参加工作的新蓝领阶层，没有什么积蓄，难以为自己的职业规划投资。关于“愿意为职业技能培训支付多少费用”的选项中，34%的参与者选择“501—1000元”，27%选择“1001—3000元”，愿意支付3000元以上的只有19%，还有13%选择500元以下，剩下7%不愿意支付费用。[1]

当今社会的竞争日益激烈，新蓝领阶层如能利用业余时间来学习并掌握新的技能，不仅有助于提升其竞争力及薪酬水平，还有助于抵御外部风险。时机成熟的时候，他们也更有机会开拓自己的事业，创建自己的公司。只要新蓝领阶层肯努力、肯吃苦，他们可以通过参加职业技能培训来考取相关的资格证书，如调酒烹饪、保险代理、计算机、财会、服装设计等，以此来提升自己的工作能力，提高其职业竞争力。但是大部分新蓝领阶层往往缺乏学习技能的机会，他们不知道哪里能学到他们想要的技能，而且有些技能学费高昂，令很多新蓝领们望而却步。

3. 目前职业培训的不足

我国目前的职业培训远远不能满足新蓝领阶层的需求。

第一，职业培训与企业实际需求相脱节。目前我国的职业培训机构主要是由院校或企业创办，院校培养的方式缺乏实际操作训练，而企业创办的方式缺乏理论知识，且只能满足小部分人的培训需求，即使是院校与企业合办的培训机构亦不能兼顾企业的实际需求。培训教材的滞后，培训内容与实际工作的脱节，造成了一方面企业找不到合适的新蓝领工人，另一方面新蓝领工人找不到合适的

---

[1] 数据来源：2012年大谷打工网在全国3859名基层打工者中做的一项调查。

工作,“用工荒”与失业现象并存。

第二,培训机构鱼龙混杂,缺乏系统性。2012 年,职业技术培训机构共 129447 所,教学班共 532983 个[1],这些培训机构五花八门,如果不能给结业者提供统一标准的执业证书,在对培训机构的好坏缺乏统一认识的情况下,新蓝领阶层往往无从选择,而且这些机构对每一类工种的培训也缺乏统一的标准,更缺乏针对新蓝领职业发展的培训体系。

第三,培训费较高,缺乏统一的收费标准。一些新蓝领阶层,尤其是新参加工作的新蓝领无法承担培训费用,因而只能从事体力劳动等不需要技能的工作。一些待遇较高的工种培训费用高昂,使得勤劳肯奋斗的新蓝领即使愿意学习,也只能望而却步了。

## 三、打造新蓝领大学城

### (一)新蓝领大学城的含义

新蓝领大学城是指为新蓝领阶层进行上岗培训、职业进修等培训的地方,初入职场或者刚到城市打工的农民工可以先进入新蓝领大学城,选择自己想要从事的行业进行上岗培训后再进入职场;已经参加工作的新蓝领为了获得更好的职业发展,提升自己的职业技能,也可以进入新蓝领大学城进修。

之所以称之为新蓝领大学城而不是职业学校,一方面是为了消除社会对职业学校的歧视,另一方面是说明这个学校的“大”。新蓝领大学城包括了各行各业的不同工种,方便跟不同企业合作,签订协议,按照企业的需求培养员工,也方便想要从事不同行业的新蓝领进入大学城,根据企业的需求学习不同的技能。同时也说明新蓝领大学城的名气大,任何企业招聘员工首先想到去新蓝领大学城签

---

[1] 数据来源:中华人民共和国教育部。

约、预定，而新蓝领阶层寻找工作或者需要培训时首先想到的也是进入新蓝领大学城。

### (二) 新蓝领大学城的特点

1. 办学目的

新蓝领大学城的主要办学目的是为了促进中小企业与新蓝领阶层的共同发展，壮大蓝领中产阶级队伍。一方面，满足新蓝领阶层接受职业培训的需求，提高其职业技能，使新蓝领阶层获得高收入的工作机会，提高其升职空间，壮大新蓝领中产阶级队伍；另一方面，新蓝领大学城为中小企业培养高技能员工，降低了中小企业的培训成本，缓解了中小企业的"用工荒"现象，提高了其经济效益。

2. 校企合办，政府支持

新蓝领大学城的建立离不开政府的支持，新蓝领大学城的创办可以为我国培养新人口红利，缓解人口老龄化问题，提高新蓝领就业率等，政府应大力支持新蓝领大学城的创办，并且给予政策支持，如划拨土地、提供资金、降低与新蓝领大学城签约企业的税负等。

新蓝领大学城最重要的办学方式是校企合作，签约后的企业根据自身的需求，制订用工计划，包括需求时间、需求人数、需求工种以及具体技能要求。对于十分特别的技能，培训后只能去该企业或少数企业工作的情况，企业需要提交一定的押金，如果企业履行承诺，聘用员工，则押金全部退回，如企业改变主意，则押金全部交给接受培训的新蓝领，作为补偿。在培训期间，企业可以进行参观、监督，培训后，可以对接受培训者是否胜任企业工作进行考核。

新蓝领大学城除了全职教师外，还可以聘请优秀企业家、高级技工等作为兼职教师，参与教材、培训手册的编写，传授相关经验以及最新技能。理论导师与实践导师相结合，满足新蓝领的理论知识与实践知识的需求，适应企业的实际需要，为其后续发展打下扎实基础。

3. 学科设置

新蓝领大学城的学科设置可以按照行业、工种来进行。按照不同的行业、不同的工种相应地设置不同的学科。针对企业的实际需求,对每一工种的具体技能要求、培训标准,制定培训手册,并不断更新。企业可以根据培训手册,也可提出相应要求。学校严格根据培训手册以及企业的特殊要求进行培训,培训结束后,按照培训手册中的具体要求给每位培训者打分。

4. 学分可转

学分可转指的是,新蓝领大学城的某些培训课程的学分可以相应地按照一定标准转化为普通大学的学分,使更多人愿意进入新蓝领大学城就读培训。目前社会普遍对职业技术学校存在某种程度的歧视,就读职业技术学校往往意味着与普通大学绝缘,导致很多学生不顾自身发展、社会需求,一味地进入普通大学,最后普通大学人才过剩而高级技术性工人缺失。如果新蓝领大学城学分可转,很多学生在没有确定未来职业发展方向的时候愿意先去新蓝领大学城就读,将来改变主意,在新蓝领大学城就读的学分也能灵活转化为普通大学的学分。

学分可转使更多的人在选择学校、专业的时候能够更加理性,兼顾自己的实际情况以及社会需求,而不是盲目扎堆。学分可转后,使暂时没找到工作的人更愿意先进入新蓝领大学城进修,学些实用技术;使对学校的选择更加趋于理性,而不是仅仅考虑学历;也使得进入新蓝领大学城就读的学生、工人有机会就读普通大学,灵活改变其培养模式。

5. 教学模式多样化

为了满足不同的教学需求,新蓝领大学城的教学模式也采取多样化,有传统授课形式、实践操作形式、实习制、案例教学、网络课程等形式。针对不同的教学内容设置不同的教学模式。一些理论课程可以按照传统的授课形式,而具体的工作内容可以根据不同的工种设置实践操作课，有些还可以安排上岗实习。一部分课程还可以通过网络教学，方便一些没有时间、没有条件来学习、培训的新蓝领通过网络学习，不论是手机还是电脑，十分方便，使更多的人有机会接受职业培训。以最优学习效果为前提，满足企业和新蓝领阶层的实际需求，以此来选择最优的教学模式。

6. 减少企业与员工的信息不对称

新蓝领大学城还能作为信息平台，降低企业与新蓝领阶层的信息不对称。传统的职业培训忽略了企业的实际需求，造成失业与“用工荒”的现象同时并存。而新蓝领大学城通过与企业签订合同，了解企业的用工计划，了解企业需要的工种以及数量，从而有针对性地进行培养，不会盲目；此外，新蓝领大学城也比较清楚员工的实际需要、工作能力以及掌握的技能，给员工推荐企业的同时，也为企业推荐员工。新蓝领大学城还能监督企业与新蓝领们签订合同，为新蓝领们争取医疗保险，保障新蓝领阶层合法的社会权益，使更多的新蓝领阶层能够有机会扎根城市。同时新蓝领大学城也为企业输送各种合格的技术工人等，为其提供上岗培训以及后续培训。

### （三）新蓝领大学城的培养类型

1. 上岗培训

初次参加工作或者刚从农村来到城市打工的待业人群可以先到新蓝领大学城参加上岗培训。报名后先参加职业选择培训，先了解各行各业的大致工作内容、工作性质以及培训要求，再根据自身的特点，选择合适的工种，参加上岗培训。上岗培训的培训时间短，实践性和针对性强，培训后可直接上岗工作。选择与企业签订合同的工种的新蓝领，在企业考核通过后，可直接进入企业参加工作。上岗培训周期短，流动性高，受众广。

2. 培训、进修

这类型的培训主要是针对入职后进修的，可以接受新蓝领个人报名或者企业集体报名。新蓝领参加工作后为了获得更高的收入以及晋升机会,往往有着进一步培训,提升自己的需求。考虑到这部分蓝领通常是在职培训、进修,这类培训的时间弹性较大,可以选择晚上或者周末,有些还可以通过网络教学。作为个人报名的新蓝领可以根据自己的职业发展需要,选择合适的课程,掌握更多的技能;而企业为员工集体报名一方面是为了留住人才,另一方面是出于更新、提高员工技能的需要,因而可以根据新蓝领目前从事的工作,按照培训手册,进行进阶培训。

3. 职业教育

这部分的职业教育主要针对系统性的职业学习,学习时间较长,一般为2—3年,前两年先学习基础理论知识,后一年针对企业的实际需求,进行实践操作、有针对性的上岗培训。职业教育的学分可转,方便学员未来改变职业方向,使更多的人愿意进入新蓝领大学城学习。这类职业教育目的是为了培养各行各业的高级技术人才,这部分新蓝领的专业知识更加扎实,经过上岗培训后能够快速掌握工作技能,工作几年后的晋升机会相对于其他新蓝领也更多些,只要努力奋斗,他们能够更快地步入新蓝领中产阶级队伍。

## 四、打造新蓝领大学城的意义

### (一)打造新蓝领大学城对中小企业的意义

1. 为中小企业培训优秀人才

新蓝领大学城的建立能有效解决中小企业“用工荒”、招不到适合工人的问题。新蓝领大学城与企业合作,按照企业的实际需求培养员工,从而使企业能够快速招到技术工人,而不需要对其再进行上岗培训,即使企业临时扩大再生产也不怕招不到能够快速上岗的员工。目前我国高级技工缺失,不少企业为了争夺高级技工,不惜重金聘请,互挖墙脚,这不利于企业的长久发展。新蓝领大学城还能够接受中小企业的“订单式”培养，针对企业的要求，对学员进行快速上岗培训，满足企业对员工的需求。

2. 帮助中小企业进行在职培训、留住人才

为了使员工不断适应新情况，提高新技能，也为了留住人才，作为一种员工福利，中小企业还会对在职员工进行培训。企业通常会邀请各类讲师到企业授课，或者让员工自由报名，然后报销报名费等方式，这样会导致企业培训缺乏系统性。培训讲师由于对企业不是很了解，因而培训内容也缺乏针对性，往往起不到预期的效果。而新蓝领大学城与企业签订合同后便清楚了企业的整个用工计划，根据企业的要求制订系统性的培训计划，满足企业上岗培训、后续培训等一系列要求。员工获得了提升自我的机会，自然也更安心留在企业工作。

3. 提高中小企业的技术创新能力

技术创新能力对中小企业的发展至关重要，而技术创新研究费用高昂，中小企业不可能也没有实力投资到技术创新的研究中。新蓝领大学城相当于签约的中小企业共同投资的技术研究中心，大学城在培训学员的同时，不断总结经验，更新技能。中小企业将员工培训外包给新蓝领大学城后，由于其部分聘请的老师来源于企业或者是高级技术工人，掌握着企业最新的技术以及较丰富的经验，并且不断地更新其培训内容、培训手册，因而新蓝领大学城培训出的新蓝领往往有着最新的专业技能，并不断推陈出新。这些将会带入企业，提高企业的技术创新能力。

4. 提高中小企业的经济效益

中小企业在招聘新蓝领工人的时候，往往先要经过面试、录用、培训等环节。部分企业由于缺乏培训经验，导致培训效果不理想，员工达不到企业希望的技术要求。如果企业扩大生产，还要重新经过这一系列环节。面对员工临时辞职，企业由于一时找不到合适的代替，往往手忙脚乱。然而，新蓝领大学城的建立，则使这些情况能

避免发生。新蓝领大学城对学员培训后,使员工能够快速上岗,减少员工与岗位的磨合时间,提高员工的工作效率,因而提高中小企业的经济效益。

### (二)打造新蓝领大学城对新蓝领阶层的意义

1. 解决新蓝领阶层的就业问题,提高其就业率

新参加工作或者想转换工作的员工由于缺乏专业技能,往往不能找到理想的工作。进入新蓝领大学城接受培训后,新蓝领阶层能够根据自己的需要选择适合的培训,快速地掌握专业技能,培训结束之后直接进入签约企业工作,即使没进入签约企业,由于已掌握相应技术,能够快速上岗,很多企业也愿意高薪聘请,提高新蓝领阶层的就业率。

2. 增加新蓝领阶层的收入水平

高级技术工人、拥有专业技能的新蓝领往往是市场上的香饽饽,由于专业性人才的缺乏以及培训机构的不足,众多企业往往高薪聘请技术工人而不得。新蓝领大学城能够提高新蓝领的专业技能,并提供在职培训机会,提高新蓝领的工作能力和效率,增加其收入水平。目前部分新蓝领阶层的工资已经超过白领阶层。

3. 提高新蓝领阶层的升职机会

如果新蓝领缺乏专业技能又找不到合适的培训机会,每天从事重复、单一的工作,将会导致新蓝领社会阶层的固化,缺乏晋升机会。新蓝领大学城的建立在为新蓝领提供各种培训的同时,也使得其获得晋升的资本。随着新蓝领职位、收入的提高,新蓝领阶层也逐渐成为中产阶级,壮大我国中产阶级的队伍。

4. 提高新蓝领阶层的幸福感、满足感

新蓝领大学城能够为新蓝领提供快速的上岗培训,并满足其后续的在职培训,使得新蓝领阶层的社会地位不断提升。接受职业培训的新蓝领阶层的收入不断提高,也有机会获得更高的职位,享受

更好的待遇，从而提高其幸福感、满足感。新蓝领阶层逐渐在城市找到归属感，而不仅仅是城市的“边缘人”，新蓝领阶层也慢慢能够享受到我国改革开放、经济发展的成果。

## 五、结论

中小企业的发展，尤其是科技型中小企业，为新蓝领阶层提供了大量的工作岗位，促使有技术的新蓝领阶层工资不断提高，从而促进了新蓝领阶层的发展。而新蓝领作为消费者，具有广阔的市场前景，而且新蓝领阶层的发展能够源源不断地为中小企业输送技术人才，促进中小企业的发展。

打造一个为新蓝领阶层提供上岗培训、在职进修、职业教育的新蓝领大学城，能够为中小企业培训优秀技术工人，并根据企业实际情况，为企业制订培训计划，帮助企业进行在职培训，不断提高企业员工的专业技能，使企业能够更好地挽留人才，而且还能提高中小企业的技术创新能力以及经济效益。新蓝领大学城的建立能够有效解决新蓝领阶层的就业问题，提高其就业率。接受新蓝领大学城的技能培训后，新蓝领阶层的收入水平显著提高，并获得了职业晋升机会，使更多的新蓝领阶层有机会步入中产阶级队伍，新蓝领大学城的建立还能显著提高新蓝领阶层的幸福感、满足感。由于新蓝领大学城创办的种种益处，政府应大力支持新蓝领大学城的建立，并且给予相应政策支持。

### 参考文献

1. 车辉：“‘新蓝领’进城不再只为生存”，《劳动保障世界》2013 年第 23 期。
2. 陈智：“‘新蓝领’——城市中不可或缺的力量”，《四川省情》2015 年第 4 期。
3. 何雨、陈雯：“蓝领中产阶级及其在转型期城市中的孕育”，《上海城市管理》2010 年第 3 期。
4. 厉以宁：“论蓝领中产阶级的成长”，《中国市场》2015 年第 5 期。

5. 刘万云:“新生代农民工人力资本培育的倒逼机制研究”,《安徽农业科学》2012 年第 15 期。
6. 张秀芬:“缓解民营中小企业‘用工难’的思考与建议”,《环球市场信息导报》2013 年第 27 期。
7. 周阿连:“高职软件人才培养如何应对企业需求”,《长沙铁道学院学报》(社会科学版)2012 年第 3 期。

(张全升,福建省海西物联网研究院;林淑君,北京大学光华管理学院)

# 节能减排政策下矿区蓝领工人的就业问题——以黑龙江煤产区为例

刘海北　徐　佳

## 一、引言

伴随中国经济的高速增长，环境问题也越来越突出。2015 年 21 届联合国应对气候变化大会巴黎会议召开在即，作为全球碳排放第一大国的中国，同时作为人口众多的发展中国家，面临着节能减排和拉动就业的双重压力。中国经济的低碳转型势在必行。然而中国具有特殊的城乡二元结构，当前又处在快速城镇化和工业化的进程中，农业部门将有大量劳动力加入到第二和第三产业中。在此特殊条件下实施节能减排政策是否会对不同行业的劳动就业产生影响是关键性问题。

在环境经济学领域，对环境保护、经济增长和减少失业之间的关系一直是富有争议的问题：主要观点在于环境保护与经济增长存在矛盾，然而经济增速放缓会增加失业。伯曼和比（Berman & Bui，2001）的研究认为技术改进过程中，新技术减少环境污染的同时也会产生相应的替代效应，更先进的技术意味着所需的劳动力投入会更小。海伊斯（Heyes，2009）的研究指出，环境规制政策对所处不同行业、规模不同的企业的影响存在差异，资本密集的企业受到环境政策的影响较小。

本文在前人研究的基础上，以中国一个省份作为研究对象，重点关注中国经济低碳转型与就业的关系。首先，本文利用对黑龙江省内两个资源型城市（双鸭山市与鸡西市）和一个非资源型城市（牡丹江市）辖区的1160家企业的调研数据，建立二值选择实证模型，尝试分析在2005—2012年间节能减排政策实施以来，企业层面的就业有哪些变化规律。结果显示：1.如果企业所处行业为15个高碳行业中，企业的就业更容易受到“节能减排”政策的负面影响。2.企业资产总额与员工总数两个变量是显著为正的，两个变量可以一定程度反映企业的生产规模，这说明相比规模较小的企业，规模以上的企业应对减排政策的能力更强，企业的总体雇佣水平保持稳定。3.我们在加入企业所处地区的产业结构因素后，控制了地区因素后高碳排企业的就业受到政策影响是显著为负的；另外企业所处地区的产业结构因素也会影响减排政策的就业效应，在产业结构偏向重工业的城市，企业面对减排政策更容易出现就业损失。4.从员工数量上来看，相比低碳行业，高碳行业是吸纳就业的主要部门。但是当我们将解释变量换作企业正式员工数量时，结果却发生了反转，高碳行业企业的正式员工数量比低碳行业企业正式员工数量平均少60人，我们发现高碳行业企业大量雇用临时工人的事实，而受减排政策的影响，这部分人的失业风险更高。

其次,本文围绕黑龙江省两个典型城市(双鸭山市和牡丹江市)辖区的 2738 个居民调研的数据,进行能源结构、产业结构与就业结构的对比分析。研究发现不同的产业结构会导致不同的就业结构,就业受低碳经济政策影响的程度也不同,低碳就业的实施路径也不同。居民问卷的数据显示低碳政策对不同行业的就业影响不尽相同,在家庭成员就业比例方面,环保型城市牡丹江市的整体系数高于资源型城市双鸭山市,家庭失业风险的平均承受能力更强。从分行业就业数据来看,两个城市有一致性结论:对能源相关的采掘业、交通运输业的负面影响最大,即高碳排行业(采矿业)蓝领工人的家庭成员就业比例是所有行业中最低的,承担失业风险的能力最弱。

接下来文章安排如下:第二节利用黑龙江省内三个城市的企业调研数据,建立计量模型,讨论节能减排时期企业就业需求层面受到的影响;第三节从劳动力供给方,分析节能减排政策对居民就业的影响。最后,我们对前文主要结论进行总结,归纳本文研究结论的一些政策启示,并指出文章的不足和可能的拓展方向。

## 二、节能减排对企业就业需求的影响

### (一)数据来源与模型处理

这一节中所使用的数据来源于笔者关于节能减排对就业影响的企业问卷调查,此调查旨在通过以典型城市为代表,以获得中国经济低碳转型过程中,劳动力市场变化的资料,为社会提供有效的信息来源,为学术研究提供系统科学的数据源,为政府决策提供科学依据。本次调研范围主要集中在黑龙江省内三个城市,分别是双鸭山市、鸡西市和牡丹江市,此次调查共涉及 1160 家企业(如表 1 所示):其中民营企业数量最多,为 1053 家,占比为90.78%;国有企业次之,为 77 家,占比为6.64%;混合所有制企业第三,为 22 家,占比为1.9%;外资企业最少,为 8 家,占比为0.69%。虽然各个行业企业数量的比例可能与全省情况有细微差别,但企业样本基本能代表本省企业的基本情况。

**表 1 企业调研的描述性统计**

| 公司所有制 | 样本数 | 比例(%) |
| --- | --- | --- |
| 国有企业 | 77 | 6.64 |
| 民营企业 | 1053 | 90.78 |
| 混合所有制企业 | 22 | 1.90 |
| 外资企业 | 8 | 0.69 |
| 合计 | 1160 | 100 |

在企业类型方面(如表 2 所示),本次调查涉及资源型和非资源型城市两大类型,其主要分布在东北的鸡西市、双鸭山市以及牡丹江市,其中资源型城市占比为94.05%,而环保型城市占比较少,仅为5.95%。考虑到本文研究的重点在于低碳转型中的就业问题,而对减排政策最为敏感的地区是传统重工业城市,所以在企业调研时,我们着重调研了重工业型城市的高碳排企业。

**表 2 企业类型及分布城市**

| 城市类型 | 城市 | 样本数 | 比例(%) |
| --- | --- | --- | --- |
| 资源型 | 鸡西市 | 406 | 35.00 |
| | 双鸭山市 | 685 | 59.05 |
| 环保型 | 牡丹江市 | 69 | 5.95 |
| 合计 | | 1160 | 100 |

## (二) 计量模型、变量说明及实证分析结果

本文以中国低碳就业(企业问卷)调查中 1160 个企业为样本,分别建立二值选择计量模型,试图通过实证分析,对这些企业受到节能减排政策影响的发生概率之间的关系进行分析,得出模型的系数,验证模型的稳定性,最后得出相应的结论。

1. 构建 Probit 和 Logit 模型

由于调研的样本数量较多,每一个企业成立的时间不同,所在的行业也不同,从 2005 年国家实施低碳政策以来企业受到的实际影响很难通过客观数据来证明,所以在设计问卷时我们引入了一个主观变量。这个问题由企业的法人代表或总经理来回答,即企业的就业是否受到地方政府节能减排政策的影响。由于考察的是减排政策,这里指的影响为负面的影响。本文将受到节能减排政策影响概率被看作是被解释变量,将其定义为一个二元定性变量,即受节能减排影响,定义为 0;当未受到节能减排影响,定义为 1。我们加入的被解释变量包括企业年龄、所在行业、就业人数、资产状况和年均利润。其中企业年龄根据问卷中企业的注册时间可得,为连续变量;企业“所在行业”我们按是否属于“高碳行业”设计成二值变量,高碳行业的划分根据行业的完全碳排放系数来确定;“就业人数”的变量我们根据调研企业 2014 年统计的雇佣员工总数量得出;资产状况与年均利润我们都以问卷填报的数据为依据。利用上述变量我们分别建立 Probit 和 Logit 计量模型,通过一系列解释变量的观测值分析节能减排政策影响的概率问题。Probit 模型假定:$y_i = \alpha + \beta_i X_i, P_i = \frac{1}{\sqrt{2\pi}} \int_{-\infty}^{y_i} e^{-\frac{t^2}{2}} dt$,即 $y_i$ 服从正态分布,相应的概率值大于 0 小于 1。Logit 模型的分布函数服从 Logistic 概率分布函数,其形式是 $P_i = F(y_i) = \frac{1}{1+e^{-y_i}} = \frac{1}{1+e^{-(\alpha+\beta_i X_i)}}$,对于给定的 $X_i$,$P_i$ 式表示相应的概率。Probit 曲线和 Logit 曲线很相似。两条曲线都是在 $P_i = 0.5$ 处有拐点,但 Logit 曲线在两个尾部要比 Probit 曲线厚。

根据表 3 的基本回归结果,我们发现,各个定量变量、虚拟变量和控制变量的概率均小于 0.0500,表明变量的显著性都非常强,模型的稳定性和可信度非常好。Logit 和 Probit 两个不同的模型结论具有一致性,而且结果比较稳健。我们可以发现企业年龄与企业是否为高碳行业两个变量非常显著,而且系数为负。如果企业所处行业为 15 个高碳行业中,企业的就业更容易受到"节能减排"政策的负面影响。这说明,无论是总量上限制排放的行政命令还是征收碳税的长期调节政策,对行业的影响范围相同,对行业就业的挤出作用是相同的。两种政策的不同在于,征收碳税作为长效机制,可以从根本上推动高碳行业转变原有的生产方式,提高能源利用效率,最终实现产业的技术升级与绿色升级。此外,碳税政策实施所得的税收可以用来补贴环保产业,也可以用来促进其他行业的就业吸纳,税收政策的灵活性也更容易化解淘汰落后产能过程中的矛盾。

**表 3　基本估计结果(一)**

| 企业就业是否受到节能减排政策的影响 | | | | | | |
|---|---|---|---|---|---|---|
| | Logit 模型 | | | Probit 模型 | | |
| | (1) | (2) | (3) | (4) | (5) | (6) |
| 企业年龄 | -0.0308*** | -0.0211** | -0.0139* | -0.0168*** | -0.0127** | -0.00842* |
| | (-3.43) | (-2.35) | (-1.73) | (-3.28) | (-2.38) | (-1.73) |
| 高碳行业 | -1.240*** | -1.109*** | -1.067*** | -0.772*** | -0.686*** | -0.663*** |
| | (3.70) | (3.63) | (3.35) | (3.91) | (3.67) | (3.39) |
| 资产额 | 0.0000139*** | | | 0.00000658*** | | |
| | (4.52) | | | (5.11) | | |
| 员工总数 | | 0.000189** | | | 0.000115** | |
| | | (2.04) | | | (2.02) | |
| 利润额 | | | 0.000000305 | | | -0.000000133 |
| | | | (0.01) | | | (-0.01) |
| 常数项 | -0.296*** | -0.207** | -0.200** | -0.184*** | -0.131** | -0.126** |
| | (-3.12) | (-2.26) | (-2.17) | (-3.13) | (-2.29) | (-2.19) |
| 观测值 | 970 | 1070 | 1037 | 970 | 1070 | 1037 |
| City | YES | YES | YES | YES | YES | YES |

注: *、**、*** 分别表示 10%、5%和 1%的显著性水平。括号内为 t 值。

在表 3 的回归结果中,我们还发现企业资产总额与员工总数两个变量是显著为正的，两个变量可以一定程度反映企业的生产规模，这说明：相比规模较小的企业，规模以上的企业应对减排政策的能力更强，企业的总体雇佣水平保持稳定。此次重点调研的是双鸭山市，属于黑龙江的煤炭主产区，除龙煤集团这样规模较大的国企以外，还有很多民营企业从事煤炭采掘与洗选，相比国有企业，存在技术落后经营不规范等问题。然而这部分企业解决了当地的就业，根据我们的结果，这部分就业又是对节能减排政策最为敏感的，所以在企业转型与就业转移过程中应该更加关注中小企业。

2. 加入产业结构因素的估计结果

由于我们是按照产业结构的不同来选择调研城市的，所以调研企业的样本中有来自重工业城市的（双鸭山市和鸡西市），也有来自环保型城市的（牡丹江市）。在表 4 中，我们加入是否位于资源城市这一虚拟变量，作为产业结构因素进行重新回归。企业年龄、是否为高碳行业、资产规模、员工总数、利润额等一系列解释变量与之前的模型设计一致。回归结果见表 4。

**表 4　基本估计结果（二）**

| | 企业就业是否受到节能减排政策影响 | | | | | |
|---|---|---|---|---|---|---|
| | Logit 模型 | | | Probit 模型 | | |
| | （1） | （2） | （3） | （4） | （5） | （6） |
| 产业结构 | -0.826 ** | -0.663 * | -0.654 * | -0.450 ** | -0.358 * | -0.353 * |
| 因素 | （-1.96） | （-1.58） | （-1.56） | （-2.06） | （-1.64） | （-1.62） |
| 企业年龄 | 0.000357 | 0.00219 | 0.00575 | 0.000219 | 0.00173 | 0.00378 |
| | （0.02） | （0.14） | （0.39） | （0.03） | （0.19） | （0.44） |
| 高碳行业 | -0.00866 ** | -0.217 *** | -0.379 ** | -0.00392 ** | -0.125 ** | -0.224 * |
| | （-2.0） | （-5.4） | （-2.9） | （-2.0） | （-5.4） | （-2.9） |
| 资产规模 | 0.00000079 | | | 0.00000047 | | |
| | （0.60） | | | （0.63） | | |

（续表）

| | | | | | | |
|---|---|---|---|---|---|---|
| 员工总数 | | 0.000084 | | | 0.000046 | |
| | | (0.57) | | | (0.57) | |
| 利润额 | | | 0.0000059 | | | 0.0000035 |
| 常数项 | 2.177*** | 2.165*** | 2.159*** | 1.271*** | 1.262*** | 1.259*** |
| | (5.42) | (5.38) | (5.37) | (6.14) | (6.09) | (6.07) |
| 观测值 | 496 | 548 | 521 | 496 | 548 | 521 |

注：*、**、***分别表示10%、5%和1%的显著性水平。括号内为t值。

与基本回归结果1不同，表4报告了加入了新解释变量产业结构因素的回归结果。我们可以看到产业结构因素与企业是否处在高碳行业两个变量是显著为负的。这个结果进一步证实了回归1中的结论，高碳行业的就业受到减排政策影响显著，会出现就业损失。此外，企业所处地区的产业结构因素也会影响减排政策的就业效应，在产业结构偏向重工业的城市，企业面对减排政策更容易出现就业损失。这符合我们的预期和现实情况：一方面，现行的控制排放的政策都是总量的控制政策，全省的目标会被细分到每个城市，在目标分解过程中，排放水平较高的污染型城市会受到更多的关注，施政强度会比环保型城市更大。另一方面，产业结构单一的煤炭资源型城市，劳动力缺乏行业间的流动性，整体就业率存在系统性风险，这也是导致资源型城市企业政策敏感度高的另一个原因。

## （三）稳健性实证分析

### 1. 企业雇佣员工数量的影响因素

我们借鉴巴雷尔和佩因（Barrell and Pain）的方法构建就业需求方程的计量模型为：

$$L_{it}=\alpha_1+\alpha_2 industry+\alpha_3 Z+\mu_i+\varepsilon_{it},$$

式中，$\alpha_1$为常数，industry为行业分类，其为虚拟变量，当其取0时，表示高碳行业的企业,而当其取 1 时,代表低碳行业的企业。$\mu_i$ 和 $\varepsilon_{it}$代表不可观测的地区效应和时间效应。控制变量为 Z 是影响劳动收入份额差异及其变化的控制变量。根据已有文献,我们考虑如下影响就业水平的变量:企业的年龄、企业的规模(资本规模)、年份和地区的虚拟变量等控制变量。其目的是为了讨论在节能减排政策推行过程中,高碳行业的企业与低碳行业的企业在劳动力雇佣上的区别。回归结果见表 5。

**表 5　稳健性估计结果(一)**

| | (1)<br>员工总数 | (2)<br>员工总数 | (3)<br>员工总数 | (4)<br>员工总数 | (5)<br>员工总数 | (6)<br>员工总数 |
|---|---|---|---|---|---|---|
| 矿石资源 | 109.7* | 136.0** | 207.3*** | 139.9*** | 158.4*** | 183.7*** |
| 相关企业 | (1.89) | (2.43) | (3.25) | (2.67) | (3.09) | (3.16) |
| 企业年龄 | 51.65*** | 46.67*** | 42.69*** | 51.51*** | 46.74*** | 42.72*** |
| | (6.92) | (7.52) | (6.71) | (6.92) | (7.51) | (6.71) |
| 国有企业 | | 330.2** | 258.8* | | 320.9** | 275.1* |
| | | (2.07) | (1.65) | | (2.01) | (1.76) |
| 资产规模 | | | 0.00511*** | | | 0.00515*** |
| | | | (9.22) | | | (9.22) |
| 常数项 | 62.95 | 55.33 | 1.521 | 23.78 | 26.63 | 72.37 |
| | (0.42) | (0.37) | (0.01) | (0.16) | (0.18) | (0.42) |
| year | YES | YES | YES | YES | YES | YES |
| region | NO | NO | NO | NO | NO | NO |
| 观测值 | 1139 | 1139 | 1035 | 1139 | 1139 | 1035 |
| R-squared | 0.280 | 0.286 | 0.457 | 0.281 | 0.287 | 0.459 |

注:*、**、*** 分别表示 10%、5%和 1%的显著性水平。括号内为 t 值。

通过表 5 我们发现,高碳行业企业的员工雇佣数量更多,平均而言,比低碳行业企业要多 150 人左右。结论也表明,现阶段从雇佣总量来看,相比低碳行业,高碳行业是吸纳就业的主要部门。根据第三节的结论,对地方政府进行碳排放绩效考核会减少地区高能耗行业的就业,但会增加我国中低能耗行业的就业。而本节的第一个实证结论是:高碳排行业的就业人员总数高于低碳行业的就业人员总数。这说明发展低碳经济将减少高能耗行业就业、增加中低能耗行业就业,可以减少低碳转型过程中对就业总量的冲击,使得发展低碳经济既可以促进就业结构的改善,又可以促进就业总量的增加。

进一步分析,我们将被解释变量替换为正式员工总数。表 6 表明,高碳行业企业的正式员工数量较少,平均来看要少 60 人左右。这也说明高碳企业雇用了更多的临时工人,受减排政策的影响,这部分人的失业风险更高。

**表 6　稳健性估计结果(二)**

| | (1)<br>正式员工数 | (2)<br>正式员工数 | (3)<br>正式员工数 | (4)<br>正式员工数 | (5)<br>正式员工数 | (6)<br>正式员工数 |
|---|---|---|---|---|---|---|
| 高碳行业 | -79.99** | -59.80** | -88.69*** | -51.81* | -36.64 | -81.57*** |
| | (-2.40) | (-2.08) | (-3.52) | (-1.80) | (-1.34) | (-3.06) |
| 企业年龄 | 48.62*** | 43.96*** | 38.94** | 48.32*** | 43.93*** | 38.98** |
| | (2.61) | (2.91) | (2.54) | (2.59) | (2.90) | (2.53) |
| 国有企业 | | 301.9 | 267.5 | | 288.1 | 267.2 |
| | | (1.17) | (1.05) | | (1.11) | (1.05) |
| 资产规模 | | | 0.00490*** | | | 0.00490*** |
| | | | (9.08) | | | (9.10) |
| 常数项 | -107.6 | -128.3 | -155.9 | -145.2 | -153.2 | -165.0 |
| | (-0.65) | (-0.70) | (-0.95) | (-0.90) | (-0.89) | (-0.96) |
| year | YES | YES | YES | YES | YES | YES |
| region | NO | NO | NO | NO | NO | NO |
| 观测值 | 1035 | 1035 | 1015 | 1035 | 1035 | 1015 |
| R-squared | 0.106 | 0.108 | 0.172 | 0.107 | 0.109 | 0.172 |

注: *、**、*** 分别表示 10%、5%和 1%的显著性水平。括号内为 t 值。

根据我们实地调研的情况发现,在煤炭主产区,确实存在大量雇用临时工人的情况,个别企业甚至 80% 的员工都是临时工,有的按月计薪,有的按周按日计薪。这部分工人不享受正式员工的保险与企业年金,受教育水平普遍较低,职业选择的范围有限,如果不能参与采掘企业的生产只能回归农业。然而近年来黑龙江农业现代化改革步伐很快，过去农民的自用田现在都被种植能手或是工商资本集中起来，进行机械化耕种。在经济低碳转型过程中，必然面临小煤窑的关停和煤炭企业的合并重组，以高碳行业的临时工人为代表的这部分劳动力的转移与承接是需要政策引导的。

2. 低碳转型对员工工资的影响

为了检验企业对工资的影响，我们引入明瑟收入函数，在明瑟收入函数中，收入的自然对数被表达成教育水平变量的线性函数和工作年限的二次函数。尽管教育水平是影响收入的重要因素，但是工作年限的作用同样不可忽视。明瑟（Mincer，1974）和豪斯曼（Hausman，2004）等学者研究了工作年限二次规定是否合适，但是，除了明瑟提出用冈波茨（Gompertz）曲线代替工作年限二次曲线外，很少有学者关注收入随工作年限变化的模式（Murphy and Welch，1990，1992）。在国内学者的实证研究中，工作年限二次函数被广泛接受（赖德胜，1998；岳昌君，2004；马晓强和丁小浩，2005）。工作年限二次函数在劳动力市场研究中起到两方面作用：一方面，二次函数估计值可用于描述收入增长的横向和纵向模式（李实和丁赛，2003），即可用于描述收入随时间变化或用于描述同一时间不同群体收入的变化；另一方面，二次函数常被用于估算地区、行业和性别等因素对收入的影响（王海港等，2007；高梦滔和张颖，2007）。在后一类型的研究中，工作年限二次规定可以间接起到控制工作年限对收入的复杂影响的作用。尽管工作年限二次函数由于形式简化而被广泛接受，但是，为了使工作年限二次规定在两方面都起作用，工作年限二次规定描述的收入剖面必须近似实际收入剖面。可是，工作年限二次规定描述的收入剖面往往与实际收入剖面不符，工作年限二次规定描述的收入剖面存在显著偏差（王云多，2009）。为了厘清教育水平和工作年限对收入作用程度的差别，准确估算工作年限变化对收入的影响，需要在明瑟收入函数中有效设定工作年限的形式。为了使用截面数据检验不同教育水平样本的收入随工作年限的变化，本文将明瑟收入函数做了简化，检验工作年限二次规定对收入的影响。除构建由工作年限二次函数引起的偏差外，还将阐明偏差的形式，揭示出偏差形式随不同地区变化和同一时间不同教育水平变化相对稳定的特征，用实际收入剖面揭示工作年限二次收入剖面偏差的稳定性，并通过在工作年限二次函数中嵌入一个工作年限二次函数（嵌套二次函数），扩展明瑟收入函数，减少测量的偏差。在明瑟收入函数中，剔除教育水平变量，可将函数形式简化如下：

$Wage_{it}=\alpha_1+\alpha_2 industry+\alpha_3 Z+\mu_i+\varepsilon_{it}$。

同理，式中，$\alpha_1$ 为常数，industry 为行业分类，其为虚拟变量，当其取 0 时，表示高碳行业的企业，而当其取 1 时，代表低碳行业的企业。$\mu_i$ 和 $\varepsilon_{it}$代表不可观测的地区效应和时间效应。控制变量为 Z，是影响劳动收入份额差异及其变化的控制变量。根据已有文献，我们考虑如下影响工资收入的变量：企业的年龄、企业的规模（资本规模）、年份和地区的虚拟变量等控制变量。通过表 7 我们发现，高碳行业的平均工资要低于低碳行业的平均工资。一方面与煤炭钢铁行业近年来整体表现不佳有关；另一方面是这些企业的就业人员中有较大比例的临时工人，这些临时工人拉低了企业整体的平均工资。但是企业年龄和国有企业这一虚拟变量都不显著。资产规模与企业的工资水平呈正相关，企业规模越大，员工的工资越高。这也符合我们的预期。

**表 7 稳健性估计结果（四）**

| | 平均工资水平 | | | | | |
|---|---|---|---|---|---|---|
| | OLS<br>(1) | OLS<br>(2) | OLS<br>(3) | OLS<br>(4) | OLS<br>(5) | OLS<br>(6) |
| 高碳行业企业 | -3992.2*** | -3724.0** | -5481.0*** | -3266.6* | -3094.8 | -4672.4** |
| | (-2.83) | (-2.48) | (-3.58) | (-1.74) | (-1.61) | (-2.33) |
| 企业年龄 | 84.21 | 10.08 | -28.48 | 81.49 | 17.54 | -19.18 |
| | (1.42) | (0.11) | (-0.30) | (1.33) | (0.19) | (-0.21) |

（续表）

| | | | | | | |
|---|---|---|---|---|---|---|
| 国有企业 | | 4917.4 | 4694.3 | | 4306.5 | 4074.1 |
| | | (1.15) | (1.12) | | (1.05) | (1.00) |
| 资产规模 | | | 0.0414*** | | | 0.0394*** |
| | | | (5.30) | | | (5.14) |
| 常数项 | 13352.1*** | 13206.3*** | 12235.1*** | 15101.7*** | 15111.7*** | 9895.4** |
| | (5.78) | (5.72) | (3.57) | (5.69) | (5.69) | (2.50) |
| year | YES | YES | YES | YES | YES | YES |
| region | NO | NO | NO | NO | NO | NO |
| 观测值 | 1123 | 1123 | 1026 | 1123 | 1123 | 1026 |
| R-squared | 0.030 | 0.031 | 0.043 | 0.032 | 0.033 | 0.046 |

注：*、**、***分别表示10%、5%和1%的显著性水平。括号内为t值。

总结来看，在第二部分的分析中，我们利用三个地级市的企业问卷数据，构建多个计量模型，尝试分析在2005—2012年间节能减排政策实施以来，企业层面的就业有哪些变化规律。结果表明：

（1）当企业所处行业处于15个高碳行业中时，企业的就业更容易受到“节能减排”政策的负面影响。这与第三节数值模拟的结果基本吻合，真实企业的调研结果很好地拟合了碳税政策模拟的结论。这说明，无论是总量上限制排放的行政命令还是征收碳税的长期调节政策，对行业的影响范围是相同的，对行业就业的挤出作用是相同的。

（2）我们还发现企业资产总额与员工总数两个变量是显著为正的，两个变量可以在一定程度上反映企业的生产规模，这说明相比规模较小的企业，规模以上的企业应对减排政策的能力更强，企业的总体雇佣水平保持稳定。

（3）我们在加入企业所处地区的产业结构因素后，控制了地区因素后高碳排企业的就业受到政策影响是显著为负的，另外企业所处地区的产业结构因素也会影响减排政策的就业效应，在产业结构偏向重工业的城市，企业面对减排政策更容易出现就业损失。

（4）在分析不同行业企业雇佣员工数量时我们发现：高碳行业企业的员工雇佣数量更多，平均而言，比低碳行业企业要多 150 人左右。现阶段，从员工数量上来看，相比低碳行业，高碳行业是吸纳就业的主要部门。但是当我们将解释变量换作企业正式员工数量时，结果却发生了反转，高碳行业企业的正式员工数量比低碳行业企业正式员工数量平均少 60 人，我们发现高碳行业企业大量雇用临时工人的事实，也就是我们常说的蓝领工人，受减排政策的影响，这部分人的失业风险更高。

## 三、节能减排对家庭就业供给的影响

本节主要围绕黑龙江省两个典型城市：以典型环保型城市牡丹江市及典型重工业城市双鸭山市为研究对象，进行能源结构、产业结构与就业结构的对比调研，关注不同的产业结构是否会导致就业受到节能减排政策的不同影响。其中双鸭山市是黑龙江省煤炭的主产区，钢铁和煤化工行业发达，属于典型的重工业城市。而牡丹江市作为黑龙江旅游资源最为丰富的城市之一，第三产业比较发达，是典型的环保型城市。这样的调研设计主要目的是想对比产业结构不同、能源结构不同的城市面对低碳转型政策时有何异同。

由于地市一级的统计年鉴对就业的统计资料非常少，尤其缺失细分行业的家庭就业数据，所以本节对两个城市按照不同区域人口比例构成各发放了 1200 份的居民问卷，以弥补原始数据缺失的不足。在双鸭山市共发放 1200 份居民问卷，有效问卷为 1136 份，在牡丹江共发放 1200 份居民问卷，有效问卷为 1015 份，问卷设计中除受访者基本信息之外，还包含了许多与低碳经济、低碳就业相关的问题，本节重点考察家庭就业比例在不同行业中的不同分布。表 8 汇集了主要的人口学和社会经济特征数据。

**表 8　居民问卷调查人口学及社会经济特征**

| 类别 | 概况 | 结果 | | 类别 | 概况 | 结果 | |
|---|---|---|---|---|---|---|---|
| | | 双鸭山市 | 牡丹江市 | | | 双鸭山市 | 牡丹江市 |
| 问卷 | 回收问卷数 | 1136 份 | 1015 份 | 工作行业 | 农、林、牧、渔、水利业 | 18.8% | 15.9% |
| 性别 | 男 | 47.8% | 47.8% | | 国家机关、事业单位 | 16.3% | 7.9% |
| | 女 | 51.2% | 51.2% | | | | |
| 现居住地 | 中等城市 | 79.3% | 46.60% | | 采掘业 | 22.0% | 1.9% |
| | 小型城市 | 20.7% | 53.40% | | 制造业 | 12.6% | 14.0% |
| 家庭规模（人） | 1 | 6.4% | 8.30% | | 建筑业 | 3.6% | 5.7% |
| | | | | | 交通运输、仓储和邮政业 | 3.5% | 5.8% |
| | 2 | 32.4% | 21.90% | | | | |
| | | | | | 批发、零售业和住宿、餐饮业 | 7.1% | 12.6% |
| | 3 | 42.7% | 52.70% | | | | |
| | 4 | 11.4% | 11.00% | | 其他行业 | 11.4% | 30.9% |
| | 5 | 6.1% | 5.30% | | 生活消费 | 2.7% | 5.4% |
| | 6 人以上 | 1.0% | 0.80% | 家庭收入水平 | 2 万元及以下 | 3.4% | 7.7% |
| 文化程度 | 小学及以下 | 2.9% | 2.90% | | 2 万-5 万元 | 26.0% | 16.3% |
| | 初中 | 12.3% | 12.30% | | 5 万-10 万元 | 44.2% | 46.4% |
| | 高中及高职高专 | 18.3% | 18.30% | | 10 万-20 万元 | 20.4% | 20.8% |
| | 大学及大专 | 64.5% | 64.50% | | 20 万-50 万元 | 5.2% | 6.0% |
| | 硕士研究生及以上 | 2.1% | 2.10% | | 50 万-100 万元 | 0.7% | 0.7% |
| | | | | | 100 万元以上 | 0.2% | 2.2% |

从表 8 我们可以看出，受访人男女比例基本持平，随机抽样基本不存在性别偏差。现居住地需要说明的是，中等城市指的就是双鸭山市的四个行政区：尖山区、岭东区、四方台区、宝山区，牡丹江市的四个行政区：东安区、西安区、爱民区、阳明区。小型城市指的是双鸭山市所辖的 4 个县：集贤县、宝清县、友谊县、饶河县，牡丹江市所辖的 6 个县：绥芬河、宁安、海林、穆棱、林口、东宁。双鸭山市区总人口为 2014527 人，所辖县总人口为 1010283 人，我们调查的对象有79.3%来自城镇，20.7%来自农村，基本符合当地的人口分布。

从表 8 中我们还可以发现，被调查的男性与女性各占接近

50%，不存在性别偏差。来自城市和农村的受访者各占一半，与当地城市与农村居民的人口比例相当。受访者从事的行业除其他行业之外，占比最高的两个行业是制造业和农业，符合当地整体的行业就业比例。以上几点说明本次居民问卷调研，基本满足随机抽样的原则，所收集的数据具有代表性。

接下来，我们利用问卷数据分析不同行业员工家庭失业承受能力是否有异同。我们用家庭成员就业比例来衡量一个家庭的失业承受能力，通过调研家庭在职人数、未参加工作的在读学生数量、退休老人的数量，我们可以计算出一个家庭内部平均一个在职人员要供养多少个人，这个比例越高，家庭承受失业风险的能力越强。具体公式如下：

$$家庭就业比例=\frac{家庭就业人数}{家庭总人数}$$

在总样本下，两个城市的家庭就业比例整体都偏高，均值分别为0.6535和0.7031。双鸭山市这一指标低于对比城市牡丹江市，说明总体来看双鸭山市失业风险的承受能力要低于牡丹江市。

从工作行业来看，如图1所示，我们发现牡丹江市除建筑行业

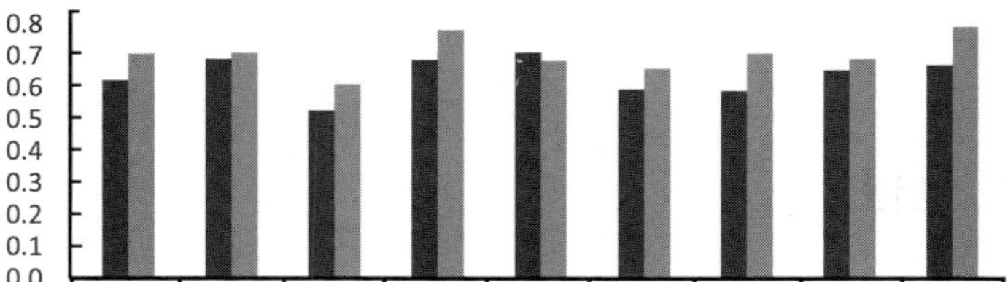


| | 农、林、牧、渔、水利业 | 国家机关、党组织、事业单位 | 采掘业 | 制造业 | 建筑业 | 交通运输、仓储和邮政业 | 批发、零售业和住宿、餐饮业 | 其他行业 | 生活消费 |
|---|---|---|---|---|---|---|---|---|---|
| ■双鸭山市 | 0.622 | 0.690 | 0.529 | 0.688 | 0.712 | 0.596 | 0.592 | 0.657 | 0.674 |
| ■牡丹江市 | 0.706 | 0.709 | 0.612 | 0.785 | 0.686 | 0.661 | 0.710 | 0.693 | 0.795 |

图1　家庭就业比例随工作行业变化情况（两地比较）

外的所有行业的家庭就业比例都显著高于双鸭山市的情况，这说明牡丹江市的受访家庭的失业风险承受能力整体高于双鸭山市。我们还发现牡丹江市所有比较行业中，来自采矿业的受访者家庭就业比例也是最低的，这个结论与双鸭山市的调研结论一致，说明无论在重工业城市还是环保型城市，采矿业蓝领工人的家庭负担都是较重的，承担失业风险的能力较弱。

研究发现，不同的产业结构会导致不同的就业结构，不同行业员工就业受到低碳经济政策的影响程度也不同，低碳就业的实施路径也不同。以双鸭山市为例，采掘业和钢铁行业为支柱产业，农业基础较好，但第三产业发展滞后，应该通过发展农产品深加工和第三产业来促进就业，通过发展工业节能减排服务业实现低碳就业。而对于牡丹江市，农业 GDP 占比较小，工业制造业和第三产业较发达，应该通过制造业转型升级与第三产业结构优化来实现低碳就业。

居民问卷的数据显示在家庭成员就业比例方面，环保型城市牡丹江市的整体系数高于资源型城市双鸭山市，家庭失业风险的平均承受能力更强。具体到分行业情况，两个城市有一致性结论，即高碳排行业（采矿业）从业人员的家庭成员就业比例是所有行业中最低的，承担失业风险的能力最弱。

## 四、结语

随着环境质量的不断恶化，碳排放问题越来越受到国际社会的普遍关注。中国作为碳排放大国承受着双重压力，一方面，中国经济过去粗放式的增长模式，导致对环境资源的过度消耗，自然环境质量作为发展经济的隐性成本近年来逐渐显性化，在人均收入不断提高的情况下，居民对于环境质量的要求也越来越高；另一方面，气候问题和环境污染问题是一个世界性问题，尤其是碳排放问题，具有空间转移的性质，中国受到国际社会的舆论压力也在逐年增大。在此背景下，政府出台节能减排政策，引导经济低碳转型是必要的。

然而中国作为拥有多于13亿人口的发展中国家，正处于快速工业化与城市化的进程中，能源大量消耗的表象下还隐藏着深刻的就业问题。农业现代化会改变传统农业的发展方式，由劳动密集型转变为技术密集型和资本密集型，这一过程将释放大量的农村剩余劳动力。中国的城镇化进程尚未完成，农村剩余劳动力将不断参与二三产业的生产活动。与欧美发达国家相比，中国未来面临更大的就业压力。所以经济低碳转型过程中，一定要考虑就业问题，节能减排政策实施过程中，在评估减排效果的同时，避免造成大量失业也是政策的重要目标。另一方面，当前社会垂直流动渠道堵塞，职业走向世袭，劳动市场形成二元化，关注不同劳动力市场、行业劳动力受到的低碳政策实际影响，减少转型期上等、次等劳动力需求不匹配等改革面临的阵痛问题，都是我国劳动力市场亟待解决的问题。

目前实行的有关减排的政策呈现出由政府主导，市场为辅，公众参与严重不足，减排政策以总量限制为主，缺乏对产业结构低碳化的引导机制的特点。结合本文研究结论，我们认为黑龙江地区经济低碳转型与绿色就业岗位的创造应该从以下几个方面实现：

**第一，产业结构的调整。**产业结构直接决定了碳排放总量与就业结构。在我们的城市对比研究中发现，第二产业为支柱产业而第三产业薄弱的双鸭山市存在减排与就业的双重压力，相比之下，第三产业发达的牡丹江市，在低碳转型期就业结构更加稳定。

（1）延伸农业的产业链，着力发展有机农产品的深加工。黑龙江地处东北平原，农业发展优势明显，被誉为“北大仓”，是中国重要的商品粮基地。本文调研的双鸭山市农业占比和工业占比均较高，延伸农业产业链发展有机农产品深加工，可以提高农产品附加值，形成地区经济新的增长点，承接采掘业等高碳行业的就业挤出，吸收更多的人在农产品加工业和物流方面就业。

（2）发展林业经济，增加碳汇能力。森林具有生物固碳的功能，林业的发展水平直接影响地区的碳汇能力。黑龙江林业经营总面积3175万公顷，占全省土地面积的2/3。目前黑龙江省的林场90%为国有林场，应该借鉴集体林权制度改革的经验，将林权与林地使用权分步确权，以代表林区为试点，将林地使用权承包到户，鼓励林农开展林下种植与林下养殖。林农在林地种植经济作物、开展养殖活动能提高林农对森林保护的积极性，对于保护林区的生态环境是有积极作用的。发展林下经济合作社也可以解决农业人口的就业问题。农民放弃外出打工，实现当地就业，对缓解城镇就业压力有着重要作用。

（3）高碳行业的转型升级，实现煤炭能源化工基地循环经济发展模式。在对以重工业为支柱产业的双鸭山市和鸡西市两个城市调研过程中，我们发现在煤炭资源丰富的地区依旧存在无序开采的问题，小煤窑与小火电技术水平落后，能源转化效率低下，生产出的产品质量不达标，作业过程还存在着安全隐患，相比规模以上的煤炭钢铁企业，碳排放量要大得多。应该在煤炭资源集中度较高的区域建立煤炭行业循环经济的产业园基地。

（4）着力发展节能服务产业，实现绿色就业。节能服务产业起源于“合同能源管理（EMCO）”机制。EMCO通过与愿意进行节能改造或高效管理能源的客户签订合同，提供能源效率审计、节能项目设计、原材料和设备采购、施工、监测、培训与运行管理一条龙服务，并分享项目实施产生的节能效益。

**第二，能源结构的调整**。中国目前处在快速工业化与城镇化进程中，能源需求量逐渐加大，继续依赖化石能源必将导致碳排持续升高。并且中国重煤轻油的能源禀赋，也决定了单位能源碳排放量比一般国家更高的局面。发展清洁能源是解决能源需求与碳排放矛盾的最佳途径。具体从以下四个方面着手：

(1) 以节能为优先任务,进一步做好碳排放总量的控制。(2) 煤炭的科学开发与高效洁净利用。(3) 在保障石油战略地位的同时,将天然气作为能源结构升级的重点。(4) 加大对可再生清洁能源(水能、风能、太阳能、生物质能)发展的支持力度。(5) 积极发展核电。

**第三,就业促进政策。**经济发展方式的转变是一个长期的过程,不同行业在这一转型过程中受到的影响各异:新能源及环保产业会产生大量的就业需求,而高污染、高能耗且劳动密集型产业在转型过程中必然伴随着就业挤出。

另一方面,当前劳动力市场形成了上等劳动力市场和次等劳动力市场,上等劳动力市场工作被认为是好职业,工资高、福利多、学习培训机会和逐步提拔的可能性大,而次等劳动力市场工作就被认为是坏职业,工资低、福利少、基本没有学习培训、向上提升的机会少。产生就业需求的新能源产业及环保产业属于高新技术产业,对于人力资本的要求较高,属于上等劳动力市场;而易受到就业挤出影响的高污染、高能耗的劳动密集型产业往往集聚了大量人力资本较低的蓝领工人,属于次等劳动力市场。我们通过前文居民部分的分析看到,聚集在高碳排行业的蓝领工人受到低碳减排政策的负面影响最大,承受失业风险能力最弱。

而上述二元劳动力市场形成以后,一般说来,工作者又很少有机会从坏职业转到好职业,这两种职业之间跨市场的流动机会很少。于是,上等劳动力市场的工作者有较大可能升为中产阶级,而下等劳动力市场的工作往往是终身的,没有机会或者很少有机会升入中产阶级。换句话说,白领可以成为中产阶级,蓝领很难做到。要想改变劳动力市场二元化,缩小劳动力市场差距,打破职业世袭化,就必须增加蓝领工人家庭收入,大力培育蓝领中产阶级。

产业结构转型、能源结构优化过程中会催生新的行业并创造更多的低碳就业岗位,但这一过程不是一蹴而就的,而且高碳行业挤出的劳动力也未必具备流向低碳行业的职业能力。这就需要地方政府通过机制设置与政策引导促进就业。对于如何在低碳产业结构转型的大背景下,培育蓝领中产阶级,可借鉴西方发达国家的措施。就业促进主要可以考虑三种方式:

一、加强职业技术培训,通过教育培训等方式提高就业人员的劳动技能,让有志进取的简单劳工能够得到培训,成为技工、熟练技工。

二、通过政府、企业与社会的扶持,创造就业机会,主要包括以下几方面内容:(1)设立职业培训机构。(2)建立劳动信息服务平台,完善劳动派遣制度。(3)扶持自主创业,给予优惠政策。(4)完善失业保险制度。在本文第四节的研究中,我们发现高碳行业的员工总数要高于低碳行业,而正式员工的数量要显著低于低碳行业。这说明在高碳行业中,享受相关保险和住房公积金的正式员工占比很低,更多的企业员工是临时工人身份,与企业签订的劳动合同中只包括工资性收入。而高碳行业恰恰是在低碳转型过程中存在较大失业风险的行业,临时工人如果被企业解雇,将得不到任何暂时性补偿。针对双鸭山这样以煤炭、钢铁等高碳行业为支柱产业的城市,建立覆盖范围更广的失业保险制度是必要的,实施失业保险全覆盖可以在失业人员二次就业过程中提供必要的生活保障。

三、鼓励技工、熟练技工创业,开设自己的小微企业,逐步富裕起来成为蓝领中产阶级。

## 参考文献

1. 陈诗一:“能源消耗,二氧化碳排放与中国工业的可持续发展”,《经济研究》2009 年第 4 期。
2. 樊纲、苏铭、曹静:“最终消费与碳减排责任的经济学分析”,《经济研究》2010 年第 1 期。
3. 李启平:“经济低碳化对我国就业的影响及政策因应”,《改革》2010 年第 1 期。

4. 厉以宁、吴世泰:《西方就业理论演变》,华夏出版社 1988 年版。
5. 厉以宁、章铮:《环境经济学》,中国计划出版社 1995 年版。
6. 厉以宁、J. Warford 主编:《中国自然资源定价研究》,中国环境科学出版社 1997 年版。
7. 厉以宁:《中国经济双重转型之路》,中国人民大学出版社 2013 年版。
8. 厉以宁、傅帅雄、尹俊:《经济低碳化》,江苏人民出版社 2014 年版。
9. 陆旸:"中国的绿色政策与就业:存在双重红利吗?",《经济研究》2011 年第 7 期。
10. 潘家华、郑艳、张安华等:"低碳发展对中国就业影响的初步研究",《应对气候变化报告》2009 年。
11. 谭永生:"经济低碳化对中长期就业的影响及对策研究",《中国人口资源与环境》2011 年第 20 期。
12. Berman E., Bui L.T.M., "Environmental Regulation and Labor Demand: Evidence from the South Coast Air Basin," *Journal of Public Economics*, 2001, 79(2): 265–295.
13. Bosello F., Carraro C., "Recycling Energy Taxes: Impacts on A Disaggregated Labour Market," *Energy economics*, 2001, 23(5): 569–594.
14. Heyes A., "Is Environmental Regulation Bad for Competition? A Survey," *Journal of Regulatory Economics*, 2009, 36(1): 1–28.
15. Shen J., "Trade Liberalization and Environmental Degradation in China," *Applied Economics*, 2008, 40(8): 997–1004.

(刘海北,北京大学光华管理学院;徐佳,北京大学光华管理学院)

# 论国有林区改革和蓝领中产阶级成长

赵锦勇

本文考察的中心问题是国有林区在生态文明建设时期的转型发展，选取了国有林区蓝领中产阶级发展的视角，分别从国有林区职工贫困的历史背景、困境的现实表现、现有的改革措施和未来的发展思路四个方面进行论述。

## 一、国有林区发展的历史和问题

### （一）国有林区的地位

国有林区发展的问题和林业发展的定位有密切关系。我国林业主要有三大部分：集体林大部分分布在南方各省，主要发挥为农民增收致富的经济功能。国有林场是新中国成立初期国家为优化生态开发空间格局,加大自然生态系统保护力度,加强生态建设,在无林少林、荒山集中连片地区兴办以造林和资源培育为主要任务的林业事业单位。森工林业局是国有林区建立在东北、内蒙古等森林资源丰富地区的林业单位,主要任务是进行木材采伐,支援国家经济建设,是我国重要的生态安全屏障和森林资源培育战略基地。后两者共同构成了我国国有林业的主体,区域集中分布在大江大河源头、主要水库周围、黄土风沙前线等重点生态区域和生态脆弱区。

### (二)形成历史造就的特殊发展机制

国有林区的形成有许多计划经济的烙印,形成的历史造就了其特殊的发展机制。国有林区以国有森工林业局为单位进行区域划分。国有森工林业局的建立和很多中国工业城市建立类似,不是"因市设城",而完全是人为的安排——是先有采伐体系和工业体系,再安排工人和家属。同时,为解决生活问题再建起城市各类基础设施和科教文卫服务。从名字"森工林业局"也可以看出,当时是政企不分的。回到我们文章的主题,工人和林区社会都围绕着传统林业产业,他们的产业组织方式和生产技能都围绕着原来的生产力和生产方式。实际上,当时建立起来的森林工业体系学习的是苏联模式,使用的是皆伐模式,也就是一次性"剃光头",而不是更加科学的间伐等经营模式。由于一开始人少林多、人均资源占有多,有统计资料显示,新中国成立初的一段时间,当时的林垦部贡献的财政收入一直占各部门的前 5 位。这种方式促进了国有林业的积累,帮助其建立了一系列社会基础设施和社会机构,促进了林区人口的聚集和增长。然而随着人员的增长,逐渐体现出不可持续增长方式的问题和弊端。其中,人员的固化是重要的一个问题。

传统的生产方式固化了人员。从形成的过程可以看出,林业系统是一个围绕着林产工业的独立系统,而且区域相对封闭,林业工作人员就固定在了这个系统和这个区域。发展到后期，由于区域限制、产业限制、人力资本和社会保障的限制，林区工人变成了一种身份，而不是一种职业，阻碍了人员的流动，无法实现资源的有效配置——社会资本很难进来，林区的职工也很难出去。更为严重的情况是，当国有林区遇到产业转型和区域转型时，由于过于单一的发展模式和计划经济形成并加强了二元劳动力市场，企业和职工对于转型发展的适应性很差，出现了巨大的转型落差。

### （三）计划经济和二元劳工市场

国有林区二元劳工市场的形成既有普遍性也有特殊性。一是受整个计划经济的思想影响深刻。目前为止，国有林区仍然是计划经济色彩比较重的，整个国有林区常常是林管局、地方政府、森工企业三位一体。企业和政府不分，资源管理和资源利用不分。在整个区域内，政府在资源的配置中仍然有很大的影响力。针对我们本文讨论的话题，由于国有林区的产业单一，政府通过对产品、要素、组织机构的控制，从而间接地对劳动力产生了很强的控制力，国有林区的职工垂直流动和横向流动的机会仍然较少。二是受国有林区设立过程的影响。如前文所述，国有林区自成立以来都是在以前没有城市的地方为了木材采伐而建立起城市，都是先有工人，然后为了生活和生产才产生一系列的管理和配套服务。对于分工的坚持产生了这种工人和管理者的长期分割。在新中国成立之初，森林资源丰富，林业在国民经济中占相对重要地位的时候，林业砍伐经济让林业工人获得了相对较高的实际工资。但从 1998 年开始，当林业开始向生态保护转型，国有林业就陷入了全行业亏损，同时由于人员成本巨大，且有庞大的地方管理成本，资源也陷入了匮乏。

### （四）转型中发展下的流动固化

林区工业化和城市化在林业转型冲击下导致了二元劳工市场

的进一步加深。国有林区因为原先较为强大的计划力量和丰富的森林资源,实现了林产工业的快速上马,林区的工业化支撑了林区的城市化。但是如前所述,林业的工业化是以不可持续地消耗林业资源为代价的。当1998年国家对林业转型,实施了“天然林保护工程”、禁伐和限伐天然林、大规模调减砍伐指标等措施以后,产业和区域增长的火车头忽然不见了,林业工业受到了巨大冲击,林区城市化同样受到了冲击,国有林区城市的增长力受到了巨大限制,从而使人口的流动快速下降。国有林区工人的生活、就业、社会保障等一系列问题都浮现出来。

转变国有林区定位虽然长期而言对林区发展有积极影响,但短期而言对林区是阵痛。定位转变除了对产业有直接影响外,还对林区要素流动和要素价格有许多次级影响。例如国有林区的职工人口流动等。国有林业快速形成的林产工业导致了林区城市的出现,林产工业一开始较高的效益也辐射了周边的林区和农村,此时受林业工业化影响的农村和林区的人口已经很多。但当林产工业由于政策原因忽然陷入停顿时,早年的林产工业化形成的人口和服务忽然变成了负担,在突然失去了经济的火车头之后迫切需要找寻出口。人们自发的动力是往城市寻找出路。然而,为保持林区平稳,林区采用的各种变相的使人口稳定在林场的措施,限制了人员的流动,原来是工人,实际却被当作农民,出现了人为的二元割裂。

越是陷入贫困,城市的公共服务供给能力越是不足,就越是把林业工人限制在土地和林场中,实现低水平的生活保障。政策的目的是维持区域稳定,是不允许他们自由流动,不允许林业职工进入城市。这又人为导致城市和林区的割裂,人为形成了劳工二元市场,垂直流动受限。同时,林业由于长期职业技能的限制、生活环境的相对偏远和封闭,横向流动也受到阻碍。横向流动往往需要社会相对开放,并且人与人的交往比较频繁,职工拥有较多的培训的机会,能够较为自由地实现技能转换。而林区由于其生产关系的设定，导致如像其他城市工人那样顺利实现横向流动的机会稀少。

生产资料不流转，人也不流动。不断增长的人口压在不怎么增加的土地上，奠定了那个时期林区不断趋于贫困的架构。

## 二、国有林区职工和企业面对的问题

### （一）职工实际收入偏低

国有林区职工收入普遍较低。尽管近几年有一定幅度增加，但由于历史基数偏小，与地方相比仍有很大差距。2013 年，重点国有林区在岗职工年人均工资只有 2.3 万元，相当于当地社会平均水平的 51.4%。

更为严峻的是职工收入的不可持续性。例如，汪清林业局，可以算是东北林业系统效益较好的森工林业局，2015 年年中调研时，管理者反映其账面流动资金只有 6000 万元，但仍有 5000 人需要发工资，按照 3 万元/人年收入计算，也只够职工 4 个月的工资，最多坚持到 9 月份。而其他大部分森林局需要靠贷款才能够将职工工资按时发放。而据相关统计，国有林区已经存在 400 多亿元的金融机构负债，其中近 300 亿元还是最近 10 年新增的。总数上，国有林区还有 70 多万的职工，影响着几百万人的生活。

收入是一方面，公共服务和社会保障则能够体现林区生活质量的其他方面。大兴安岭林区仍然有 50 万人口，基本林区的社保保障还存在问题。林区道路、供电、饮水、通信等基础设施相当落后，还有 486 个林场不通公路，1575 个林场存在饮水安全问题，170 个林场不通电，575 个林场不通电话，严重影响了林区林场生产生活，成为林区林场全面建成小康社会的短板。

### （二）企业的三产结构问题

工人的平均收入需要靠企业和产业发展来带动。国有林区传统的增长支柱为林木砍伐和林木加工产业，简言之就是一产二产，往往可以达到总产值80%以上。大部分森工局的二产的比重超过50%，并且吸收了许多劳动力。转型之后面对的最重要问题是如何安置富余劳动力，其次是社会保险和养老保险如何支付，再其次一些社会性服务如何减负。简而言之，就是求生存、减负担是大部分森工林业局当前面对的困境，谋发展当前还没有进入议程。

### （三）寻找改革动力问题

国有林区改革步履为艰。国有林区改革实际上从1998年实行天然林保护工程就已经开始，当时长江、黄河中上游（以下简称西北地区）和东北地区存在很大的差异。西北地区由于对林业的依赖性没有那么大，直接实行了禁伐，倒逼改革和转型；而东北由于考虑到稳定的压力，以及当时东北老工业基地改革和下岗的压力，区域外部机会不多，所以折中采用了限伐等措施。初始条件的微小差别，10多年以后产生了巨大的差异——西北地区改得早，现在林业保护已经没什么压力；东北改得晚，现在无论是资源保护、区域发展、企业转型，还是职工生活都面临着巨大压力。回头看改革的成败，不仅有地理因素（西北地区更加地广人稀，人均占有林地面积较大，导致天保工程人均收获补偿较高等原因），也有制度的惯性——一期天保工程，中央财政拿出了许多钱支援国有林区的生存，使人养成了“等靠要”的心态。东北老工业基地一直处在改革中，林区外在的机会又没有足够的吸引力，在原来的一盘格局里下不出活棋。等拖延到出现了生存和就业的问题时，短期的矛盾又比较尖锐。

国有林区改革起始于国家对林业定位的转变和限制性发展。国家倒逼转型，还需要基层有激励——最好是生态的还权和职工的受益。改革虽然是发展的动力，但是改革本身也需要找到动力源泉，可以学习集体林权制度改革，根据基层现实的需求找到行得通的做法，再通过高层认可，进一步推动改革。而基层的需求，目标往往都非常务实，没什么宏达的叙事，但是凡心驱动者重，这才是改革得以持续的源泉。在正式讨论发展思路前，我们先来梳理一下现有的改革措施。

## 三、国有林区转型发展的现状

虽然国有林区转型发展仍面对重重困难，但也迎来了难得的历史机遇期。中央高度重视是历史机遇，国务院制定了大的改革文件，林业部门近期也在争取保民生的各项措施，这为国有林区发展注入了活力。

### （一）国有林区的发展环境

东北地区是经济增速放缓、增长方式转型叠加的典型区域。东北地区由于历史发展的原因，工业化基本靠国家大规模投入，在转型发展中，增长的动力不足，就业压力比较大，社会稳定的风险较高。

国有林区的发展，从人口净流入变成人口净流出，从工业型区域变成生态保护型区域，对劳动力的数量和素质提出不同的要求，对中产阶级的转型也提出要求。这些是转型的阵痛，克服这些问题和困难，需要一个过程。毕竟这些问题是表象，而深层的原因是社会交易成本过高。需要我们通过改革来提供动力，稳定社会在变革中的预期，减少制度成本，通过市场配置资源释放经济活力，促进社会创新能力。

### （二）当前改革的指导文件

进入新世纪以来，中央先后出台了三个林业方面的文件。第一个是 2003 年颁发的《中共中央国务院关于加快林业发展的决定》，也就是中央 9 号文件，确立了以生态建设为主的林业发展战略。第二个是2008年颁发的《中共中央国务院关于全面推进集体林权制度改革的意见》，也就是中央10号文件，确立了农民经营集体林的主体地位，实现了“山定权、树定根、人定心”。第三个就是2015年2月中共中央、国务院印发的《国有林场改革方案》和《国有林区改革指导意见》，也就是中央6号文件。这个文件针对长期以来过度采伐和制约国有林业发展的体制机制性障碍，对国有林场和国有林区改革进行了全面部署，明确了国有林场和国有林区的战略地位、功能定位，确定了国有林场和国有林区改革的总体要求、基本底线、主要任务和支持政策，改变了长期以来向森林过度索取，把国有林场和国有林区作为木材生产主体的传统认识和做法，将森林和林场、林区摆在了建设生态文明、维护生态安全的突出地位。

2003年的中央9号文件突出了林业的生态功能，表明对森林生态和林业的认识开始发生变化，并由此开启了我国林业由以木材生产为主向以生态建设为主的转变过程，但这个过程一直在若干问题上处于胶着状态。如：林区的根本功能是什么？林场的根本属性是什么？是养人保林还是用林养人？这些问题都没有从根本上得到解决。

中央6号文件指出，保护森林和生态是建设生态文明的根基，深化生态文明体制改革，健全森林与生态保护制度是首要任务；国有林场和国有林区今后的主要功能就是保护培育森林资源、维护国家生态安全，并要求有序停止国有林区天然林商业性采伐，调减国有林场商业性采伐，推动实现林业发展模式由木材生产为主转变为生态修复和建设为主，由利用森林获取经济利益为主转变为保护森林提供生态服务为主。

### （三）当前着力争取的各项民生政策

除了中央6号文件做的大方向指引以外，当前切实落实的民生政策对林区的确有实际影响。一些已经在落实的政策有：对东北、内蒙古重点国有林区生活在深山远山地区、周边无乡镇和村屯的林区职工,开展搬迁移民。建设规模 12.8 万户、37 万人,中央投资需要 64 亿元。

在国有林区和国有林场,新建"断头路"连接道路和桥涵,升级改造现有路况较差道路,加强休闲游憩绿道网建设。建设规模:新建 15.5 万公里,改造 17.2 万公里,中央投资需要 1130 万元。

同时为减小林区改革阻力,切实改善民生。当前还在争取其他一些政策。一是国有林区化解金融债务,底数约有 400 多亿元,300 多亿元为林场欠下。二是实现国有林区职工 45 岁、55 岁提前退休,减少企业压力,转移富余职工。三是国有林区管护费用由每亩 6 元提高到 10 元,预期职工年收入可提高 6000 元。这些都是保民生的措施,能够缓解当前改革的压力和阻力,快速而实质性地启动国有林区改革,否则越拖延改革越难。

## 四、未来发展的思路

压力就是动力,挑战就是机遇。越是在困难的地方,越可能实现对传统体制机制的突破,因为改革往往是形势逼人,不得不改。

在这样的情况下,需要通过制度创新来激发活力,通过人们的创业创新的信念来支撑发展,通过政府来完成基本的社会保障。针对国有林区的改革,不仅需要在短期化解改革阻力,更需要从长期谋求改革动力,建立良性的增长方式。

### (一)发挥市场的资源配置作用

引入市场在各种资源配置中的基础性作用。尤其是通过给予经济自由,实现人和要素的流动,并逐步过渡到能够实现市场定价,最后实现市场对政府和计划在资源配置中的替换。纵观改革,都是有所求、有所逼,在现实的约束下达到一个务实的路径。具体在我们的案例中,政府包干人员工资、养老保险、社会政策性支出等不是一个长久之计,反而会引起社会惰性。反倒是新型工业化、新型城镇化能够帮助长期的增长,而这背后都需要科技和高素质的劳动力作为支撑。这些都是人员转型的巨大需求。通过转换劳动技能和提高劳动者素质,促进劳动力流动和再培训,不断增加经济的活力。

区域发展的文化、历史因素固然会形成路径依赖,但是改革需要找到另外的突破口,关键是用市场配置的方式来提高资源配置效率和社会的活力,促进创新发展。对东北国有林区而言,它在区域上对接的就是老工业区,要放开资源控制,完善资源性产品的价格形成机制,尤其是探索生态资源的价格形成机制;放开产业准入,打破行政垄断,形成机会平等的投资机会;加快国有森工企业放活,激发其积极性和主动性。这些宏观的要求,都需要微观的支持,一个重要的方面,就是劳动力素质的提高,尤其是在国有林区转型过程中,蓝领工人的技能提升和收入增加,从而形成一个稳定的社会结构和社会预期。

### (二)积极提高职工的人力资本

国有林区的长期增长要从原来的掠夺性和粗放型增长转换到可持续的增长。不仅要资源可持续增长,还同时要实现经济上的可持续增长。要把增长的驱动力从资源采集转换到制度创新和人力资本的提高上来。核心是人的改变。

要实现国有林区的发展,短期内要解决人的社会保障,但从长期而言,要实现林区的增长和林区社会的和谐稳定,并且发挥林区在整个国民经济中生态建设的任务。因此必须转变原来的林业工人的思想,促进他们合理的流动,并增加人力资本,靠制度创新发挥他们的能动性。让人们从无限制地依赖资源采集中分离开,形成推力。通过职业技术培训,增加原来林业工人的人力资本;通过引入社会资本来激发社会活力,不仅公共事业需要调动社会资金,社会资金也使原来铁板一块的计划机制、完全控制的社会机制增加了经济机会，还增加了人们的经济自由，开启了通往机会均等和自由流动的道路。通过社会保障，为转型发展提供足够的力量以控制不确定风险。

要让工人阶层变成蓝领中产阶层，就要实现多方面的收入来源。工人的主要收入无非工资，但是国有林区的工人所处的地方无异于农村，分享不了城镇化和工业化的收益，同时森工企业经营绩效长期低下，无法快速提高工人的收入。换一个思路，收入来源无非劳动力、产品和财产。能否让职工承包经营林下作物，能否为职工自由流动不设置障碍，能否分享城镇化驱动的国有林区土地增值受益，都将为林区职工打开另一番天地。其中最后一项，可以分为土地收益和更大的权利收益。

受国有林区长期的计划体制影响，对于改革，也许大家观念上接受不了，政府怕引起混乱。那么是否可以试点？看试点是否有效？经验上行得通，比道理上说得通有用。大家都接受的道理，往往是基于陈旧的现实的道理。改革就是破除陈旧的现实。要看现实是否是更能够促进生态的保护和建设，是不是更能够促进民生的发展，更能够促进区域经济的转型和增长。这样对照实验一做，不仅能够探索方法，也能改变观念。

其实，现实中已经发生了许多“自然实验”。伊春国有林区的改革就是借鉴集体林权制度改革的成功经验，尝试职工承包的方式。更长远地来看，还有在东北国有林区零星散落的许多村屯，也并非全部都由国有林管局在管理和经营。而这些村屯的土地是集体所有、集体经营，同样的地理区位条件、同样的自然天气影响，只是因为管理措施不同，对人们的行为方式、自然资源的保护结果、人们的收入水平都产生了许多深刻的影响。这值得我们从中借鉴。

### （三）生态效益外部性的内在化

在明确国有林区在国家发展战略和区域战略中的位置基础

上,实现国有林区的增长,需要运用两种在经济学上处理外部性的思路。一种是国家转移支付,一种则是明确生态权利并以市场交换来配置。前者的好处是操作简单,并且交易成本不高。但实际效果可能并不一定能够达到政策设计初衷,并且有较高的寻租成本,成为政治过程的产物,而不一定具有明确的提高效率作用。天保工程十多年的经验可以是一个佐证。后者的交易成本比较高,因为确权需要理清历史的纠葛,还要调整大家的预期,交易需要市场、出价、还价、订约、强制的执行制度等,但是市场的好处在于处理复杂信息和对微观主体的激励,会自发鼓励提高效率和进行创新。

另一方面,从社会分配的角度而言,大家通过各自的资源和权利在市场上进行一次分配的规模将会远大于通过政府强制进行的二次分配,如果要让某一资源的分配有效地在全社会运行,则需要发挥市场在资源配置中的决定性作用。具体到国有林区的发展、生态资源权利分配和国有林区职工的转型,就是将生态资源还权给各个不同的主体——政府、企业、职工、家户,结合历史和现实实现最广泛的分配。明确的权利边界有助于实现资源的有效利用和保护,同时也有助于市场发挥其配置资源的积极作用。

从国有林区进行如一期天保工程这样的转移支付项目的经验可以看到,用财政转移支付缩小国有林区城乡和其他区位的收入差距,短期可行,长期可能力有不逮。无论是中央财政进行区位转移支付,还是地方财政进行城乡转移支付。无论形式是通过补贴,还是通过补助等,都不是长久之计。中央的财力有限,东北地方的财力就更加有限,而且转移支付往往还有扭曲和寻租相伴而行。更现实的问题是,要让区域发展同市场发展对接,让林区工人对市场机会做出反应。因此,更好的办法,是赋予他们财产的权利——不是林木的财产,而是生态保护的权利。

要实现国有林区在生态文明建设中的区域和功能定位,就要把其生态的外部性切实地内在化。虽然传统上通过国家财政转移支付的方式来偿付的确也是被历史证明的有意义的方法,但是完全采用二次分配的方法不仅对国家财力是巨大考验,还会引起政府支配资源的不必要损失。要通过市场的一次分配将生态收益内部化,切实地让生态有利可图,让外部性转化为内部收益。

第一步就是要明确生态的产权特性,才能促进资源的有效配置。将森林资源的生态属性分配给国家或者个人,将林业产业工人从身份和区域的束缚中释放出来,变成生态建设的一员,并且分享生态资源分配的收益。职工的自由流转,不仅有利于发挥他们的比较优势,获得更多的收入,同时有利于专业化和规模化,实现资源的有效配置。

通过制度创新,通过碳排放权等一系列生态环境的权利的商品属性,在市场机制下,通过价格信号的刺激作用,不断提高能源的使用效率、资源保护的效率、生态建设的效率,减少成本,并促进各种现有技术的替代性技术和技术创新,同时鼓励必要的金融流动,从而开启低碳和可持续增长经济之路。

让土地甚至是生态的效益,从画地为牢的行政权力脱钩,回归到普通的、能够对更大范围的市场机会做出反应的财产权利。虽然地方竞争商业环境,或者竞争中央财政支持,或者竞争上位,都可以在某些层面导致资源的有效配置。但是最有效的配置还是脱离开属地的限制,上升为虚化的权利。这一方面能够让资源得到最有效的配置,另一方面也能解除人的束缚。

一个社会和区域持久的增长需要靠创新创业和人力资本的改善。短期可以靠资本的投入和提高资源的配置效率,但长期必须要依靠企业创新。宏观上的功能对应微观上的个体,创新创业对应的是企业家,他们从接受不确定性中获得额外收益,但他们往往是社会中的少数人,更多数的则是广大的中产阶级。在我们讨论的话题下,要实现林区的持久发展,短期的投入和利用市场实现有效配置是不可或缺的，但是要实现持久的增长，需要鼓励企业家创新的应用生态功能的价值，需要不断提高林区工人和管理者的人力资源水平，来分享林业转型增长的收益。

真正明确了生态的权利才能实现有效的配置。而权利明确下放给国家、集体，都是边界模糊的明确，如同集体经济，不如直接明确资源保护地区。原因有二：一是可以通过将这些资源明确产权和收益之后，实现资本化；二是这种明确有历史渊源，资源不随人走，交换的是权利，能够更好地沿袭资源保护的传统。真正明确和稳定这些权利，并且促进流转和相关的金融合作，将会释放传统束缚在林业上的职工和人口，实现国有林区真正通往可持续发展的道路。至于，资源权利到底能够交易多少，则是由市场来决定的。价格稀缺自然会引发更多的技术投入和更高效的管理，价格低则促成资源和人口的合理流动，不同于政府再来做无用功，顶替市场本可以发挥的作用，还遗留一大串问题。

## （四）用生态红线倒逼改革创新

只有划定了一道生态的底线，政府、企业和职工才能从原来投机和依赖的生存逻辑中跳出来，进入到更加广阔的发展空间。严格的限制，就如同稳定的预期，让资源从原来低水平和破坏性的开发中分离出来，寻找更可持续的发展。而具体的开发方式，则是因地制宜，开拓创新的。有新闻报道，长白山森工就已经充分利用绿色经济和绿色旅游实现了产业转型，走上了可持续发展的道路。事实证明，转向非农领域的发展是大有可为的。

向林业砍伐要效益，横竖都是不能够养活如此数量的人口。最终也是低水平的、限制在土地上。不如划下一道警戒线，或可逼迫向非农领域、向外地寻找出路，通过社会保障和其他措施来防范区域发展的短期风险。经济结构的变化，如果没有背水一战的动力，可能永远搞不起来。长期来看，劳动力的收入方式和收入数量的改变有助于社会的平稳发展。在向东北重工业转型发展、区域贸易发展和林业生态效益经济化的过程中,经济效益这个需要建立产权交易所,并且允许基层创新。

### (五) 灵活运用金融工具实现跨期资源配置

运用市场机制的突出意义就是要灵活利用金融机制和多种多样的契约机制。尤其值得注意的是,因为中央政策为区域转型出资埋单的数量是很有限的,而转型的收益却是个漫长的过程,当期却有一个转型的阵痛。尤其涉及人的转型的时候,即使未来有良好预期,当期也会陷入流动性的困境,这个时候让金融机构介入,利用金融工具实现跨期分配就非常重要,这同样也是促进市场化的重要手段。具体到我们讨论的蓝领中产阶级,金融工具的利用原理是通过资源的跨期消费和增加对风险的应对能力,增加了工人个体的经济自由。具体到实务中,则是能够帮助个体进行自我投资,提升能力,跨越本期的限制,实现资源(人力资源)的跨期配置。同时也能够实现风险的控制(保险)。在心理上,金融的广泛、主动地介入意味着大家相信未来可以更好,未来可以进步。

但金融工具也有被错用的,关键要看金融工具是一直被用来为过去埋单,还是能够促进形成新的经济动能。前者是与金融的目的相违背的,实际玩的是零和博弈,拿了中央的钱补充地方,或者拿了别人的钱填充自己。而后者则是一个共赢的游戏,因为这是一个自我实现的预言,我们相信未来可以更好,共同合作促进了各种资源潜力的发挥,尤其是人力资源潜力的发挥,创造财富是个共享共赢的过程。现代经济的本质是合作,而信任是支撑合作的重要内容,尤其在陌生人之间的合作是现代社会的基本范式,如何通过制度上的改善和政策工具的运用促进合作和信任是一个社会真正长期发展的要素。

### (六) 不断发掘和塑造改革的动力

国有林区改革是林业改革的硬骨头,关键是缺乏改革的动力。集体林权制度改革的动力是老百姓,林改就是确权,确权就有直接的经济收益和潜在的经济动力。地方实践也积累了经验,国家进行了承认,实现合法性的问题。国有林区森林的经营权原来在森工企业,改革并不触及老百姓自己的利益,老百姓、职工和企业等着吃社保基金等国家的转移支付,区域的发展缺乏动力。同样是林区,因为制度的不同导致了发展的不同,微观上讲,关键是人的激励,宏观上讲,是要树立一个改革的动力,树立一个在生态建设中能够有动力做贡献,并且能够从生态建设中获益的阶层。这样才能形成一个闭环,形成一个区域发展的良性动力。从我们的视角来看,长期而言需要重树林区工人这个蓝领阶层,令其转变为蓝领中产阶级,令其获得生态建设和保护的权利,促进其对国有林区改革的支持。

## 参考文献

1. 北京大学国家发展研究院综合课题组、周其仁:“还权赋能——成都土地制度改革探索的调查研究”,《国际经济评论》2010 年第 2 期。
2. 厉以宁:“经济低碳发展符合新常态”,《光明日报》2014 年 12 月 29 日。
3. 厉以宁:“论城乡二元体制改革”,《北京大学学报(哲学社会科学版)》2008 年第 2 期。
4. 厉以宁:“土地确权要学习林权改革”,《农村工作通讯》2014 年第 1 期。
5. 厉以宁:“中国宏观经济形势和新一轮的经济改革”,《上海证券报》2013 年 9 月27 日,第 F02 页。
6. 石凡、赵锦勇:“资产配置视角的林地投资价值研究”,《林业经济》2014 年第 3 期。
7. 汪洋:在全国国有林场和国有林区改革工作电视电话会议上的讲话,2015 年。
8. 徐晋涛、姜雪梅、季永杰:“重点国有林区改革与发展趋势的实证分析”,《林业经济》2006 年第 1 期。

9. 张道卫:“对东北国有林区森林资源产权及其改革的调查与思考”,《林业经济》2006 年第 1 期。
10. 赵锦勇:“关于公共财政对林业基础设施建设投入的考察”,《林业经济》2010 年第 12 期。
11. 赵锦勇:“国有林区经济体制改革的基本思路”,《中国市场》2013 年第 43 期。
12. 赵锦勇:“林权抵押贷款新政策:亮点和挑战”,《中国农村金融》2014 年第 4 期。
13. 赵锦勇:“农民林业收入差异的来源——基于家庭农户数据的经验研究”,《林业经济》2014 年第 8 期。
14. 赵树丛:“国有林区改革要把保护生态放在首位”,《中国绿色时报》2015 年 4 月 14 日。
15. 赵树丛:“国有林业改革如何扎实推进”,《经济日报》2015 年 3 月 18 日。
16. 中共中央国务院,关于印发《国有林场改革方案》和《国有林区改革指导意见》的通知(中发〔2015〕6 号)。
17. 周其仁:“农地产权与征地制度——中国城市化面临的重大选择”,《经济学》(季刊)2004 年第 4 期。
18. 周其仁:“中国农村改革:国家和所有权关系的变化(上)——一个经济制度变迁史的回顾”,《管理世界》1995 年第 3 期。

(赵锦勇,国家林业局经济发展研究中心,北京大学光华管理学院)

# 本科生初职中的职业代际传递现象研究

## ——基于全国调查数据

蒋承　刘霄

## 一、研究背景和意义

厉以宁教授在《论蓝领中产阶级的成长》一文中曾提到，现阶段的中国经济，不仅出现了贫富收入差距的扩大和低收入家庭长期陷入困境的现象，而且出现了社会流动渠道的堵塞。与20世纪80—90年代相比，社会的垂直流动通道越来越狭窄，职业也越来越世袭化了（李立行，2014；刘群，2015）。当今社会，"拼爹"、"富二代"、"官二代"、"啃老族"、"蚁族"、"星二代"之类的词汇显著存在。其实，这类的词汇所反映出的，是职业的一种代际传递，更是社会流动性的减弱和社会阶层的固化。职业的代际传递作为影响社会流动性的一个重要表现，在当今社会对社会阶层固化的发展产生了深远影响。上层阶级的职业代际传递，使得蓝领中产阶层的成长受阻，从而阻碍了蓝领阶层与更高阶层之间的流动性。而社会流动性，特别是代际之间、阶层之间的社会流动性，对保障社会公平和效率都有重大意义。职业的这种代际传递，会阻碍社会阶层的流动，加深社会阶层固化，从而导致严重的两极分化，甚至陷入纳科斯的"贫困恶性循环"，不利于社会的公平和效率，也会阻碍我国各产业结构的优化升级。尤其是对于蓝领阶层这种处于社会中层的阶层来说，更容易受到代际传递这种作用的影响，导致其向上、向下流动受阻，造成"高不成，低不就"的结果。本文就是通过考察本科生的初职情况以及其与父辈职业地位的关系，来分析当前我国的职业代际传递和社会阶层流动的特点，为实现蓝领阶层在社会中更好地流动进行分析。

从理论上讲，本文将人力资本理论和劳动力市场分割理论联系起来，又将职业的代际流动与我国现存的"官二代"、"富二代"现象相结合，且本文是针对职业的代际传递这一领域的专项研究，从而丰富和完善了我国在代际传递理论上的研究。从实际角度出发，本文将研究对象定位于大学本科生这类初次就业者，特别说明的是，本文的研究对象是本科毕业后选择就业的样本，具体分析了这部分群体在初次就业的代际传递问题；而且，本文的调查对象为全国各高校本科毕业生，研究区域范围较大，样本量充足，弥补了现阶段的一些相关实证研究存在的区域较为集中、范围较小、样本量尚不够大、变量存在内生性等问题。本文用父子两代相对职业地位的变化与否来界定职业的代际传递是否存在，若代际相对职业地位上升，即为职业代际向上流动；若代际相对职业地位下降，即为职业代际向下流动；若代际相对职业地位没变，即为存在职业的代际传递。此外，本文还深入、具体剖析了职业代际传递的影响机制，并将这种代际传递与就业质量联系起来，测度对包括蓝领阶层在内的各阶层毕业生就业质量产生的影响。

## 二、大学生就业中的代际传递:文献综述

就代际传递问题,贝克尔和汤姆斯(Becker and Tomes, 1979)最早建立了收入分配与代际传递的均衡模型。他们认为,当子女从父母那里接受更多的人力及非人力资本投资时,子女的收入会增多,这种代际的传递依赖于两个重要的因素——继承的程度和对子女投资的倾向。

此后,国内外学者对代际传递问题的研究大致分成了三个领域:教育的代际传递、收入的代际传递和职业的代际传递。虽然各界学者对代际传递的研究已不乏少数,但现有研究大都集中于收入和教育的代际传递,对职业代际传递这一领域的专项研究则寥寥可数。即使有的学者在其文献中提及职业的代际传递,也只是冰山一角。在少数研究职业代际传递的文献中,大都是研究职业代际流动的变动趋势,且研究对象大多为青年已就业者,研究大学生就业中的代际传递的文献更是乏善可陈。

就大学生职业的代际传递问题,本杰明(Benjamin, 1958)利用英格兰和威尔士的人口普查数据,发现在13类职业分布中,父亲从事较高层次的管理工作,其儿子将近2/3也从事管理工作;父亲是体力劳动者,其儿子相对多数也从事体力劳动。布劳和邓肯(Blau and Dunean, 1967)通过对美国人口调查局的相关数据进行分析,发现美国存在明显的职业代际效应。他们指出,在美国子承父业的比例较高。德容和鲁宾(Dejong and Robin, 1971)等人则利用美国研究中心的数据,根据职业的收入和受教育程度的中位数对其进行排序,继而引入继承性和流动性指数等指标,分析了父亲职业对女儿职业的影响。

而我国学者对职业的代际流动问题的研究起步尚晚,始于陈婴

婴(1995)利用中国社科院在20世纪80年代末至90年代初开展的"百县市国情调查"的数据,考察了我国城乡1949—1991年的职业流动状况,结果表明我国城镇的代际流动率较高,代内流动率较低,而农村的代际和代内流动率都较低。郭丛斌、丁小浩(2004)运用中国国家统计局2000年的全国城镇住户调查数据,分析了中国的职业代际效应,发现职业在代际之间存在一定程度的流动性,但流动范围有一定程度的分割。张苏、曾庆宝(2011)研究发现,人力资本的代际传递会对收入的代际传递和职业的代际传递产生影响。李力行、周广肃(2014)研究发现,父亲的受教育程度以及党员身份对职业的代际传递有着显著的正向影响,而父亲收入的影响却为负。这与赫勒斯坦与莫勒尔(Hellerstein and Morrill, 2011)的研究结论一致。高玉玲(2014)基于地位获得模型对高校毕业生初职地位的影响因素与开放性状况进行了分析,结果显示,毕业生的初职地位的获得受自致性因素和先赋性因素的共同影响。

## 三、本科生毕业去向与其家庭社会经济背景之间的关系

本文的研究是基于北京大学"2013年全国高校毕业生就业调查"所得出的相关数据。此次调查的样本包含了21个省份的30所不同层次的高校,共计15928个样本。而本文的研究对象为本科生,所以本文所用到的是该调查中学历为本科的样本,共计20个高校10991个样本。

### (一)本科生毕业去向

本文将2013年本科毕业生毕业去向分为"已确定单位"、"国内升学"、"出国出境"、"自由职业"、"自主创业"、"灵活就业"、"待就业"、"不就业拟升学"、"其他暂不就业"和"其他"十类。其中,"灵活就业"是指在劳动时间、收入报酬、工作场所、保险福利、劳动

关系等方面不同于建立在工业化和现代工厂制度基础上的传统主流就业方式的各种就业形式的总称,是指下岗失业人员个人或以街道、社区等组织形式,从事社区便民服务、家政服务、企事业单位后勤服务等各种临时性劳务人员。其不包括领取营业执照的个体工商户和建立劳动关系的私营企业就业人员。"自由职业"是指脑力劳动者(作家、编辑等)或服务提供者,不隶属于任何组织的人,不向任何雇主作长期承诺而从事某种职业的人,他们在自己的指导下自己找工作做,经常但不是一律在家里工作。据此,已确定单位的毕业生最多,约占 34.9%;其次为待就业毕业生,约 27.4%;再次为国内升学毕业生,占 16.5%;其余七个去向的比例均不到 10%。根据岳昌君(2014)对毕业去向的划分,本文同样把"待就业"、"不就业拟升学"、"其他暂不就业"和"其他"四项划作"未落实毕业去向",其他六类划为"已落实毕业去向",那么 2013 年本科毕业生的"落实率"为 67.1%,低于 2013 年全部毕业生 72%的"落实率"(岳昌君,2014)。再把"已确定单位"、"自由职业"、"自主创业"和"灵活就业"四项划为"已落实工作"的本科毕业生,则本科毕业生整体的"就业率"为 43.4%,同样低于全体 2013 届毕业生 55.2%的"就业率"(岳昌君,2014)。这可能是由于所选取的样本层次和范围不同。相比于本科生,研究生和专科生选择就业的比例高,选择升学的肯定少,而在本科生中,有很大一部分人选择了升学,因此,研究生和专科生的就业率和落实率自然就比本科生群体要高。

根据调查结果,本文统计了本科毕业生父辈职业类型。在父亲的职业中,农林牧渔水利业生产人员(18.4%)、国家机关/党群组织/事业单位管理人员(17.5%)、农村进城务工人员(14.9%)以及商业和服务人员(11.6%)占比最大,均超过 10%。如表 1 所示,本文又研究了不同职业的父辈,其子女的毕业去向的情况。横向来看,不同职业的父辈,其子女毕业去向前三位依次为确定工作单位、国内升学和待就业/拟升学。但是,父亲为办事人员和有关人员、离退休、无业/失业/半失业的本科生的失业率较高，待就业、拟升学的比例高于其他毕业去向。纵向来看，不同职业父亲的子女毕业去向并无明显差异。就业率最高的前三位依次为父亲是农林牧渔水利业生产人员（40.5%）、农村进城务工人员（37.3%）和生产/运输设备操作人员（36.1%）。选择国内升学最多的是国家机关事业单位管理人员（22.1%）的子女；选择出国出境比例最高的是国家机关事业单位管理人员（8.8%）和企业管理人员（7.9%）的子女，比例最低的是农林牧渔水利业生产人员的子女，仅占0.4%，这可能与不同家庭各自的经济情况有关。父亲为农林牧渔水利业生产人员的家庭，有74%的人均年收入在万元以下，其中52.2%在5000元以下。而父亲为国家机关事业单位管理人员和企业管理人员的家庭中，有46.5%的人均年收入在2万元以上，在5000元以下的仅19.3%。这也就说明，家庭的经济状况在很大程度上决定着子女的毕业去向。

**表1　父辈职业与本科生毕业去向**

| 父亲职业类型 | 本科生毕业去向 | | | | | |
|---|---|---|---|---|---|---|
| | 已确定单位 | 国内升学 | 出国出境 | 创业/自由/灵活就业 | 待就业或拟升学 | 暂不就业及其他 |
| 国家机关事业单位管理人员 | 29.9 | 22.1 | 8.8 | 9.4 | 27.6 | 2.2 |
| 企业管理人员 | 30.7 | 21.5 | 7.9 | 13.2 | 23.8 | 2.9 |
| 专业技术人员 | 32.7 | 19.7 | 4.3 | 13.6 | 26.5 | 3.1 |
| 办事人员和有关人员 | 26.6 | 17.3 | 3.4 | 19.8 | 27.2 | 5.7 |
| 商业和服务人员 | 35.0 | 14.6 | 3.8 | 15.6 | 28.2 | 2.8 |
| 农林牧渔水利业生产人员 | 40.5 | 14.4 | 0.4 | 10.9 | 31.0 | 2.9 |
| 生产/运输设备操作人员 | 36.1 | 15.5 | 1.8 | 14.10 | 27.9 | 4.6 |
| 农村进城务工人员 | 37.3 | 16.0 | 1.0 | 13.30 | 29.1 | 3.3 |
| 离退休 | 33.1 | 10.0 | 3.7 | 11.80 | 37.8 | 3.6 |
| 无业/失业/半失业 | 34.5 | 13.9 | 1.5 | 10.80 | 36.5 | 2.9 |
| 合计 | 34.8 | 34.6 | 16.9 | 3.60 | 12.5 | 29.3 |

## （二）本科生初职现状

根据调查情况，本文在已落实工作的样本中统计了 2013 年本科毕业生就业的职业类型，如表 2。其中，专业技术人员的比例最大，达到36.4%，其次为商业和服务人员（16.6%），接下来为国家机关/党群组织/事业单位管理人员（14.6%）、办事人员和有关人员（14.5%）、企业管理人员（12.6%），均超过了 10%。

**表 2　2013 年本科毕业生就业职业类型**

| 职业类型 | 频率 | 有效百分比（%） | 累积百分比（%） |
|---|---|---|---|
| 国家机关、党群组织、事业单位管理人员 | 724 | 14.6 | 14.6 |
| 企业管理人员 | 624 | 12.6 | 27.2 |
| 专业技术人员 | 1802 | 36.4 | 63.6 |
| 办事人员和有关人员 | 717 | 14.5 | 78.1 |
| 商业和服务人员 | 823 | 16.6 | 94.8 |
| 农、林、牧、渔、水利业生产人员 | 76 | 1.5 | 96.3 |
| 生产、运输设备操作人员及有关人员 | 183 | 3.7 | 100 |
| 合计 | 5220 | 100 | |

2013 年本科毕业生就业的工作单位比例最高的为“国有企业”（31.3%）和“私营企业”（31.3%），即有 62.6%集中在国有企业和私营企业，而其他各类单位比例均在 10%以下，其中最高的为乡镇及其他企业（7.7%）和三资企业（7.3%）。可见，企业仍然是本科毕业生就业的主要单位（77.6%）。研究发现，在国有企业和私营企业的选择中，男生大多就职于国有企业（37.1%），而女生选择私营企业（31.9%）的居多；独生子女大都选择国有企业（34.1%），非独生子女大都选择私营企业（35.5%）；党员学生中有32.7%的选择国有企业，非党员学生中选择私营企业就职的最多，为32.3%；但是，选择国企还是私企与成绩优劣并没有关系。

采矿、制造和建筑业(28.1%)以及金融、房地产和IT业(24.8%)成为本科毕业生主要的就职行业。科教文卫的就业比例也较高,为17.3%。总体来看,本科毕业生就职于第三产业的比例较高,就职于第一产业的比例极低,这也反映出我国产业结构优化和升级的必要性和重要性。具体看来,“211”高校毕业生就职比例前三的行业为制造业(17.0%)、金融业(14.3%)和建筑业(13.3%),而普通院校的毕业生各行业选择较为平均,选择建筑业(11.7%)、教育(11.4%)和信息传输软件业(9.4%)的最多;行业选择也随性别不同而呈现出不一致的现象:男生选择最多的是建筑(15.1%)、制造(14.2%)和信息传输软件业(12.5%),而女生选择金融业(15.5%)和教育(14.1%)的最多;低收入家庭的毕业生就业时选择建筑、制造业的居多,中等收入家庭的学生大多选择教育和信息传输软件业,高收入家庭的学生选择金融业的比例极高,甚至达到了20%。

## 四、本科生初职中的代际传递现象分析

### (一)职业代际传递现状

关于职业的代际传递的判定依据,不同学者有不同的观点。本文将“职业类型分层”和“相对职业地位”这两种方法相结合,来判定职业的代际传递。就职业类型分层的方法来讲,目前学术界较多的是参考英国社会学家戈德索普(J.H. Goldthorpe)的职业分类框架而设定的职业阶层序列。据此,本文同样把职业地位等级定义为这样一个由低到高的序列:(1)农业劳动者阶层;(2)农村专业户阶层;(3)产业工人阶层;(4)商业服务业人员阶层;(5)办事人员阶层;(6)专业技术人员阶层;(7)国家与社会领导者阶层和企业经理与私营企业主阶层。并将职业类型与职业阶层序列相对应。

为了避免自选择问题,本文的研究对象是本科毕业后选择就业的样本,将不就业的样本剔除。再参照刘群、张文宏(2014)在分析

职业代际流动时"相对职业地位"的方法，通过父子两代的"相对职业地位"来判定职业的代际传递。但本文的"相对职业地位"是用子代的职业地位分数减去父辈的职业地位分数得出的。若该值大于0，则取"+"，表示代际相对职业地位上升，即向上流动；若小于0，则取"-"，表示代际间相对职业地位下降，即向下流动；若等于零，表示代际相对职业地位没变，即存在职业的代际传递。这样，既说明了职业的代际传递问题，也分析了职业代际间的流动。

分析发现，本科毕业生的初职与父亲存在职业代际传递的比例为23.9%，职业代际向上流动的比例为51.5%，向下流动的比例为24.6%。也就是说，有51.5%的本科生在初次就业时，比父亲的职业地位有所上升，有24.6%的本科生职业地位有所下降。

### （二）职业代际传递与父辈因素

首先，从父亲职业阶层看，职业的代际传递随父亲职业阶层的提高而增强。也就是说，父母职业地位等级越高，代际传递的比例越大，如表3所示。农村专业户阶层职业代际传递率最低，且由于

**表3　职业代际传递与父亲职业阶层**

| 父亲职业阶层 | 职业代际传递或流动方向 | | |
|---|---|---|---|
| | 向下流动 | 职业的代际传递 | 向上流动 |
| 农村专业户阶层 | — | 1.50% | 98.50% |
| 产业工人阶层 | 2.40% | 7.50% | 90.20% |
| 商业服务业人员阶层 | 5.50% | 27.90% | 66.60% |
| 办事人员阶层 | 14.50% | 22.10% | 63.40% |
| 专业技术人员阶层 | 33.20% | 41.40% | 25.40% |
| 国家与社会领导者阶层和企业经理与私营企业主阶层 | 60.30% | 39.70% | — |
| 合计 | 24.60% | 23.90% | 51.50% |

注：表格中"职业的代际传递"即相对职业地位不变，没有职业的代际流动。

是最低等级，职业代际没有向下流动，符合实际。有 98.5%的毕业生的职业向上流动，即该阶层父子两代相对职业地位上升较大。同时，专业技术人员阶层的职业代际传递比例最大，而处于最高层的国家与社会领导者阶层和企业经理与私营企业主阶层向下流动的比例最大，因为本文研究的是本科生的初次就业，所以很少有求职者初职就达到职业地位的最高层。但是，该阶层却保持了较高的（39.7%）代际传递比例，即父辈职业阶层的高低会影响职业的代际传递。

接下来本文又分析了父亲所在的劳动力市场。根据郭丛斌（2004）的研究，父母的八种职业可以分为两个层次：国家机关、党群组织、企事业负责人、专业技术人员、办事人员隶属于第一层次（主要职业）；而其他的职业类型划为第二层次（次要职业）。并将劳动力市场分为主要劳动力市场和次要劳动力市场，主要职业所在的劳动力市场为主要劳动力市场，次要职业在次要劳动力市场。据此，本文还分析了代际传递与父亲所在劳动力市场的关系。在主要劳动力市场工作的父辈，其子女存在职业代际传递的比例比在次要劳动力市场工作的父辈高 28%左右。同时，父亲从事次要职业的学生中有 87%从次要劳动力市场向上流动到了主要劳动力市场。由于主要劳动力市场的工资待遇、职业声望等条件优于次要劳动力市场，主要劳动力市场更能满足求职者的需求，所以会导致毕业生对该市场职位的偏好，从而导致次要劳动力市场的劳动者想流动到该市场，主要劳动力市场的劳动者想留在该市场的现状。

有学者研究发现，父辈受教育水平是影响职业代际传递的一个原因。在此次调查的本科生中，父辈的学历大部分都为高中、中专和初中；在父亲的学历为研究生的样本中，其母亲的学历为本科以上的占 81.2%。根据分析，55.3%的研究生学历的父亲选择了在省会城市或直辖市工作；而在父亲的学历为本科生和专科生的样本中，父亲的工作地点大都会在地级市，比例分别为42.1%（学历为本科）和38%（学历为专科）；学历为高中或中专的父辈，大都（30.9%）就业于县级市或县城；学历为高中以下的父辈，则大都在农村就业。这说明，大学生父辈就业地点的行政级别与父辈的学历存在显著的相关性，父辈学历越高，父辈就业地的行政级别也越高。同样地，本文还发现父亲的学历与家庭收入也呈现出显著的正相关关系。不过，在受教育水平为文盲或半文盲的父亲中，有41.9%样本的子女本科学校为“211”高校，高于其他各学历水平中子女学校为“211”的比例。其次是父亲学历为本科和研究生的样本。这说明，教育的代际传递呈现出向上和向下的双向流动机制。本文通过分析得知，职业代际传递的比率随父辈受教育水平的提高而呈现上升趋势。

### （三）职业代际传递与结构性因素

学术界将影响职业代际传递的家庭因素称为结构性因素。针对结构性因素，本文选取户籍地、家庭社会关系和家庭人均年收入做了以下分析。首先，从户籍地的行政级别看，职业代际传递和职业代际向下流动的概率均随样本户籍地行政级别的升高而增加，且增加趋势明显。反之，职业代际向上流动随户籍地行政级别的升高呈递减趋势。同样的现象还存在于家庭社会关系和家庭人均年收入的分析中。研究发现，职业代际传递和职业代际向下流动的概率均随样本家庭社会关系和家庭人均年收入的增加而增加；而职业代际的向上流动家庭的社会关系和家庭人均年收入的增加呈递减趋势。

### （四）职业代际传递与初职起薪

通过以上分析可知，职业代际传递现象在本科生初职时是明显存在的，而职业的这种代际传递究竟会产生怎样的影响呢？本部分就选取职业代际传递对本科生就业质量的影响来分析职业代际传递造成的后果。通过查阅相关文献，起薪是衡量就业质量的最重要的指标之一,因此本文通过研究职业代际传递对本科生初次就业起薪的影响,来研究职业代际传递与就业质量的关系。为了排除异常值和极端值,本文只统计已落实工作毕业生月薪在500—10000元的观测值,得出2013年本科毕业生初职起薪平均为3364.14元/月。同时,本科生的起薪集中于2001—3000元/月的最多,占42.7%。其次为1001—2000元/月(21.9%)和3001—4000元/月(20.7%),也就是说起薪在1000—4000元/月的毕业生占了85.3%。之后是4001—5000元/月(7.6%)和5001—6000元/月(2.6%)。而较低收入的500—1000元/月(1.7%)和较高收入的6001—8000元/月(1.8%)、8001—10000元/月(0.9%)的比例最少。再来看职业代际传递与起薪的关系,存在职业代际传递的657个样本的平均起薪最高,为3566.37元/月,向上流动的平均起薪最低,为3281.04元/月。结合上述分析,虽然存在职业代际传递群体的起薪水平均高于职业代际流动的群体,但是这也导致了高薪酬的职业保留在父辈薪酬水平就很高的群体中,从而导致社会阶层固化,拉低了其他群体就业的起薪水平,使本科生整体就业质量下降。

## 五、结论与讨论

本文主要运用描述性统计的方法,利用2013年全国本科毕业生的调查样本,对我国各阶层大学生初职的职业代际传递现象进行了分析,并着重分析了蓝领阶层的初职现状。主要结论如下:2013年本科毕业生整体“就业率”为43.4%。其中,成为专业技术人员的比例最大,达36.4%,就职于国有企业和私营企业的比例最大,均为31.3%。采矿、制造和建筑业(28.1%)以及金融、房地产和IT业(24.8%)成为本科毕业生主要的就职行业。科教文卫的就业比例也较高,为17.3%。总体来看,本科毕业生就职于第三产业的比例较高,就职于第一产业的比例极低,这也反映出我国产业结构优化和升级的必要性和重要性。2013年本科毕业生初职起薪平均为3364.14元/月。男生的平均起薪比女生高236.22元/月;东部地区比西部地区高108.5元/月,西部地区比中部地区高116.23元/月。本科毕业生的初职与父亲存在职业代际传递的比例为23.9%,职业代际向上流动的比例为51.5%,向下流动的比例为24.6%。父辈因素和结构性因素会对大学生就业中的代际传递产生影响。职业的代际传递随父亲职业阶层、父辈受教育水平、家庭社会关系和家庭人均年收入的提高而增强。在主要劳动力市场工作的父辈,其子女存在职业代际传递的比例比在次要劳动力市场工作的父辈高28%。职业的代际传递或社会阶层的固化,可以通过影响初次就业起薪来影响毕业生的就业质量。虽然存在职业代际传递群体的起薪水平均高于职业代际流动的群体,但是这也导致高薪酬的职业保留在父辈薪酬水平就很高的群体中,从而导致社会阶层固化,拉低了其他群体就业的起薪水平,使本科生整体就业质量下降。

针对以上分析,本文提出以下建议:从本科生的就业状况来看,职业的代际传递在各阶层,尤其是蓝领阶层中显著存在。这对蓝领阶层的成长和发展都产生了重大的影响。继续加快我国产业结构优化和升级的步伐,解决本科毕业生就业的产业差异问题,是解决职业代际传递、促进蓝领阶层成长的重要方式。还要适当提高次要劳动力市场的工资等待遇水平,均衡两个劳动力市场的发展状况,以及继续加快实施科教兴国、人才强国战略。当然,如何更好地促进各社会阶层的流动,缓解社会阶层固化和劳动力市场分割,使得蓝领阶层"上下自如",仍是亟待解决的问题。当代大学生应树立正确的就业观和择业观,积极参与社会实践,丰富自己的实习经历。万万不可利用父辈的"天花板效应",成为"拼爹族"、"啃老族"。尤其是女性毕业生不能过多地依赖父母的资本,要增强个人自身的人力资本,才能在求职中不处于劣势。

在后续的研究中,大学生职业代际传递的影响因素与影响程度、职业代际传递与代际流动的机制、不同职业的父辈在子代职业等级地位获得时所产生的影响、职业代际传递对社会阶层固化尤其是就业质量的影响等将是重点研究的问题。

## 参考文献

1. 陈婴婴:《职业结构与流动》,东方出版社 1995 年版。
2. 高玉玲:"高校毕业生初职获得:基于地位获得模型的经验分析",《教育与经济》2014 年第 5 期。
3. 郭丛斌、丁小浩:"职业代际效应的劳动力市场分割与教育的作用",《经济科学》2004 年第 3 期。
4. 郭丛斌、闵维方:"教育:创设合理的代际流动机制——结构方程模型在教育与代际流动关系研究中的应用",《教育研究》2009 年第 10 期。
5. 李力行、周广肃:"代际传递、社会流动性及其变化趋势——来自收入、职业、教育、政治身份的多角度分析",《浙江社会科学》2014 年第 5 期。
6. 李煜:"家庭背景在初职地位获得中的作用及变迁",《江苏社会科学》2007 年第 5 期。
7. 岳昌君、杨中超:"我国高校毕业生的就业结果及其影响因素研究——基于 2011 年全国高校抽样调查数据的实证分析",《高等教育研究》2012 年第 4 期。
8. 岳昌君、张恺:"高校毕业生求职结果及起薪的影响因素研究——基于 2013 年全国高校抽样调查数据的实证分析",《教育研究》2014 年第 11 期。
9. 张乐、张翼:"精英阶层再生产与阶层固化程度——以青年的职业地位获得为例",《青年研究》2012 年第 1 期。
10. 张苏、曾庆宝:"教育的人力资本代际传递效应述评",《经济学动态》2011 年第 8 期。
11. 郑剑虹、曾茂林、范兆雄:"大学生学校认同的实证研究及其教育启示",《教育发展研究》2014 年第 13 期。
12. Becker G. S., and T. N. An, "Equilibrium Theory of the Distribution of Income and Intergenerational Mobility," *China Labor Economics*, 1979.
13. Hellerstein, Judith and Morill Melinda, "Dads and Daughters: The Changing Impact of Fathers on Women's Occupational Choices," *Journal of Human Resources*, 2011.

(蒋承,北京大学教育学院/教育经济研究所;刘霄,北京大学教育学院)

**图书在版编目(CIP)数据**

中国道路与蓝领中产阶级成长/厉以宁主编. —北京：商务印书馆，2015
(中国道路丛书)
ISBN 978-7-100-11645-9

Ⅰ.①中… Ⅱ.①厉… Ⅲ.①蓝领工人—中等资产阶级—研究—中国—现代 Ⅳ.①D663.1

中国版本图书馆 CIP 数据核字(2015)第 241842 号



**中国道路与蓝领中产阶级成长**

厉以宁 主编

程志强 副主编

商务印书馆出版
(北京王府井大街 36 号 邮政编码 100710)
商务印书馆发行
北京冠中印刷厂印刷
ISBN 978-7-100-11645-9

2015 年 11 月第 1 版 开本 787×960 1/16
2015 年 11 月北京第 1 次印刷 印张 19 1/2

定价：49.80 元